本朝蒙求の基礎的研究

本間洋一　編著

和泉書院

目次

『本朝蒙求』について……一
一　標題をめぐって……一
二　編纂背景寸感……九
三　凡例をめぐって……一三
四　編纂資料をめぐって……一七
五　むすびに——後続書の一端から——……二六
付・編著者菅仲徹とその周辺——覚書——……三七
『本朝蒙求』本文翻字篇……四五
巻之上……四七
巻之中……一〇五
巻之下……一六五

『本朝蒙求』について

一　標題をめぐって

『本朝蒙求』は菅仲徹（亨。一六五八―一七〇二）[1]の編になる我が朝の〈蒙求型〉故事書である。唐土の『蒙求』（五九二条）に倣い、四字の標題の下に人物譚全四〇〇条（上・中巻各一三六条、下巻一二八条）の本文（いわば標題の注になる）を収めている。[2]序文は延宝七年（一六七九）十二月（仲徹二十二歳）、刊記は貞享三年（一六八六）正月であるから、少壮気鋭の孜々とした閲読の賜物と言ってよかろう。ともあれ、まずは全標題を各巻巻頭の目次に依り掲げてみることとしよう。

《巻之上》

1常立葦牙　2武尊草薙（紙）
3火折乗鰐　4天稚射雉（紙）
5黒主田夫　6匡衡介士（紙）
7義尚聴講　8泰時悦理（紙）」
9日雲新嘗　10乙女節舞（麌）

11宣化積穀　12皇極祈雨（麌）
13良藤婚狐　14膳臣殺虎（麌）
15武衡涵身　16辰爾蒸羽（麌）」
17景行火国　18神武畝傍（陽）
19神功討韓　20推古通唐（陽）

21野見相撲　22武内棟梁（陽）
23狭穂積稲　24猪甘奪粮（陽）」
25宿儺二面　26廐戸八耳（紙）
27妹子失表　28鎌足奉履（紙）
29頼政断橋　30清経入水（紙）

31 尊氏宝剣　32 良基神璽（紙）
33 盾人射鉄　34 重雅針瓜（麻）
35 崇峻斬猪　36 陽成聚蛙（麻）
37 雄略大悪　38 入鹿姦邪（麻）
39 田村恐鳥　40 胤長殺蛇（麻）
41 石凝冶工　42 穂日神傑（屑）
43 下照夷曲　44 皇孫道別（屑）
45 月読隔離　46 日神照徹（屑）
47 金庫二印　48 雄鐘三絶（屑）
49 真鳥太子　50 道臣元帥（寘）
51 勝海厭像　52 春王匿被（寘）
53 実資賢府　54 大丘聖謚（寘）
55 金村追遠　56 有仁絶嗣（寘）
57 房平二戦　58 三成千当（陽）
59 売輪抱屍　60 山辺殉亡（陽）
61 内侍歎絵　62 宿祢探湯（陽）
63 黒丸至孝　64 長親厚喪（陽）
65 允恭定姓　66 成務置長（養）

67 兼好徒然　68 長明方丈（養）
69 小町美艶　70 衣通徹晃（養）
71 崇徳傾覆　72 尊治濫賞（養）
73 安世水車　74 師賢繡裳（陽）
75 伊周射帝　76 良懐僭皇（陽）
77 置目示骨　78 和泉恨郎（陽）
79 長岡刑名　80 師輔温良（陽）
81 天武占雲　82 仁徳望煙（先）
83 時雨通医　84 道家稟禅（先）
85 称徳再帝　86 檀林一拳（先）
87 親房元元　88 永愷玄玄（先）
89 橘媛没海　90 元明開地（寘）
91 義持辞号　92 菟道譲位（寘）
93 基氏解疑　94 百川不睡（寘）
95 山名六分　96 忠平三吏（寘）
97 糠戸造鏡　98 斉名弾箏（庚）
99 菅江合符　100 白野同情（庚）
101 実方尋松　102 滝守護桜（庚）

103 茂光鳴箭　104 時光弄笙（庚）
105 保食吐飯　106 火進責鉤（尤）
107 盤長唾泣　108 鈿女俳優（尤）
109 粟田麟徳　110 兼明菟裘（尤）
111 持資起宇　112 時頼巡州（尤）
113 喜山銀閣　114 道長金堂（陽）
115 十市魚書　116 栲幡虹光（陽）
117 鳥部動竹　118 公忠達香（陽）
119 浜主長寿　120 以言陵王（陽）
121 思兼聚鳥　122 酒君臂鷹（蒸）
123 晴明浴瀑　124 額田献氷（蒸）
125 薬子惑帝　126 光明浴僧（蒸）
127 在衡戴笠　128 将門現燈（蒸）
129 蘇民綰茅　130 彦瀲裹草（皓）
131 天国造剣　132 大田守宝（皓）
133 巴女従軍　134 仲子止禱（皓）
135 有馬結松　136 宗信蔽藻（皓）

《巻之中》

1 応神肉高　2 猿田鼻長（陽）
3 常則団雪　4 道風書扁（陽）
5 兼直誦祓　6 為憲入嚢（陽）
7 盛遠斬婦　8 範清蹴娘（陽）
9 花山動星　10 孝徳名年（先）
11 清彦袍刀　12 蛭児葦船（先）
13 清紫才女　14 山柿歌仙（先）
15 博雅三曲　16 青砥十銭（先）
17 道鏡赤眼　18 清寧白髪（月）
19 持統賜稲　20 元正把笏（月）
21 忠光魚鱗　22 山背馬骨（月）
23 竹沢穴舟　24 顕基慕月（月）
25 范藤自合　26 裴菅奇遇（遇）
27 誉津問鵠　28 延喜爵鷺（遇）
29 康頼流歌　30 滋藤吟句（遇）
31 明子択侍　32 貞子無妬（遇）
33 美材墨妙　34 巨勢画工（東）
35 河勝舞曲　36 小松燈籠（東）

---

37 式部紀局　38 倭姫斎宮（東）
39 佐国化蝶　40 秀郷射蚣（東）
41 振根木刀　42 石雄革鎧（隊）
43 源順博識　44 惟康倒載（隊）
45 政顕二恥　46 肖柏三愛（隊）
47 祐成報讎　48 為頼死内（隊）
49 児屋占卜　50 文武釈奠（霰）
51 常磐中臣　52 白河北面（霰）
53 醍醐薬署　54 嵯峨花宴（霰）
55 讃岐生日　56 有智斎院（霰）
57 重家光将　58 時尚金侍（寘）
59 大友初詩　60 直幹得意（寘）
61 貞敏音楽　62 高子宝器（寘）
63 親元陰徳　64 清行封事（寘）
65 内丸紫服　66 鎌子錦冠（寒）
67 貞観蔬膳　68 開別木丸（寒）
69 源融乗輦　70 藤房棄官（寒）
71 顕宗曲水　72 桓武平安（寒）

---

73 力雄引手　74 正行療疵（支）
75 兼平含刃　76 義経拝旗（支）
77 豊玉化龍　78 浦嶋得亀（支）
79 経信多藝　80 文時老詩（支）
81 照宣拝孔　82 菅相愛温（元）
83 公経聚石　84 秋津吟門（元）
85 豊鍬直心　86 小督正言（元）
87 意美賜大　88 仲太感恩（元）
89 安仲留唐　90 和清竄隅（虞）
91 敦光文箆　92 男依赤符（虞）
93 通憲埋土　94 高国隠壺（虞）
95 島村化蟹　96 清盛得鱸（虞）
97 己貴訪児　98 瓊杵代親（真）
99 輪子達経　100 佐用振巾（真）
101 頼之輔佐　102 良相慈仁（真）
103 仁山祈聖　104 兼倶乱神（真）
105 小角騰空　106 進雄跋雲（文）
107 保胤殷声　108 有章逸群（文）

109 弘仁乏肉　110 天長軟筋（文）
111 守屋焼仏　112 馬子弑君（文）
113 狭智作盾　114 塩土投櫛（質）
115 履中賞桜　116 諸兄献橘（質）
117 吉備軍制　118 匡房兵術（質）

119 忠常人穴　120 義仲朝日（質）
121 淡海律令　122 冬嗣格式（職）
123 玉子口眼　124 開耶国色（職）
125 淳茂神妙　126 義秀勇力（職）
127 賀安天文　128 呉漢機織（職）

129 季仲黒帥　130 公房白相（漾）
131 玉田隠墓　132 土師主葬（漾）
133 貞時巡行　134 為基雄壮（漾）
135 義村争先　136 基久恨上（漾）

《巻之下》

1 光孝貴相　2 敦末光明（庚）
3 継体勧農　4 清和覧畊（庚）
5 長君鬼仏　6 昭子弟兄（庚）
7 助種蛇逃　8 重盛還城（庚）
9 三守藝院　10 兼季菊庭（青）
11 政子尼将　12 坂額童形（青）
13 仲綱木下　14 宗盛煖廷（青）
15 成範桜町　16 宅嗣芸亭（青）
17 惟高地蔵　18 感世観音（侵）
19 頼業学庸　20 蟬丸琶琴（侵）
21 伏翁啞態　22 久米染心（侵）
23 香蚊殉死　24 資朝羨擒（侵）

25 加賀伏柴　26 侍従待宵（蕭）
27 県守斬虬　28 広有射妖（蕭）
29 津漁罟児　30 濃民腰瓢（蕭）
31 真根代死　32 良秀笑焼（蕭）
33 朝長投冑　34 行平網像（養）
35 頼光鬼窟　36 政頼鷹養（養）
37 信義牧馬　38 信明玄象（養）
39 高市直言　40 元良高響（養）
41 佐理手書　42 阿礼口授（宥）
43 道広立成　44 俊基詐謬（宥）
45 頼長抗衡　46 兼良博厚（宥）
47 築賊奪妃　48 楠母訓幼（宥）

49 親通舎利　50 雅通提婆（歌）
51 恵尺出記　52 建雷執戈（歌）
53 高時愛犬　54 阿新喜蛾（歌）
55 重能詐詔　56 長能没歌（歌）
57 義盛結党　58 北条分財（灰）
59 浦見慢天　60 希世死雷（灰）
61 眉輪刺皇　62 武烈剖胎（灰）
63 重衡牡丹　64 惟盛楊梅（灰）
65 玄寿鬚髪　66 源信技藝（齊）
67 仁妻覆舟　68 江萱書幣（齊）
69 源兆吟梅　70 菅祝折桂（齊）
71 二皇互譲　72 六子倶誓（齊）

73庶幾詠燈　74高徳題木（屋）
75稲目捨家　76鷲住越屋（屋）
77公宗作穽　78義深匿櫝（屋）
79今川軌範　80護良擒戮（屋）」
81正成智謀　82師直姪佚（質）
83恒明三弁　84蝦夷八佾（質）
85間守叫哭　86山田戦慄（質）
87忠臣義勇　88宗憲朴実（質）」
89高家刈麦　90押坂喫芝（支）
91石見偸璽　92師泰壊碑（支）

93忍坂五剋　94永福四悲（支）
95真玉供墓　96采女擲池（支）」
97秀方坐甲　98陽勝遊空（東）
99国櫟貢魚　100不尽祭虫（東）
101二帝南北　102両雄西東（東）
103義成博渉　104顕家戦功（東）」
105良香動鬼　106実親施囚（尤）
107真貞猛熊　108躬高弥猴（尤）
109信隆養雞　110木曾拝鳩（尤）
111基氏切鯉　112実基返牛（尤）」

113暁月蟣蝨　114泰衡鼠鴟（錫）
115宗繁飢餓　116河辺霹靂（錫）
117実澄昨薄　118宗高扇的（錫）
119称光魔法　120光仁政績（錫）」
121生馬白帽　122広嗣赤鏡（敬）
123逸勢善隷　124俊成採詠（敬）
125兄媛省親　126中将辞聘（敬）
127成貞倭扁　128豊長鄒孟（敬）

これらの標題は唐土の『蒙求』同様、基本的に奇数句と偶数句で対を成し、偶数句下に添書したように韻をふんで八句毎に換韻する形式になっている。

ところで、この目録標題の中には、実際の本文冒頭題と一致しないものが若干見られるので以下に掲げてみよう。猶、単なる異体字関係の場合は、原則として異同あるものとは認めない。上段数字の下に目録題、下段に本文冒頭題を記す。

《巻上》

9日雲新嘗—日霊新嘗
23狭穂積稲—穂彦積稲
27妹子失表—妹子失長
61内侍歎絵—宿祢探湯
62宿祢探湯—内侍嘆絵
85称徳再帝—称徳再位
107盤長唾泣—磐長唾泣
132大田守宝—太田守宝

《巻中》

73力雄引手—手力引手　113狭智作盾—狭知作盾

《巻下》

44俊基詐謬—俊基佯謬　52建雷執戈—健雷執戈　56長能没歌—長能悔歌
77公宗作穽—公宗設穽　98陽勝遊空—形名失功　104顕家戦功—顕家驍雄
107真貞猛熊—直貞猛熊　121生馬白帽—生駒白帽

まず、右傍に○×を付したものについては基本的に○を付した方が正しいと考えて良い。以下に聊か付言する。

「日霎」（上9）とは天照大神のこと。「霊」には「霎」に通ずる意もあるが『日本書紀』に「大日霎尊」とあるに従っておくべきだろう。

「狭穂」「穂彦」（上23）はいずれも狭穂彦王のことなのでどちらでも構わないだろう。

「失表」（上27）は本文中の「妹子懈怠、失㆓中華表㆒」と照応するものであり、「失長」では意を成さず誤り。

「内侍嘆絵、宿祢探湯」（上61 62）は、対語が目録題と本文冒頭題（並びに本文も）で逆になってしまったもの。前掲標題表の通り陽韻で押韻する関係上目録題の順の方が正しいのは明らか（本文上欄枠外に注記あり）。

「再帝」（上85）については本文に「再践㆓其位㆒、王㆓于天下㆒、此曰㆓称徳帝㆒」とあるので「再位」の方に分があるか。

「盤長」（上107）は本文中では「磐長姫」と表記されているのでこちらに従うべきである。

「太田」（上132）は本文中に「大田命」とあるのに従うべきであろう。

「力雄」「手力」（中73）は共に「手力雄命」を指していて、恐らくどちらでも良いだろう。

「狭智」（中113）は本文に「以㆓彦狭知神㆒、為㆓作㆑盾者㆒」とあるので「狭知」を採るべきである。

「詐謬」（下44）は本文の「俊基佯謬、読㆓楞厳院㆒」を考えれば「佯」（さまよう意）が正しいことになるが、本来の意味から考えると恐らく「佯」（いつわる意）に作るべきはずのもの（同訓を持つ「詐」が異文であるのもそれを証す）。

「建雷」「健雷」（下52）は本文に「遣二健雷神一、於レ是健雷執二戈剣一」とあるから「健」に分がありそうだが、実は武甕槌神（『日本書紀』『先代旧事本紀』『神皇正統記』等）を指し、『古事記』の「建御雷神」を受けたとすれば「建」とあるべきだろうか（『風土記』では倭建命を倭健命とも記すから通用とみても良い）。

「没歌」「悔歌」（下56）は本文に「長能（中略）裁二一首歌一、自謂二秀傑一」た歌が公任の批判にあい、「長能大悔二自謬一」いた故事だから「悔」でなければならない。

「作穽」「設穽」（下77）は「預設二陥穽於北山第一」とある本文に従い「設」を採るべきだが、「作」でも意味上は誤りと言えず、或は当初の「作穽」を後に改めた結果齟齬が生じたのかも知れない。

「陽勝遊空」（下98）の故事は、『本朝神仙伝』（第一六）『日本高僧伝要文抄』（巻一）『扶桑略記』（第二三所引「陽勝仙人伝」）や智源或は鎮源の各々の『法華験記』、『今昔物語集』（巻一三）『宇治拾遺物語』（巻八）などにも見えて名高いものだが、恐らく「又於二吉野山一、与二練行息真一遇、身生二両翼一、飛二遊空中一」（『元亨釈書』巻一八、『本朝神社考』下之五）あたりをふまえたものだろう。だが、著者は結局この故事を捨て、上毛野形名の故事を選んで、「今汝頓屈二先祖之名一、必為二後世一見レ嗤」（『日本書紀』巻二三、『本朝列女伝』巻三・形名孺人）とある「名」の字の次に「失二其功一」と押韻を意識した文字を補入して標題としたことになる。

そして、「戦功」「驍雄」（下104）は同じ東韻のグループに入るのだが、形名の故事で「功」を用いたために、顕家の故事に「戦功」が使えなくなり、「驍雄」と改めたものと思われる。但し、本文中に「驍雄」の語が見えないのは少々遺憾であり、末尾の「不レ顧二其躬一、有レ勲二功于南帝一、励レ戦如レ此、可レ謂二勇夫一矣」とある「勇夫」あたりを「驍雄」に改めたかったところ。恐らく当初「陽勝遊空」で考えていたものを変更したことから、標題のみは書換えたものの本文の再検が粗漏に終ったということではあるまいか。

「真貞」（下107）は熊谷直実の父直貞の故事なので「直貞」でなければならないが、これはよくあるケアレスミス。「生馬」「生駒」（下121）は『元亨釈書』（巻一八）『本朝神社考』（下之五）や本書本文からすれば「馬」とあるべきだが、「駒」も通用の許容範囲に入ろうか。

さて、この他にも、目録題・標題共に同一ではあるが気になるものもなくはない。中巻の「99輪子達経」下巻の「47築賊奪妃　59浦見慢天　64惟盛楊梅　95真玉供養　97秀方坐甲」などは、順に言えば、輪子ではなく掄（『倭論語』『本朝皇胤紹運録』）か棆子（『尊卑分脈』）でありたいし、次は筑紫の賊に関するもので築は同音通用ではあるが不適切ではないか、次は或は「蒲見」に作るべきか、更に次は「惟（維）盛桜梅」とあるべきではないか。真玉は正しくは「直玉主売」であり、秀方は「藤原季方」が正しかろう、などと考えられる。この他、文中には脱文（上120以言陵王）があるかと思われる場合や魯魚の誤りも見えるが、それは人の仕事としてやむをえぬ所為と言う他あるまい。

ただ次に挙げる「時尚金侍」（中58）などは、単に亥豕の誤りではすませられず、故事内容そのものとも絡むので指摘しておきたい。この故事は次のような注文になっている。

侍従時尚者、博陸侯藤原道隆公之裔、金吾将軍信頼之子也。二条帝平治年中、信頼与二大僕卿源義朝一叛、信頼伏レ誅。其子時尚雖二幼而不レ干二軍事一、以二逆蔭一竄二奥州一。州人憐二其簪纓之族一、多与二黄金一。治承之赦回二京都一。帰二橐多入二黄金一。都人士女呼二金侍従一。侍従構二居於城東之地一、家資富繁、以レ金埋二所レ居之地一。世号曰二福地一。今之南禅寺其旧地也。

この出典は恐らく『済北集』（巻一〇・外紀「文応皇帝外紀」）ではないかと考えるが、その本文には次の如く見える（殊に傍線部比較）。

文応皇帝者、寛元帝中子也。母藤太后。建長元年己酉降誕。文応元年即位。文永十二年譲二位于皇太子一。在位十六年、天下康寧。弘安間、建二離宮于城東一、其地元号二福地一。山木殷森、水石明媚。始平治之元、金吾将軍信頼伏レ誅。其子某時尚幼。雖レ不レ干二軍事一、以二逆蔭一竄二奥州一。州人憐二其簪纓之族一、多与二黄金一。治承之赦回レ都。帰橐多レ金。都人号二金侍従一。構二宅此地一、家資富繁。世言某以レ金埋二此山一。福地之称、於レ此立焉（下略）。

これに依れば「其《そ》の子《こ》某《なにがし》、時《とき》に尚幼《なほをさな》し。軍事《ぐんじ》に干《あづか》らずと雖《いへど》も……」と訓ずべきものである。前掲『本朝蒙求』本文ではそれを「其の子時尚《ときひさ》、幼にして軍事に干らずと雖も」と人名と勘違いしたもののようである。後掲の『済北集』には「其の子某」とあるにもかかわらず、『本朝蒙求』はこれを脱してしまった。明らかな誤りと言えよう。

二　編纂背景寸感

ところで、菅氏は何故このような書を編したのであろうか。本書の序文には次のように見えている。

李唐安平子澣（瀚）、有二蒙求三巻一。漁二猟史漢一、捃二摭墳典一。其語易レ記、其事易レ索。宜哉、童蒙求レ我之義、取以為二之名一也。夫惟、扶桑古今之間事之、可レ愛言之、可レ嘉者、不レ為レ鮮矣。且生二乎其地一而疎二於其事一、恐有二面牆之譏一。講レ文習レ芸、誘二導後生一、教二授幼沖一之際、豈可レ徒レ之乎。王茂弘有レ言、蒙以養レ正、少而教レ之、使下化沾二肌骨一習以成上レ性。是予蒙求之所二以作一也。初寛文之末、予実有レ志二于茲一、纔抽二其緒一、以開二其端一、然終不レ果。尋而数歳之後、無二以闡揚一焉。今稔家厳見二其不一レ果、譲レ之曰、詩曰、靡レ不レ有レ初、鮮二克有一レ終。何其不レ為二之終一。因奨‐誦之而相与助焉。於レ是遂成レ編。言語文辞、実雖レ不レ足レ比二並先献一、而於レ充二童蒙之求一、豈不二小助一乎。時、延宝己未歳猟（臘）月下澣菅亭題。

即ち本朝の古今の故事には佳言佳話も少なくなく、この国に生まれてその教養に疎いようでは見識の狭さを批判されても仕方ない。また、文芸の講習、幼童の教授においてもなおざりにできぬものだ、という思いなどが本書編纂の理由という。その編纂に着手したのは寛文（一六六一—七三）の末年というから仲徹十六歳頃のことになるが、後数年果たさず（父の跋文によれば仲徹の病の為もあるようだが）、延宝七年に至り父の勧奨もあって脱稿。上梓は更にその七年後で仲徹の同好の計らいもあって刊行が叶った（跋文。「一条通新町東江入　書林奥村太右衛門繡梓」とある）。本朝の様々な人物逸話を取込む教養書に果敢に取組んだ菅氏の営為は勿論評価に値するが、実はこれに先行する〝本朝の蒙求〟撰進もなくはなかった。

当時『本朝通鑑』の編纂を進めていた林鵞峰（一六一八—八〇）に次のような序・跋がある。

倭蒙求序

国有二故事之多一、人無二李翰之才一、而童蒙之求無二以塞者一。余少好二本朝事一、曽与二亡弟靖一、倣二李翰体一、叙二三百件一。然有レ不レ協二於意一而止。其後有レ志不レ果、殆三十年。頃間提二国史一、頗所二諳記一、倍二於往年一、然不レ遑レ処。戊申之冬、有二微恙一、頤養旬餘。男贛陪レ側、乃自二東韻一起レ筆、至二咸厳一、平声毎韻、各十件五韻、比事相対、得二三百件一。技癢不レ已、就二上去入声一、各聯二三百件一。但依二韻広狭一、多少有レ差。手不レ把レ巻、任レ口吐出、九夜而成、総計千二百件。翰之才雖レ不レ及、蒙之求、聊可レ塞乎。乃名レ之曰二倭蒙求一。秉レ燭童曰、唯此目録、便二于稽レ古。而無レ註則蒙之惑未レ可レ解。叟応レ之曰、修史繁レ務、我則無レ暇、作レ室則足矣。肯レ堂者贛其任也。汝其就求レ之。

戊申（寛文八年）季冬九日

倭蒙求補序

倭蒙求出矣。有レ客曰、平上去入各三百件、象二四時一乎、併レ之則千二百、象二十二月数一乎。余曰、不レ然、唯是平声毎レ韻十件而得二三百件一、故上去入之数准レ之耳。客曰、上去入依二韻広狭一而条件有二多少一、則平声亦何不レ増二其広者一哉。余笑曰、汝言乃其麻姑手乎、令二余技癢不レ已。客退而贛侍焉。余顧曰、千二百件、聊欲レ試レ所二諳誦一也、今所レ補者、考二旧記一得二新知一而可也。然不レ可レ及三累レ日而労二精神一乎。贛曰、所レ増限二幾数一乎。曰、至二二千㆒則足矣。於㆑是就㆓平声㆒聯㆓得五百件㆒、分為㆓二巻㆒、且加㆓仄韻五百件㆒、亦為㆓一巻㆒。総二千二百件、更㆓数夜㆒而成。其凡例悉如㆓前記㆒。嗚呼、事林之広、非㆓疎網之可㆑悉焉。唯拈㆓韻字㆒、自㆓唇辺㆒吐出来。恐得㆓燕雀㆒、不㆑得㆓鴻鵠㆒。若得㆓鴻鵠㆒、不㆑能㆑不㆑漏㆓麟鳳㆒乎。姑名㆑之曰㆓倭蒙求補㆒。云㆑爾。

戊申季冬二十五日　（以上『鵞峯先生林学士文集』巻八五）

倭蒙求跋

攻㆑玉者、磋㆑之磨㆑之而得㆓其光㆒、染㆑帛者、一入再入而得㆓其色㆒。凡事々皆然、豈容易可㆓遂成㆒哉。倭蒙求之編、旧臘既脱㆑稿、猶㆓攻㆑玉未㆑磨、染㆑帛一入㆒。今春聊加㆓琢磨㆒而再入合并、以為㆓冊子㆒。今日閑暇、又一㆓覧之㆒、改㆓正十餘件㆒。猶不㆑及㆓得㆑光得㆑色。乃知諳記不㆑可㆑恃而考索不㆑可㆑不㆑詳也。嗚呼二千二百件、不㆑為㆑不㆑多。然以㆓国史㆒視㆑之、則太山之一抔、河海之細流也。作㆑之而無㆑益乎。不㆑然諺曰、一文者、無文之師也。蒙之求其足乎。若其童蒙、由㆑是拡㆑之而有㆑得、則聊観㆓我国之光㆒乎。呵呵。寛文己酉（寛文九年）春正月穀日。国史館提挙林叟、把㆓筆於晩林夕陽之影㆒。　（同右、巻九八）

本朝の故事は多いが、生憎と当時はこれをまとめて提供できるような入門書もなかった。鵞峰は嘗て弟読耕（一六二四―六一）と本朝の蒙求の標題を三百程作ったが、意にそまぬところあり中絶。その後思いはあったものの果たさず三十年[3]にもなろうかと云う。国史編纂の過程で更に知識の蓄積はできたものの、なかなかその具体化に取組む余裕はなかった。だが、寛文八年（一六六八）冬、療病の折を得て息子鳳岡（一六四四―一七三二）らを傍に、五韻十句、平声毎韻で換韻した四言三百句（上下平声三十韻のすべてを用いたことになる）を先ず作り、続いて上・去・入声を各三百句、総計千二百句を九夜で成しとげた。また、更には訪れた客人の言を入れ、改めて平声五百、仄声五百を追加して数夜で二千二百句に拡げたという[4]のも、当代の稀にみる本朝故事に通じた鵞峯ならではのことで吃驚に値する。

日中の蒙求続撰本は数々あれど、恐らく標題二千二百を数えるのは希有であろう。その標題の一つ一つに注（故事譚）を付す任は鳳岡に託されたが、その後いつ完成をみたものか判然としない。又、その原本や書写本の存在も寡聞にしてこれを知らない。もし現存が確認されれば画期的なものになり、無論〝本朝蒙求〟の嚆矢であるから林家の『通鑑』編纂業餘の成果にふさわしい幼学教養書として高く評価されるに相違ない。己の国の歴史（故事）は国の民として知らずにすませられるべきものではあるまい。それは林家二代に亘る営為に依り『通鑑』に集成される（但し当時未刊）が、彼らの他の仕事にも顕著に窺える姿勢と言って誤たない。そしてそれは恐らく江戸初期の空気ともなっていたようだ。

一例としてこの期に刊行（又は成立）された主な本朝の人物記（所謂叢伝物）を挙げるとすれば、次のようなものがあろうか。

明暦三年（一六五七）『日本百将伝』（林羅山）
寛文元年（一六六一）『本朝女鑑』（浅井了意）
〃二年（一六六二）『本朝人鑑』（林鵞峰）
〃三年（一六六三）『本朝医考』（黒川道祐）
〃四年（一六六四）『本朝遯史』（林読耕斎）『扶桑隠逸伝』（元政）
〃五年（一六六五）『大和二十四孝』（浅井了意）『仮名列女伝』（北村季吟）
〃八年（一六六八）『本朝古今列女伝』（黒沢弘忠）
〃九年（一六六九）『賢女物語』（芳菊軒某母満〈了意か〉）『日本古今人物史』（宇都宮遯庵）
『倭論語』（沢田源内）
〃十年（一六七〇）『名女物語』（？）
延宝元年（一六七三）『本朝言行録』（林鵞峯）

〃五年（一六七七）『扶桑名将伝』（中村風浪）
〃七年（一六七九）『本朝武林伝』（諏訪忠晴）
貞享三年（一六八六）『本朝蒙求』（菅仲徹）『本朝孝子伝』（藤井懶斎）『本朝列仙伝』（田中玄順）
〃四年（一六八七）『本朝美人鑑』（？）
元禄三年（一六九〇）『本朝儒宗伝』（巨勢正純）
〃六年（一六九三）『扶桑禅林僧宝伝』（高泉性潡）
〃十二（一六九九）『本朝武家評杯』（遠藤元閑）
宝永三年（一七〇六）『本朝語園』（孤山居士）
〃四年（一七〇七）『本朝高僧伝』（卍元師蛮）
〃七年（一七一〇）『桑華蒙求』（木下㕣《公》定）
正徳四年（一七一四）『絵本故事談』（山本序周）

『本朝蒙求』もこうした本朝の人物や歴史故事への人々の関心・注目があってこそ誕生したものであろうことは改めて述べるまでもなかろう。

三　凡例をめぐって

さて、次に『本朝蒙求』の編纂方針を凡例により窺ってみたい（猶、凡例九条はすべて「一」で始まるが、以下では便宜上一～九とする）。

一　其人雖レ同而其事有レ異者、則再標レ之、以効二李翰蒙求之例一。

これは同一人物であっても故事内容が異なれば再掲も厭わないということで、若干の例を挙げれば、天照大神（上9「日雲新嘗」46「日神照徹」）木曾義仲（中120「義仲朝日」下110「木曾拝鳩」）嵯峨天皇（中54「嵯峨花宴」109「弘仁乏肉」）の類で、例は多くない。

二　有下以二姓氏一標レ之者、以二名字一標レ之者上。有下以二官爵一標レ之者上、有下以二異号一標レ之者上、或随二其時之変一、或避二重出之嫌一、或名不レ顕、或姓不レ正也。

周知のように『蒙求』の標題四字のうち、上部の二字が人物（名）に関わる。本書ではその人名の部分を、姓・名・官爵・異号などに依り記すことを述べたもの。猶、前項のように重出の場合もあるので随時同じ名称にならぬよう意を用いており、また、名が不明（又は明らかにせず）、或は姓の正しくないもの（姓の一部利用を言うか）もあるとの事だが、若干の具体例を示して確認しておきたい。「黒主田夫・匡衡介士」（上5 6）「義尚聴講・泰時悦理」（上7 8）などが「名」を用いた例（上から大伴黒主・大江匡衡・足利《（源）》義尚、北条《（平）》泰時）で、本書の標題中で最も多いパターンであり、過半の二百を越える（但し、神名や姓を有しない天皇・皇族などの例は除外しての数）。また、「野見相撲・武内棟梁」（上21 22）「島村化蟹」（中95）「北条分財」（下58）は姓に依った例であり、その他にも「菅江合符」（上99）「山柿歌仙」（中14）「賀安天文」（中127）のごとく二姓を合したもの（上から菅原文時と大江朝綱、山辺赤人と柿本人麿、賀茂保憲と安倍晴明）もある。「白野同情」（上100）「范藤自合・裴菅奇遇」（中25 26）は本朝人と異朝人の組合せ（基本的に異朝人を上に配す。順に白楽天と小野篁、范仲淹と藤原良相、裴璆と菅原淳茂。この三例のみ）でかなり特殊な感はあるが、これらの例は全体から見ればかなり少ない。「源順博識」（中43）「源融乗輦」（中69）「源信技芸」（下66）等は姓名の両方を用いる他あるまいが、実姓名ではなく異号・官爵を用いるものに「檀林一拳」（上86）「喜山銀閣」（上113）「式部紀局」（中37）「菅相愛温」（中82）「仁山祈聖」（中103）「淡海律令」（中121）「侍従待宵」（下26）などがある。「金庫二印・雄鐘三絶」（上47 48）「津漁罟児・濃民腰瓢」（下29 30）「簗《（筑）》賊奪妃」（中

47）「二皇互譲・六子倶誓」（下71 72）「二帝南北・両雄西東」（下101 102）などは姓名を用いなかった例で、故事の内容に依っては致し方ない点もあろうが、「源兆レ吟レ梅・菅祝レ折レ桂」（下69 70）は姓一字・故事内容三字の構造を有するという点で破格とみるべきであろう。

三　有下以二人臣一対二天子一者上。有下以二神仙一対二民俗一者上。有下以二婦人一対二男子一者上。皆随二事相似一也。

この記述からすると、当初は「景行火国・神武畝傍」（上17 18）「神功討韓・推古通唐」（上19 20）「天武占雲・仁徳望煙」（上81 82）のように、天皇同士で対を成すことを考えていた（この標題形式の多いのも確か）のではないかと臆測されるが、結局は「雄略大悪・入鹿姦邪」（上37 38）「崇徳傾蓋・尊治濫賞」（上71 72）「履中賞桜・諸兄献橘」（中115 116）「光孝貴相・敦末光明」（下１２）と立てざるをえなかった。また、「生馬《（駒）》白帽・広嗣赤鏡」（下121 122）は神仙と民俗を対に立てた例。恐らく「伏翁唖態・久米染心」（下21 22）のように神仙で対を成しえた項もあるので、立項の基本としては一定のカテゴリーで固めたかったに違いない。従って女性の故事は女性同士の対が好ましく、大概「売輪抱屍・山辺殉亡」（上59 60）「小町美艶・衣通徹晃」（上69 70）「磐長唾泣・鈿女俳優」（上107 108）「十市魚書・栲幡虹光」（上115 116）「巴女従軍・仲子止禱」（上133 134）等殆どがそれに添っているが、例えば「貞敏音楽・高子宝器」（中61 62）は外れる。以上、著者の言い訳をいわば検証してみたわけだが、いずれにしても微疵と言って差支えないのではあるまいか。

四　雖二数千載之下、数千載之上一、而有下取二其事之相合一並レ之者上。

この記述は、恐らく対となる故事間の時代の違いについて言及するもので、その懸隔甚しいものもあるが、その故事内容に目を向け意を用いたことを言おうとするものと思われる。互いに同時代か、かなり近い時代の対例は、「尊氏宝剣・良基神璽」（上31 32）「在衡戴笠・将門現燈」（上127 128）「常則団雪・道風書扁」（中３４）「美材墨妙・巨勢画工」（中33 34）など挙例に事欠かないが、その一方で、「義持辞号・菟道譲位」（上91 92）「糠戸造鏡・斉名弾箏」（上

97 98）「豊鍬直心・小督正言」（中85 86）「玉子口眼・開耶国色」（中123 124）「成範桜町・宅嗣芸亭」（下15 16）「佐理手書・阿礼口授」（下41 42）などのようにやや時代の離れた感否めない例もまま伺える。著者としては、中国の『蒙求』同様に、対を成す標題の故事内容の関連性を重視したことを強調したかったのではあるまいか。

五　是編事々、有下載二旧籍一者上。有下載二近世之書一者上。有下沿二其波一而不レ溯二其源一者上。有下在二人之口実一而間取レ之者上。故総不レ証二其書一。

これは各故事の典拠に関して述べたもの。古籍に依るものもあれば、近頃の書に依拠したものもあり、また、人の口の端に上ったものを成文化したものもあるから、典拠書は明示しないということのようだ。典拠（或は参考文献）の問題については次章で少し詳しく触れるので、ここではポイントだけ押えておきたい。それは「沿二其波一而不レ溯二其源一」、即ち、近年に編纂刊行された書を利用もし、その場合、その書の引用する更なる原拠へと踏込んだ考証・確認なりを行って成文化しているわけではないということ（つまり孫引容認）である。本書が所謂通俗教養書的性格を持つものであってみれば、これは怪しむに足りないことであろう。後世のこうした叢伝・逸話物の中には、時として読者を戸惑わせる出典注記を行うものもある（ネタ本を直接記さず、そのネタ本が掲げる典拠を示した為に、却って馬脚を露わす類もある）が、それに比べればまだ全うなのではあるまいか。猶、筆者としては、能う限り本書の一話一話の典拠を探りたくは思う。それは、この当時の教養人の読書（渡来漢籍ではない国書のそれであることにも意味がある）の一般がどのような情況であったかということにつき、その一端を垣間見ることが可能ではあるまいか、という思いがあるからである。そして、勿論本朝故事に寄せる関心度にも聊か興味を覚える。それは後世の同類の書と比較することなどに依り、本朝故事の普及の様相（知識の一般への広がりと歴史常識の定着）、或は、教養というものの範疇の形式やその展開・変遷を把む有力な資料になりうるのでは、などとも思うからである（勿論、所謂古典文学享受史の資料でもあるわけだが）。

六　基本文有二甚繁者一、則概掲二其略一。

七　雖二奇怪幻術之事一而略二記之一以備二談助一。

本書では『日本書紀』や『太平記』に依拠するものがよく見えるが、その中には長大な筋を持つものもあり、当面の故事に直接関係しない部分を含む場合なども少なくない。従ってそれを略して記述することが、本書のように簡にして要を得ることが期待されるものには必須である。それに亦、固い話柄や現実的なものばかりでも面白味に欠けるのは必定と思ったか、「奇怪幻術」も避けず採挙げ記すことにしたというわけである。

八　或一神之名、有二数字者一。或拠二古人之裁断一記レ之、或粗以二愚管一略レ之、以備二句数一。

これは先の第二項とも関わる。本書では『日本書紀』中の神々の故事がかなり立項されている。その表記については、例えば「常立葦牙」（上1）は国常立命、「穂日神傑」（上42）は天穂日命、「瓊杵代親」（中98）は瓊瓊杵尊（天津彦彦火瓊瓊杵尊）を指すことになるが、神名には聊か長きに過ぎるものもあって標題に用いるには便ならず、方途を構じて省略せざるをえない。そこで、古人の省略用法を利用する一方、著者自身が案出して略したものもあるということである。

九　或旧以二倭字一記レ之者。今以二漢文一記レ之。

本書が用いた文献の中には仮名文献も少なくない（例えば、『十訓抄』『古今著聞集』『徒然草』『倭論語』など）。従って、著者はこれを漢文に翻訳した上で所収したというのだが、その具体例については次章で言及したい。

四　編纂資料をめぐって

本書所収故事の一つ一つには何の出典も記されず、亦、参考文献一覧も付されていないが、筆者の詮索した結果を記し、編纂資料の一斑を窺っておきたいと思う（猶、勿論現時点で確定できぬものや不明の箇所のあることも言い添えておきたい）[5]。

日本書紀	㊤ 1～4 9 11 12 14 16～(22) 23 25 28 33 35 37 38 41～46 49 51 58～60 62 65 66 77 81 82 89 92 97 105～108 116 117 121 122 124 130 135 ㊥ 1 2 10～12 18 19 22 27 41 49 59 66 71 73 77 78 92 97 98 100 106 111～115 124 128 131 132 ㊦ 3 23 27 29 31 39 51 52 59 61 62 71 72 75 76 84～86 90 93 98～100 116 125	109 (1)
太平記	㊤ (8) 72 74 112 ㊥ 16 23 74 133 134 136 ㊦ 28 44 47 48 53～55 58 74 77 78 80～82 89 92 101 104 115	29 (1)
元亨釈書	㊤ 13 34 84 126 ㊥ 9 25 63 67 91 102 105 109 110 ㊦ 2 16～18 21 22 49 50 (105) 106 108 121	25 (1)
源平盛衰記	㊤ (29) (30) 103 104 (133) (136) ㊥ 7 28 29 36 (72) (75) (120) (129) ㊦ (8) (13)～(15) (26) (43) 64 (109) (110) (118)	24 (17)
平家物語	㊤ 29 30 101 133 136 ㊥ (28) (29) 72 75 96 (129) ㊦ 8 13～15 (26) 43 63 109 110 118	21 (4)
史館茗話	㊤ 6 48 98 99 100 120 ㊥ 6 26 30 33 39 60 79 80 82 84 107 125 ㊦ 73 (105)	20 (1)
倭論語	㊤ 57 61 (112) 134 ㊥ 16 31 32 45 55 62 85 86 99 123 ㊦ 5 6 83 94	18 (1)
本朝神社考	㊤ (34) 129 132 ㊥ (3) 14 17 35 (78) (105) (119) 122 ㊦ (22) 105	13 (6)
続日本紀	㊤ 54 55 63 79 90 119 ㊥ 50 87 117 ㊦ (16) 95 120	12 (1)

書名	所在	数
吾妻鏡	㊤40 ㊥21 (47) 119 126 135 ㊦12 57 67 69 114	11 (1)
羅山文集	㊤(48) 50 109 ㊥43 89 ㊦26 35	7 (1)
羅山詩集	㊦33 35	2
尊卑分脈	㊤22 (83) ㊥51 (87) (116) (130)	6 (4)
河海抄	㊤102 118 ㊥3 37 ㊦103	5
三代実録	㊥42 81 ㊦1 4 66	5
徒然草	㊤56 ㊦24 40 111 112	5
本朝遯史	㊤(6) (110) ㊥(8) 46	4 (3)
本朝文粋	㊥64 108 121 122	4
今鏡	㊤(56) (103) (104)	3 (3)
奥州後三年記	㊤15 ㊥118 ㊦97	3
古事談	㊤123 127 128	3
神皇正統記	㊤71 (85) (132) ㊥(52)	4 (3)
扶桑隠逸伝	㊤88 ㊥(8) (46)	3 (2)
増鏡	㊥44 48 (83)	3 (1)
水鏡	㊤85 94 125	3
宇治拾遺物語	㊤115 ㊦32	2
栄花物語	㊤80 114	2
翰林葫蘆集	㊤7 ㊥(35)	2 (1)
義経記	㊥76 ㊦87	2
扶桑略記	㊦60 (61)	2 (1)

愚管抄	㊤75 ㊥52	2
古今著聞集	㊥(118) ㊦(30) 56	3 (2)
古事記	㊤24 ㊦(42)	2 (1)
十訓抄	㊦30 (32)	2 (1)
釈日本紀	㊤(43) ㊦(42)	2 (2)
拾芥抄	㊦37 38	2
聖徳太子伝暦	㊤26 27	2
本朝一人一首	㊤(48) ㊥(59)	2 (2)
文机談	㊦(37) (38)	2 (2)
世継物語	㊤36 78	2
足利季世紀	㊥95	1
因幡堂縁起	㊦34	1
今川帖	㊦79	1
応仁記	㊦102	1
大鏡	㊤96	1
膾餘雑録	㊦65	1
嘉吉記	㊦91	1
禁秘鈔	㊤(102)	1 (1)
空華集	㊦128	1
公卿補任	㊤(96)	1 (1)
古今和歌集真名序	㊤5	1
弘宗定智禅師行状	㊤52	1

西行物語	㊥8	1
延喜式	㊥53	1
渋柿	㊤(8)	1 (1)
性霊集	㊦9	1
諸国鍛冶寄	㊤131	1
硯破	㊥(88)	1 (1)
井蛙抄	㊤61	1
政事要略	㊤73	1
先代旧事本紀	㊤(35)	1 (1)
撰集抄	㊥88	1
曾我物語	㊥47	1
済北集	㊥58	1
東寺執行日記	㊤91	1
南方紀伝	㊤93	1
日本後紀	㊥65	1
梅花無尽蔵	㊤111	1
平治物語	㊥93	1
碧山日録	㊦113	1
本朝医考	㊤83	1
本朝女鑑	㊤(86)	1 (1)
本朝列女伝	㊤86	1
万葉集	㊤135	1

続古事談	㊥(127)	1 (1)
紫式部日記	㊥37	1
大和物語	㊦96	1
山名家譜	㊤95	1
明恵上人伝	㊤8	1
養鷹記	㊦36	1
類聚三代格	㊤(73)	1 (1)

『日本書紀』『太平記』『元亨釈書』（院政期以降の往生伝関係書とのつながりもある）『源平盛衰記』『平家物語』は当時の代表的歴史叙述書と意識されていたから、これらが上位を占めるのは当然と言っても差支えないが、『史館茗話』『倭論語』『本朝神社考』あたりについては意外と思われるかも知れない。菅氏は羅山の弟子筋に当たるので、[6]『茗話』や『神社考』『羅山詩文集』（厳密にはその編纂資料とも）『本朝一人一首』『本朝遯史』といった林家の刊行書等に日頃から馴染んでいたものであろうか。既に知られているように『茗話』は『江談抄』はじめ中世説話書とも密接な関係にある。[7]本書『本朝蒙求』は『茗話』によってリライトされたものを多く援用しており、その原典に立戻って案文しているわけではない（既述の〈凡例五〉参照）ことも旧著で検証したが、ここでは更に別の例を以て、林家との関わりを示すことから始めたい。

朝請大夫源能州刺史順者、其先出レ自二弘仁帝一。帝生レ定、賜レ姓曰レ源、号曰二楊院大納言一。定生レ至、仕擢二中大夫左京兆尹一。至生レ攀《ママ》、攀《ママ》生レ順。順為レ人、博聞強記、識レ字属レ文、賦レ詩又詠二倭歌一。比レ壮挙二名進士一、直二奨学院一。邑上帝天暦五年、詔二順等一、撰二後撰和歌集一。又嘗著二倭名類聚一、行二乎世一矣。

（『本朝蒙求』中43源順博識）

筆者は旧稿を認めた当初、この源順について記した文を著者仲徹独自の創作文とばかり思っていたのだが、実はそうではなかった。これは『新刻倭名類聚鈔』（元和古活字那波道円本。元和三年〈一六一七〉十一月付）刊行の折、巻頭に付された羅山「題二倭名鈔一」（『羅山文集』巻三十七にも所収）の冒頭の一節を抄録利用したもので、因みにその対応する部分を掲げると次の如くである。

従五位上能登守源朝臣順者、其先出レ自二弘仁帝一。帝生レ定、賜二源姓一、号二之楊院大納言一。定生レ至、仕擢二従四位下左京大夫一。所謂天下之好色者也。至生レ攀《ママ》、攀《ママ》生レ順。順為レ人、博聞強記、識レ字属レ文、賦レ詩又詠二倭歌一。比レ壮挙二名進士一、直二奨学院一。邑上帝天暦五年、詔二順及大中臣能宣清原元輔紀時文坂上望城一、於二昭陽舎一、撰二和歌集二十巻一。時人謂二之梨壺五人一。（下略）

こうした例がある為に、各標題下の注文（即ち『蒙求』の故事記述部分）については、単に同類の説話が某書にある、或はそれが最も古い説話記事である、ということだけでは本書の典拠と決められない側面のあることが容易に想像されよう。編者仲徹は果たしていかなる書に親しみ、本書を編したものか、その全容の解明は漸く緒に就いたばかりの段階であることを予め断った上で、以下聊かその本文の具体相の一斑に改めて触れておきたい。

本書に上段のような故事が見える。

匡衡者大江音人之曾孫也。音人之子千古生二維時一、維時生二重光一、重光生二匡衡一。事二円融花山朝一、能二詞藻一。曾有二対策文一曰、大《ママ》公望遇二周公《ママ》一、渭浜之浪畳レ面、綺里季助二漢恵一、商山之月低レ眉。菅原文時曰、可レ喜レ之、但改下作

江匡衡対策文、太公望之遇二周文一、渭浜之浪畳レ面、綺里季之助二漢恵一、商山之月低レ眉。菅文時曰、可レ喜可レ喜、但改下作面畳二渭浜之浪一、眉低中商山之月上乎。

（33話）

面畳二渭浜之浪一、眉低中商山之月上乎。慶保胤論二匡衡之才一
曰、如下敢死之士数百騎、被二介冑一策中騂騮上、其鋒森然、
少二敢当者一。　〈上6・匡衡介士〉

具平親王問二当時文人優劣于慶保胤一。対曰、紀斉名如二瑞
雪之朝、瑶台之上弾レ箏。斉名者孝元帝皇子彦太忍信命
之裔也。有二詩名一。一条帝詔加二倭訓于元稹集一。斉名曰、
凡庸之才、不レ可三妄加二倭訓一。固辞不二肯受一。
〈上98・斉名弾箏〉

大江以言者、円融花山一条帝時人也。任二文章博士一兼二
弁官一。慶保胤題二目以言一曰、以言如三白沙庭前、翠松陰
下、奏二陵王一。江氏匡房論二紀斉名以言文才一曰、二人文
体各異、斉名文文句句採摭。反レ之所レ作之詩、任レ意恣レ
詞、却無二轡策一、其体固新、其興弥多、至二其不レ得之日一、
亦非二後進之所一レ及也。　〈上120・以言陵王〉

江州司馬慶保胤者、冷泉帝円融帝際人也。以二儒学一為レ
業、能二文詩一。具平親王問曰、足下之才如何。対曰、似下
旧上達部駕二毛車一而時時有中殷声上。　〈中107・保胤殷声〉

具平親王問二当時文人優劣于慶保胤一。対曰、江匡衡如下
敢死之士数百騎、被二介冑一策中騂騮上、其鋒森然、少二敢
当者一。紀斉名如二瑞雪之朝、瑶台之上弾レ琴。江以言如三
白沙庭前、翠松陰下、奏二陵王一。又問曰、足下如何。
対曰、似下旧上達部駕二毛車一、時時有中隠声上。　（32話）

紀斉名有二詩名一。一条帝詔加二倭訓于元稹集一。斉名曰、
凡庸之才、不レ可三妄加二倭訓一。固辞不レ従。　（36話）

江匡房論二紀斉名江以言文才一曰、斉名以言文体各異、
斉名文文句句採二摭古詞一。有二風騒之体一。然至二其不レ得
之日一、忽不レ驚レ目。以レ無二新意一故也。以言反レ之、所レ
作之詩、任レ意恣レ詞、却無二轡策一。其体固新、其興弥
多。至二不レ得之日一、亦非二後進之所一レ及也。　（41話）

この上段四故事の源は、『江談抄』（第五・66〈匡衡献策之時一日告題事〉）『古今著聞集』（巻四・文学第五・11〈大内記善滋保胤匡衡斉名以言等を評する事〉）『江談抄』（第五・4〈斉名不レ点二元稹集一事〉、62〈匡衡以言斉名文体各異事〉）などにあるのだが、その用字や文体から考えると、系図上や活躍期等の知見が加筆されているものの、下段の『史館茗話』の記事の抄引、引写しに他ならないことが明白になる。(8) その点は『日本書紀』『元亨釈書』『茗話』『神社考』『続日本紀』『吾妻鏡』『羅山詩文集』等の漢文体文献との対照を行ってみても同様で、本書の本文は、基本的に典拠書中の必要と考えられる箇所を著者が摘出し、引写しているのが殆どであると知れよう（若干表現の変えられている点もあるが、それはわずかとみて良い）。ただ、仮名文学作品ともなると、勿論漢文化という作業を余儀なくされる点で大いに異なるわけだが、菅亭の漢文化は実に要を得ていて全体としてもほぼ率の無いものと評価できよう。因みに、『倭論語』(9) の例を上段に、本書本文を下段に対比して掲げてみたい。

藤房平公曰。一念も邪なきと云ものはあらじ。しかし心のうち善悪二つのあるに、善を味方とし、悪を敵とさだめて、より〳〵合戦ひまなく、仁義に勇なる大将を先陣として、礼信の大将を後陣として、日夜に悪の大敵をほろほすべし。たとへは亡念散乱の大将ともいろ〳〵のてだてをたくらみ、七情のしのびを入てはかるとも、明徳の総大将、旦夕無二油断一ば、かならず悪の大敵みな誅伐して平天下にして永〻めでたかるべし。

鷹司右大臣冬家公男也。氏長者。従一位。左大臣。関白。母佐〻貴正嫡従四位上源満高朝臣女。号二源光院一。文明四年十一月十六日薨。号二後昭光院一。

〈『倭論語』巻四・公卿下〉

後昭光院関白房平公語曰。一心之中、有二善与一レ悪。善者為二我軍旅一、悪者為二我寇讎一。二者日戦二于胸臆間一、但須レ使下仁義之士為二前軍将一、礼信之士為二後軍之将一、日夜力戦、以滅中彼奸敵上。假令下妄念邪志、巧二其軍術一、七情之諜、窺中之間隙上、而明徳之師、為レ之固備則寇讎自敗、天下遂平也。房平文明中薨。

〈『本朝蒙求』巻上57・房平一戦〉

五　むすびに――後続書の一端から――

本書の影響については、まだ余り明らかではないが、むすびにその一端に触れておきたい。記事の引用の在り方や編纂参考書目に本書が掲げられていることから『本朝儒宗伝』（巨勢正純）『桑華蒙求』（木下㕣《(公)》定）に用いられている事は勿論、他に『絵本故事談』（山本序周）への影響もまず間違いない。以下一部を対応させてみよう。

頼業姓清原、舎人大王之遠裔、音博士祐隆之子也。初侍二読於高倉帝一、補二殻倉院別当一。旧名顕長、更改二頼業一。拝二中散大夫一。毎読二礼記一、謂大学中庸両篇、後世必有二広才達理人一、則抽二繹出之一、別為二一書一而為二抵代之至宝一矣。其言果然。蓋雖二地異世殊一、其意気相感如レ此乎。後鳥羽院文治五年閏四月十有四日、享年六十八而卒二于私寝一〈今西峨宝寿院中車裂明神者頼業祠也〉。

〈『本朝蒙求』巻下19・頼業学庸〉

頼業、始名二顕長一。天武帝之裔、舎人親王之後也。父曰二音博士祐隆一。頼業為二高倉帝侍読一、補二殻倉院別当一、拝二中散大夫一、毎読二礼記一嘆曰、大学中庸両篇、後世必有二厚実達悟人一而抽二繹之一出、別為二一経一、為二抵代至宝一矣。其言果然。文治五年閏四月十四日卒。歳六十八。建二祠於嵯峨一。号二車裂神一。（以下にある「論曰」云々は省略）

〈『本朝儒宗伝』巻下〉

記述が若干前後したり、表現が改められている処もあるが、基本的に『儒宗伝』の記事は『本朝蒙求』の情報の枠内に収まっており、記事の措辞も実によく書承されていると言えようか。

『桑華蒙求』とのことについては、『江談抄』（第四・92）或は『古今著聞集』（巻四・文学第五・7〈源為憲、大江以言の佳句披露の座にて感泣の事〉）にも見える源為憲の説話をリライトした次の記事から始めたい。

源為憲毎レ有二文会一、携二一嚢一以赴焉。偶有二可レ喜之句一、則入二其頭於嚢中一而吟哦良久。於二他人之詩一亦然。
〈『史館茗話』38話〉

『本朝蒙求』では、これに為憲の系譜解説と人物評等を補って、

源為憲、光孝帝之玄孫也。帝有二四子一、其一子光恒(是)生二衆望一、衆望生二忠幹一、忠幹生二為憲一。為二文章生一、広識博聞。毎レ有二文会一、携二一嚢一以赴焉。偶有二可レ喜之句一、則入二其頭嚢中一而吟哦良久。於二他人之詩一亦然。至二正五位下但州刺史一。又任二遠州刺史一。
〈中6・為憲入嚢〉

と取込んでいる。この型は既に前章で述べたパターンだが、この故事を引継いだ宝永期刊行の二書、即ち『本朝語園』(巻四・165〈為憲詩嚢〉)と『桑華蒙求』(巻中・為憲吟嚢)では書承の在り方が異なる。

源為憲文会アルコトニ一嚢ヲ携テ以テ赴ク。タマヽ、喜フベキノ句アルトキハ則其頭ヲ嚢中ニ入テ、吟哦スル事良久。他人ノ詩ニ於テモ亦然リ。
〈『本朝語園』〉

源為憲、光孝帝之玄孫也。帝有二四子一。其一子光恒生二衆望一、衆望生二忠幹一、忠幹生二為憲一。為二文章生一、広識博聞。毎レ有二文会一、携二一嚢一以赴焉。偶、有二可レ喜之句一、則入二其頭嚢中一而吟哦良久。於二他人之詩一亦然。至二正五位下但州刺史一。又任二遠州刺史一。
〈『桑華蒙求』〉

前者『本朝語園』は『茗話』の訓読文としての体を有し、その直接の典拠たることが知れる。一方、後者の『桑華蒙求』の記事は、『茗話』を取込んだ『本朝蒙求』の本文の全くの引写しであると言って良いであろう。『桑華蒙求』(日中の同類故事を対に立てた全六一二標題所収)には三〇六項の本朝標題が見え、その故事が記されているわけだが、そのうち『本朝蒙求』と密接な関係にあるものは次の如く七十九項も指摘できる(同じ標題のものも見える)。

〈上巻〉　仁徳煙竈　諸兄賜橘　正成守義　景行火見　河勝殺覡　義経白旗　頼之童坊　正行療創　孝徳大化
久米染心　博雅琵琶　安世水車　良懐僭帝　蘇民綰茅　崇峻斬猪　瀧守護桜　武文怒浪　顕宗曲水

高家青麦　成範禱桜　良秀笑焚　忠常窮穴　仲子罹疾　師賢衮衣　兼良驕矜　暁月詠虱　経信多藝
頼業学庸　蒬道反魚　源融塩竈　道風筆病　保憲暦道
〈中巻〉蟬丸藁屋　弟媛衣通　季仲黒帥　県守斬虬　佐国蝴蝶　政子尼将　房平徳帥　加賀伏柴　有馬不軌
源順和名　助種退蝮　押坂喫芝　重衡牡丹　茂光鳴簗　百川不睡　秋津到門　藤綱買炬　假（蝦）夷佾舞
宗信水藻　佐用振巾　高時聚犬　美材写屛　河辺臣舶　開別木丸　真備励業　南北二帝　為憲吟嚢
政顕二恥
〈下巻〉浦島垂釣　兼季菊亭　内侍好賢　春王被底　狭穂積稲　肖柏夢菴　武内棟梁　信隆雞塒　忠光報讎
兄媛定省　親元減杖　鎌子錦冠　言主架橋　鎌足奉履　清明占瓜　誉津問鵠　間守覓橘　延喜鷺位
冬嗣学院

これらのものとは更に別に標題を同じくするものや、同じ話柄（記述の仕方が若干異なるが）の故事[10]を加えると一層数は増えるはずだが、ともあれ、『本朝蒙求』の刊行時に近い後続本の中では『桑華蒙求』が最も大きな影響を受けていると考えられる。

これに次ぐ存在はと言えば、恐らくは『絵本故事談』ではないかと思う。対応する例を挙げてみることにしよう。

平清盛、備州刺史忠盛之子也。初為㆓藝州刺史㆒時、航㆑海自㆓伊勢阿野津㆒赴㆓熊野㆒、有㆓大鱸魚㆒躍㆓入舟中㆒。舟中人皆祝㆑之。清盛曰、古周武王渡㆑江、白魚跳㆓入其舟㆒、夫亦此祥歟。乃命㆓庖人㆒煮㆑之食㆑之。後進㆓相国㆒、擅㆓政柄㆒。

（『本朝蒙求』巻中・96清盛得鱸）

平《たひら》の清盛《きよもり》は備州《びしう》の刺史《りし》忠盛《たゝもり》の子なり。はじめ安藝《あきの》守たりし時、海に航《ふなで》し、伊勢の阿野《あの》の津より熊野《くまの》に赴《をもむく》。大なる鱸魚《すゞき》ありて躍《をどり》て船中に入る。船中の人みな是を祝《いはふ》。清盛《きよもり》のいはく、古《いにしへ》に周《しう》の武王《ぶわう》、江を渡るに、白魚《はくぎよ》其舟に跳入る。これ又此祥瑞《これしやうずい》かと。乃《すなはち》庖丁人《はうていにん》に命《めい》じて是を煮て是を食《くら》ふ。後に相国にすゝみ、政柄《せいへい》《まつりごとをとり》を擅《ほしいまゝ》にす。

――（『絵本故事談』巻五・平清盛）

漢字の用い方を含め措辞の酷似することは明らかであろう。『絵本故事談』の本文は『本朝蒙求』の訓読本文を念頭にして作られているものと考えられる。猶、筆者の調査に依れば、このように関わりを有すると思われる箇処は次のごとく四十項目を越える（上段に『本朝蒙求』の標題、下段に『絵本故事談』の巻数・項目を挙げる）。

上2・武尊草薙→巻五・日本武尊	上14・膳臣殺虎→巻五・巴提使
上16・辰爾烝羽→巻一・烏羽文字	上21・野見相撲→巻七・野見宿祢
上50・道臣元帥→巻一・道臣命	上61・内侍嘆絵→巻八・弁内侍
上73・安世水車→巻四・安世	上89・橘媛没海→巻六・橘媛
上102・瀧守護桜→巻七・滝守	上122・酒君臂鷹→巻七・酒君
上128・将門現燈→巻五・俵藤太秀郷	中4・道風書扁→巻六・道風
中6・為憲入嚢→巻八・為憲	中8・範清蹴娘→巻四・西行法師
中13・清紫才女→巻八・清少納言	中15・博雅三曲→巻八・博雅
中16・青砥十銭→巻八・青砥左衛門	中21・忠光魚鱗→巻五・上総忠光
中24・顕基慕月→巻七・顕基	中30・滋藤吟句→巻七・滋藤
中39・佐国化蝶→巻八・佐国	中40・秀郷射蚣→巻五・俵藤太秀郷
中46・肖柏三愛→巻七・肖柏	中47・祐成報讎→巻五・曾我兄弟
中69・源融乗輦→巻七・融	中76・義経拝旗→巻五・源義経
中78・浦島得亀→巻三・浦島子	中88・仲太感恩→巻二・仲太
中96・清盛得鱸→巻五・清盛	中119・忠常人穴→巻五・新田忠常

中126・義秀勇力→巻五・朝夷名三郎
下7・助種蛇逃→第四・助種
下8・重盛還城→巻六・重盛
下10・兼季菊庭→巻三・兼季
下13 14・仲綱木下他→巻五・源仲綱
下15・成範桜町→巻七・成範
下20・蟬丸琵琴→巻七・蟬丸
下22・久米染心→巻三・久米仙人
下25・加賀伏柴→巻二・伏柴加賀
下26・侍従待宵→巻二・待宵侍従
下33・朝長投冑→巻五・源朝長
下81・正成智謀→巻五・楠正成
下87・忠信義勇→巻五・継信忠信
下89・高家刈麦→巻五・小山田高家
下105・良香動鬼→巻一・都良香
下107・直貞猛熊→巻五・平直貞
下111・基氏切鯉→巻八・基氏
下112・実基返牛→巻三・牛入㆓殿中㆒
下121・生駒白帽→巻八・生駒仙

猶、本書『本朝蒙求』所収の故事は、その片々ならば実は様々な書物に立現われており（また、かなりまとまった量で見えることもあるだろう）、その拡がりを捕捉するのは更に今後の課題とせざるをえない。

注

（1）元禄十五年閏八月二十七日に四十五歳で没したことが大谷雅夫氏により指摘されている（「曼珠院良応法親王と伊藤仁斎・東涯」『国語国文』第五一巻二号、一九八二年二月）。

（2）その概要については「『本朝蒙求』の基礎的研究―典拠・先行参考類話資料一覧初稿―」（同志社女子大学『学術研究年報』五〇巻Ⅳ、一九九九年十二月）で略述したが、改訂版を本書に所収した。

（3）本序は寛文八年（一六六八）の作であるから、仮に三十年前とすると寛永十六年（一六三九）となり、兄は二十二歳、弟読耕は十六歳。確かに「靖十六歳常倚㆓几案㆒、渉㆓猟先考蔵書㆒。凡経史子集百家小説及本朝旧記等大概無㆑不㆑見㆑之。学術日新、文筆月盛」（「読耕林子年譜」『読耕林先生全集』冒頭巻）などとある勤勉ぶりと齟齬はきたさないが、鵞峰はともかく読耕にはやや早すぎないか。愚考するに、寛永十九年あたりに始まる所謂「倭漢十題詠」の述作あたりから次第に醸成された傾向だったのではあるまいか。猶、四字句の韻文作品として注目される一に鵞峰『本朝稽古篇』（万治三年〈一六六〇〉）もある。

（4）『倭蒙求』編纂の経過は『国史館日録』（十三〈寛文八年〉、十四〈寛文九年〉）に見える。煩雑ではあるが参考の為に日毎に摘条する。

11／29「今夜宵間春常(鳳岡)侍焉。然以二明朝登営一故、早令二退休一。於レ是寂寥、口ヿ授石習一、作二倭蒙求百三十件一。自二東韻一至二元韻一、毎韻十件、各相対。及二夜半一而休」

12／1「午前、安成賀璋顧言等侍、示二倭蒙求一。（中略）顧言侍焉、口ヿ授之一記二倭蒙求一。（中略）入レ夜顧言左筠相代執レ筆、記二倭蒙求一。春常在レ側。至二三百件一。自二東韻一至二咸厳母歌一、五韻十件。及二亥半一而休」

12／2「自レ巳至レ未、令三石習記二倭蒙求一。自二董韻一至二語韻一、総六十件成。依二韻広狭一、或二韻、或十餘韻、多少有レ差。其間春常侍レ傍有二助言一。（中略）今夜春常侍焉。作二倭蒙求一、自二麌韻一至二廻韻一。上声既及二二百四十件一。左筠鶴丹相替執レ筆、及二半夜一而休」

12／3「巳刻伯元狛庸等来、見二倭蒙求一。其後各赴二史館一。（中略）自二戌半一記二倭蒙求一。春常侍焉。自二有韻一至二豏韻一五十件。石習執レ筆、上声凡三百件。而后自二送韻一至二未韻一五十件、顧言執レ筆。過二子刻一而休」

12／4「今夜春常侍焉。作二倭蒙求一。自二御韻一至二霰韻一、凡百六十件。佐筠執レ筆、及二半夜一而休」

12／5「朝安成侍而見二倭蒙求一。（中略）入レ夜春常侍焉、作二倭蒙求一。自二嘯韻一至二宥韻一百十件。石習執レ筆、過二半夜一而休」

12／6「今夜春常侍焉、作二倭蒙求一。自レ沁至レ陥、凡三十。終二去声一。総計三百件。其後以二入声一作二蒙求一、自レ屋至レ月九十件既成。賀璋執レ筆、鶴丹在レ側。与二春常一議曰、平上去各三十韻、唯入声十九韻、不レ能レ足二三百句一。其韻広、猶増加而可也。夜既闌、各退休」

12／7「龍泉病愈、来見二倭蒙求一。自二戌刻一与二春常一、作二倭蒙求一。加二屋沃覚三韻一為二百件一。而自二質韻一□(至)二□(黠)韻一為二七十件㆒。佐筠執㆑筆、龍泉在㆑側聞㆑之、欣々焉。及㆓半夜㆒而休」

12／8「点㆒㆑検倭蒙求㆒。（中略）今夜与㆓春常㆒作㆓倭蒙求㆒。自㆓屑韻㆒至㆓業(洽)韻㆒百三十件。顧言執筆。入声総三百件、併㆓平上去㆒、総計千二百件而終㆑編」

12／9「今夜病後、（中略）作㆓倭蒙求序㆒」

12／10「今夜左筠侍。（中略）其後令㆔筠読㆓倭蒙求㆒、半聞而睡」

12／11「今夜狛庸侍焉。春常在㆑側。庸読㆓倭蒙求四巻㆒、略粗改㆒㆑正之㆒而及㆓夜半㆒而終」

12／12「令㆔俊宣次房浄㆒㆑書倭蒙求㆒」

12／13「見㆓漢倭十題抄出㆒、倭蒙求所㆑未㆑用者、田欖執㆑毫。蒙求千二百件、皆所㆓暗記㆒也。有㆘待㆓暇日㆒而続補之意㆖。故為㆑避㆓同類㆒及㆑此。（中略）今日俊宣次房写㆒㆑了倭蒙求千二百件㆒。其半安成石習島周等一㆒㆑校之㆒。其半訓点之暇、余自与㆑璋一校了。今夜訓点畢後、口㆒㆑授璋㆒、作㆓倭蒙求凡例六件㆒。漸及㆓半夜㆒而休」

12／14「今夜左筠侍焉。龍泉顧言宵分在㆑側。泉早退、令㆔顧言点㆓倭蒙求平声㆒、而上声去声入声左筠点㆑之畢」

12／15「館事了後、伯元狛庸一㆒㆑覧倭蒙求㆒」

12／20「三竹来談移㆑刻。未(末)倭蒙求電覧、欣然」

12／20「今夜与㆓春常㆒、補㆓倭蒙求㆒。自㆓東韻㆒至㆓微韻㆒得㆓百件㆒。佐筠鶴丹相代執㆑筆。先度千百件、皆所㆑諳也。今夜所㆑為頗校㆓旧記㆒。及㆓半夜㆒而休」

12／23「寒岩来（中略）其後示㆓倭蒙求㆒。寒岩一覧。彼頗知㆓倭事㆒、故感悦乗㆑興。（中略）今夜春常侍焉。加㆒㆑作倭蒙求㆒。自㆓漁韻㆒至㆓則(刪)韻㆒得㆓百五十件㆒。鶴丹執㆑筆。賀璋龍泉在㆑側、及㆓子半㆒而休」

12／24「終日閑暇。与㆓春常㆒作㆓倭蒙求㆒。自㆓先韻㆒至㆓陽韻㆒而日暮。入㆑夜自㆓庚韻㆒至㆓厳(咸)韻㆒、総二百五十件。石習把㆑筆、鶴丹助㆑之、龍泉在㆑側、顧言末至。上平下平合五百件。分㆑之為㆓上中巻㆒」

12／25「朝令㆔鶴丹読㆓倭蒙求㆒、改㆒㆑正字誤点誤㆒畢。欲㆘加㆓仄韻三百件㆒以為㆗一千件㆖。今千七百件既成。鶴丹各帰㆓其所㆑居。（中略）午半口㆒㆑授石習㆒、作㆓倭蒙求補序㆒。雖㆓仄韻三百件未㆑成、以㆓年始可㆑多㆑事、而先作㆑序。是亦非㆑無㆓先例㆒」

1／4「今夜与㆓春常㆒作㆓倭蒙求㆒。付㆓都上声㆒得㆓九十件㆒。鶴丹執㆑筆而草」

1／5「与㆓春常㆒終日作㆓倭蒙求㆒。佐筠鶴丹執㆑筆。（中略）及㆑暮倭蒙求終㆓上声㆒。併㆓昨夜之所㆑成、総二百十件。入㆑夜又就㆓去声㆒、又作㆓百二十件㆒。漸近㆓丑刻㆒。賀璋侍㆑側、鶴丹執㆑筆」

1／6「与㆓春常㆒作㆓倭蒙求㆒。賀璋鶴丹執㆑筆。（中略）亥半倭蒙求終。上声去声入声、総千件。併㆓去年所㆑作、二千二百件。狛庸龍泉一㆒㆑校之㆓」

1／8「及㆑暮見㆓倭蒙求㆒、改㆓不㆑協㆑心者㆒。（中略）使㆔泉読㆓蒙求補㆒畢。凡改正者及㆓十餘件㆒。（中略）口㆒㆑授顧言㆒作㆓倭蒙求跋㆓」

1／9「午後友元来、聴㆓倭蒙求㆒。左筠鶴丹対㆒㆑読之㆒。自㆑始至㆑終、二千二百件。及㆓申刻㆒而畢。又改㆓十件㆓」

1／16「与㆓倭蒙求中十一件㆒、示㆓倭学萌生等㆒。而試㆓其対㆒、限以㆓明後日㆒。且諭曰。各可㆓封呈㆑之」

1／18「及㆑晩倭学萌生等呈㆓蒙求之対㆒。其佳者加㆑点。伊綱龍泉顧言等在㆓其列㆓」

1／21「春常集㆓龍泉顧言鶴丹㆒、試注㆓倭蒙求㆒。今夜起㆑筆」

1／26「今夜春常注㆓倭蒙求㆒。顧言鶴丹候焉。云々。毎夕可㆑書㆓十餘件㆒云々」

1／28「及㆑晩与㆓春常㆒議㆓倭蒙求事㆓」

1／29「聞、六義堂、有㆓倭蒙求之事㆒。龍泉鶴丹候」

2／1「及㆑暮余訪㆓保田氏㆒、弔㆓其喪㆒而帰。庸猶留談㆓六義堂㆒、見㆓倭蒙求注㆓」

2／2「宵間春常持㆓倭蒙求注㆒来而請㆓一覧㆓」

2／3「見㆓倭蒙求注㆒大概好」

2／8「今夜春常注㆓蒙求㆒。龍泉侍焉」

4／3「春常病後故、対校不㆑多。其暇注㆓倭蒙求㆒、試使㆓田欑執㆑筆」

4／4「常作㆓蒙求注㆒。田欑在㆑側。東取㆓別冊㆒、朱句一校」

4／16「春常注㆓倭蒙求㆒。春東加㆓朱句㆓」

これ以後『倭蒙求』のこと殆ど見えない。標題が固まったのが一月上旬で、中旬には門生らに示して対を答えさせる試問のようなものを行っている。右の文中に見えた「倭学萌生」は標題の一であろうか。他にも若干判明しているものを示せば、「神武東征・神功西伐」「歌起下照・詩始大津」（人名が下部にあるのは破格）「浦島千年・軽児三歳」「孝謙重祚・桓武定京」「石川定策・千里詠歌」「良懐鎮西・田村征東」「俊成千載・諸兄万葉」「貞任九年・平氏三日」「義貞鷺坂・頼朝蛭島」「義満鹿苑・頼朝鶴岡」（『鵞峰先生林学士詩集』巻七十）などがある。ところで一月二十一日以後の鳳岡や門生による注作りの成果は、果たして完成迄こぎつけたのだろうか。成書としての『倭蒙求』の存在を稿者は寡聞にして知らず、先学の御示教を俟ちたい。猶、鳳岡は『桑華蒙求』（木下公定）に序を寄せているが、自家の前掲の営為については触れていない。

（5）注（2）所引の旧稿を補訂したものを用いる。㊤㊥㊦は巻を示し、数字は標題番号。（　）内数字は当該出典としても捨て難く、猶可能性が高いものを指す。従って例えば『平家物語』と『源平盛衰記』のような関係ではいずれか決し難い場合も多いのが実際である。同番号の場合は一応（　）付きでない方が優先するかと考えているものということになるが、成立順も考慮に入れている場合もあるので必ずしも不動のものではない。猶、同類の話柄が推定典拠書以外にも広く諸書に見える事がよくある。それらについては「概要・典拠・参考覚書」に一端を記したので参照されたい。

（6）仲徹の祖父得庵（一五八一―一六二八）は先ず羅山に入門し、惺窩に儒業を受けた。羅山には「菅玄同碑銘」（『羅山文集』巻四十三）もある（堀勇雄『林羅山』昭和三九年、吉川弘文館。一〇二頁）。

（7）拙編著『史館茗話』（平成九年、新典社）参照。

（8）但し、全く同一と言うわけではない。殊に〈中107〉と〈32話〉には標題にも、意味上でも異同が見られる。即ち「殷」と「隠」である。隠声ではくぐもった声が、かすかな声の意になり、保胤の謙辞としてまずは穏当な解であるが、殷声では盛んな声、大きな声の意になり、説話の趣旨からすれば恐らく不適であろう。誤植の可能性も残しながら、しかし稿者は菅亨が敢て「殷声」に改めたものと考えたい（亨が意図的に改めて保胤の謙辞を自らの保胤評として組換え記したものと考えるわけである）。

（9）本文は『「和論語」の研究』（勝部真長著、昭和四五年、至文堂）の翻刻に依る（但し、漢文に付載の送り仮名は双方とも省略。濁音符号の落ちているのもそのままとす）。それにしてもこの『倭論語』に所収される数多の言動の出典は何なのだろうか、殆ど稿者には知見がない（編者の創作も多分にあるのかも知れない）。

(10)『本朝蒙求』と関わる主な類話や関連性のあるものを参考に挙げるとすると以下の通りである。
〈上巻〉藤房掛冠・伏翁如啞・良香索句・俊寛鬼界・中書前後・釈阿九旬・藤太勢多・道灌江城・実時墨印〈中巻〉蛭子滄海・企儺向臀・宿祢探湯・仲綱惜騮・入鹿覆尸・善成河海・継信中矢・垂仁埴像・泰時分財・蒲見焼鳥・弘計屯倉・桓武土像・金岡図馬・中姫凝鋺・白野同情・信頼掘尸・明達啖瓜〈下巻〉玉姫繘井・天武五節・彦火乗鰐・義興駆雷・康頼木塔・護良匿函・覚明移書・宗高射扇・渡妻代臥・曾我張弓・良相施財・高徳献詩・侍従待宵・実基返牯・清氏雪簾・長明方丈。

付・編著者菅仲徹とその周辺――覚書――

I

編著者菅仲徹（名は亨。一六五八―一七〇二）の事蹟については、実は余りよくわからない。『国書人名辞典』第一巻（岩波書店・一九九三年）では、京都の人で、菅得庵（名は玄同。一五八一―一六二八）の孫、由益の子で、病弱の身で学に努めたこと（恐らく『本朝蒙求』跋文に依るだろう）や、延宝から貞享（一六七三―八八）頃の人としているにとどまる。しかし、現今は更に次のような大谷雅夫氏の知見[1]を共有することができよう。

> 良応法親王にも日ごろそうした（＊梁孝王に仕えた文章家の鄒陽・枚乗の如き）学者が侍従していたのである。廣田半之助（内匠）がその一人である。この人は貞享三年（一六八六）九月廿六日に御目見えして以来、九歳の勝宮に論語と三体詩とを連日のように進講しているが、その翌年にも得度される親王に近臣として仕えている。『良応親王得度私記』の入寺行列図に依れば、「布衣廣田内匠」が御轅の右傍に従い、また、『後西院天皇第十皇子良応親王得度記貞享四年』には、丁度それと同じ位置に布衣の「菅原亨」（『得度記』の筆者）が扈従するように記される。「廣田内匠」は、その本姓を「菅原亨」というわけである。とすれば、この人は先だつ天和二年（一六八二）に仁斎の塾に於ける漢文訳読・復文の「譯文會」に参加し（「古学先生訳雑文」中に「天和二年仲春拾参日菅氏亨謹訳」と記す一紙が存す）、また『本朝蒙求』（三巻、延宝七年菅亨自序、貞享三年刊）の著者とも考え

られ、さらには『伊藤氏家乗』に「廣田内匠死去之由　四十五卜」（元禄十五年閏八月廿七日条）とその死を記される人物である。元禄十年の『勅会灌頂潔水記』及び同十一年の『東叡山中堂御供養私記』にも「廣田内匠」の名は親王近習の一人として見える。元禄十年九月三日（＊伊藤仁斎・東涯が曼殊院の良応法親王に参候して一泊した折のこと）、廣田内匠こと菅原亭は主人の親王と旧師との傍にひかえつつ、雅会の詞客を勧めていたのではあるまいか。時に内匠は四十歳である。

（＊は本間が文脈上補足した部分）

これに依れば、菅亭は廣田（内匠）半之助、即ち伊藤仁斎の門人で、良応法親王（一六七八―一七〇八。天台座主となった翌日に薨ず。号は円妙院宮）近侍の学者であったということになる。

Ⅱ

ここで、亭（仲徹）の父祖についても少し触れておきたい。祖父の得庵については次の『先哲叢談』（巻之一、文化十三年〈一八一六〉刊）の記事がよく知られているものと言えようか。(2)

菅玄同、字子徳。号二得菴一。又号二生白室一。播磨人。」得菴年二十四入レ京、師二曲直瀬玄朔一学レ医。既而登二惺窩門一、専修二儒学一、且好聚二群書一。架上所レ挿、万巻不レ啻云。久之名聞二遠邇一、来行二東修一者甚衆。惺窩高第、弟子五人。得菴其一也。」得菴生二于播磨飾磨郡蒲田村一。故又氏二蒲田一。蒲田或作二鎌田一。蓋以二蒲鎌、倭読同一也。」寛永戊辰六月十四日、家人皆出観二祇園社会一、得菴独居読レ書。方倦舷微睡。弟子安田安昌者、潜来伺レ之、即就刃。得菴未レ及レ転レ身、胸洞吭絶。聞者、識与レ不レ識、莫レ不二嘆惋一。官即捕二安昌一刑レ之。羅山作二墓記一惜レ之。噫、彼安昌従遊有レ年、嘗校下刻羅山所二旁訳一五経上、似二好学之篤者一。然一旦犯二天地不レ容之罪一、身陥二大辟一。雖レ有二小善一、亦何足レ称。中江藤樹作レ論曰(3)、玄同為レ人、徒事二於博物洽聞一、以二徇レ外誇一レ多為レ務、而不レ覈二表裏真妄之実一。其待二安昌一、如二犬彘一。故安昌為二怒気所一レ動、而犯二逆理乱常之罪一。

右の文中に云う「羅山作二墓記一惜レ之」とは「菅玄同碑銘」（『林羅山文集』巻四三）のことで、実はこれも後掲のように堀勇雄氏により言及されているので、根本資料の一つとして全文を掲げておこう。

昔人有レ云。漢祖忌二栢人一而全レ福、征南悪二彭亡一而以生レ災。豈幾慮有二明惑一、将期数使二之然一乎。由レ是類而推レ之、則匕首筑鉛不レ能レ中レ人。其期数然乎。魚刀暗矢亦能害レ人。豈幾慮不レ至乎。一盈一虚者、天之時也。一治一乱者、世之運也。禍福倚伏者、人之変也。吾於二玄同一、蓋有レ所二感且嘆一焉。其遇二逢蒙一而不レ遇二鉏麑一也。哀哉、玄同已歿。其弟仲菴了卜、屢請三余誌二其事一、且寄以二玄同平生数件一。其言曰、玄同菅氏、其号曰二得菴一。字、子徳。播州飾磨郡蒲田人也。父曰二道西一、移二居姫路一。慶長六年辛丑、道西登レ洛、使三玄同往二備之前州岡山一、居三歳。及二九年甲辰一、玄同亦来レ洛。時歳二十四。就二大医玄朔一学二医術一。歳餘載レ酒来、問二字於余一。余為レ之講二説諸書一、品二藻人物一。余少二玄同一二歳、交遊有レ日矣。一旦相共招二老浮屠乗阿一、聴三其誦二源氏物語一。乗阿者、所謂三条家者流、倭歌学有レ所レ自也。至二第十六巻一、余有レ事不レ果。玄同後猶往聴焉。十三年戊申、余再遊二駿府一。玄同初謁二惺窩先生一、負レ笈往還。其家富嗜レ書、或市或写。毎歳蕃舶載来群書及魁本多。至二倭語書等一、大抵捜索而聚レ之、殆及二数千万巻一。寅酉、従二事于書繞一、孳々不レ倦。於レ是玄同為二人招一レ之、故解説者、往々有レ之。読二論語于松平尚舎奉御一、于二本多甲州太守一解二老子一、于二左門戸田氏一説二大学尚書胡伝通鑑一、于二菅沼織染令一、不レ知二其幾若干座一也。而或一二章、或数十段、有レ終レ篇、有レ不レ終レ篇云。玄同見二惺窩一後、棄二医学一慕二儒風一。嘗丁二母喪一而悲歌。余和而悼焉。惺窩賡而慰レ之。諸友弔者衆矣。其室曰二生白一。蓋取下諸南華瞻二彼闋者一之語上。惺窩為二倭歌一、幷レ序貽レ之。玄同掲而常視。当時医家小生来、学者不レ少。玄同為レ之教授。平素雖レ不二筮仕一而名聞二於朝廷一、曁二于遠方一。人或為二之先容一、則往見二封君牧宰一者亦有レ之。防州牧源君治二京兆一。玄同時々往候。君聞二其言談㆒、善遇㆑之。因撰㆓稽古録㆒以呈㆑之。又有㆓一鈔㆒、曰㆓忠鏡録㆒。依㆓本多濃使君之求㆒焉。皆一小冊、加㆓写倭訓㆒、便㆓於初学㆒。其餘著述、率此類也。寛永三年丙寅、道西嬰㆑疾日久。玄同侍㆑側、日夜不㆑釈㆓衣帯㆒。湯薬必自嘗而後進、疾有㆓少間㆒。其孝可㆑観焉。五年戊辰六月十四日、道西旧痾未㆑瘳。玄同晨省而帰。是日、祇園祭祀也。家人皆往観、玄同独留、仮㆓寝環堵㆒。盗潜来狙刺㆓玄同㆒、遂絶。時歳四十八。嗚呼、命哉。聞者皆驚且哀。乃捕㆑盗告㆑官、下㆑獄磔㆓裂之㆒、以狗㆓于道路㆒。見者多、莫㆓不㆑悪之者㆒。賊既就㆑戮訖。於㆑是葬㆓玄同城北山賀茂正伝寺内某地某処㆒。玄同有㆓子二男二女㆒。長曰㆓子足㆒、時纔八歳。次曰㆑某、最幼。其女皆当㆑為㆓宜人㆒焉。玄同出㆓入惺窩之門㆒、凡十有二年。与㆑余相識二十餘年。其間余自㆑駿帰㆑洛、自㆑洛赴㆓東武㆒。毎㆓余在㆑洛、玄同来問、余亦時過。嘗講㆓通鑑綱目㆒、則応㆓玄同之求㆒也。其餘設㆓講筵㆒時、玄同常預聴。余在㆑武聞㆓其訃㆒、不㆑覚涙下。嗚呼、此人逢㆓此不祥㆒何也。禍福前定乎、期数不㆑能㆑免乎。窮則変、変則通。若㆑是之人後、奈何可㆑不㆓通亨㆒哉。強為㆑善而已矣。奈㆑命何哉。了卜請㆓余記㆒不㆑已。於㆑是遂書以垂㆓不朽㆒。銘曰、嗚呼生白兮、居㆓于吉祥之室㆒。万軸牙籤兮、常巻舒而佔畢。何旻天不㆑弔兮、悪㆓鼠盗之狂獝㆒。惟勉強而為㆑善兮、天道其不㆑可㆑必。嗚呼子徳兮、雖㆑死猶㆓生之日㆒。　寛永八年（一六三一）辛未仲夏日。

これに依れば、玄同の家はかなりの資産家であったようで、読書を嗜みとするのみならず、書籍を書写したり、船載図書、或は本朝の書物を求めては購入していた事が窺え、その蔵書は（かなり誇張もあるかも知れないが）「数千万巻」にも及んだという。その著作には『遊㆓有馬温泉㆒和韻』『稽古録』『古器照様』（寛永元年）『士峰録』（同年）『膳所紀行』『忠鏡録』『登雲四書』『同理要言』『日本考』『万病回春抄』『霊梅録』『論語序説考証』などがある。

猶、右の文中末尾の方に、玄同一族に言及しているところがあるが、それに依ると次のような系図の作成が恐らく可能となるであろう。猶、父由益には『本朝文教略記』の著述があったことも知られている。

道西─┬─得庵（玄同）─┬─由益（子足）（一六二二―一六九五）──仲徹（亨）（一六五八―一七〇二）
　　　│　　　　　　　├─男
　　　│　　　　　　　├─女
　　　│　　　　　　　└─女
　　　└─仲菴了ト

補足として、前掲の「菅玄同碑銘」と『先哲叢談』を参看して記述した堀勇雄氏の得庵解説[4]を挙げておきたい。

菅得庵は名は玄同（玄東）、字は子徳で、天正九年播磨国（兵庫県）飾磨郡蒲田村に生れた。羅山が寛永八年得庵の弟仲庵了ト（聊ト）の請によって書いた「菅玄同碑銘」（『林羅山文集』巻第四十三）によれば、得庵は慶長九年二十四歳の時岡山から上洛し、「大医玄朔（曲直瀬道三、五十六歳）について医術を学ぶ。歳餘（一年余りして）酒を載せ（入門の礼）来りて字を余（羅山）に問ふ。余は之れが為に諸書を講読し、人物を品藻（品評）す。余は玄同より少きこと二歳、交遊日有り。」すなわち得庵が羅山に入門したのは慶長十年の末か十一年の初ごろであり、乗阿という三条家の歌学の流れを汲む老僧を招き、共に『源氏物語』の講義を聴いた。そして「十三年戊申、余再び駿府に遊ぶ。玄同初めて惺窩先生に謁し、笈を負ふて往還す。（中略）玄同は惺窩に見《まみえ》て後、医学を棄て儒風を慕ふ」とある。得庵が惺窩の弟子となったのは羅山に入門してから約二年後で、

　玄同、惺窩の門に出入すること十有二年（慶長十三年より惺窩が没した元和五年まで）、余と相識ること二十余年（慶長十年か十一年より得庵が没した寛永五年まで）、其の間、余駿（駿府）より洛に帰り、洛より東武（江戸）に赴く。余が洛に在る毎に玄同来り問ふ。余も亦時どき過る（玄同の家に立寄る）。嘗て『通鑑綱目』（朱子が司馬光の『資治通鑑』に拠り、綱と目に分けて記した歴史書）を講ず。則ち玄同が求めに応じてなり。其の餘、講筵を設くる時、玄同常に預り聴く。（「菅玄同碑銘」）

とある。この『通鑑綱目』の講義について『先哲叢談』に載せる次の逸話は有名である。

歳暮、菅得庵、羅山に謂ひて曰く。余《われ》未だ通鑑綱目を読まず。請ふ先生、明春を以て余が為に之れを講ぜよと。羅山曰く。子、心誠に之れを求めば、何ぞ来年を待たんと。即ち除日（大晦日）を以て之を講起す。（巻之一・羅山の項）

『先哲叢談』には「惺窩が高第の弟子五人あり。得庵は其一なり」とあって、惺窩門の四天王すなわち羅山・堀杏庵（正意）・松永昌三（尺五）・那波活所（道円）（茅原玄定の『茅窓漫録』の説）に次いで得庵は惺窩の高弟として知られているが（那波魯堂の『学問源流』は羅山・杏庵・徳庵（得庵）・活所を四天王とする）、実は早くより羅山の弟子であった。

注

（1）「曼珠院良応法親王と伊藤仁斎・東涯」（『国語国文』第五一巻二号、一九八二年二月）。猶、大谷氏に依れば、仁斎の記録によく見える名前であるとのことである。

（2）簡易な小伝なら『日本古今人物史』（儒林伝・巻之五、寛文九年〈一六六九〉刊）にも「菅原得庵、名玄同。受二業於惺窩藤先生之門一。渉二猟群書一、研二窮物理一矣。京尹板倉氏常延二庁堂一、聴二聖賢之要旨一、問二和漢之典故一矣。性不レ好二遊宦一、常在二京師家塾一、教二授生徒一。其書室名二生白一。惺窩為二之説幷和歌一而賜レ焉。一日為レ盗喪レ身。吁命也乎、遭二此難一、堪二痛惜一焉。詳見二墓誌一矣」と見える。猶、文中の「京尹板倉氏」は京都所司代を勤めた板倉伊賀守勝重（一六〇三―一六二〇年在職）・板倉周防守重宗（一六二〇―一六五四年在職）の親子とみて良いか。

（3）「安昌弑二玄同一論」（『藤樹先生全集』〈巻之三・文集三・文〉。猶『藤樹先生遺稿』〈巻二〉にも所収されるが本文に若干の異同がある。藤樹二十三歳の寛永七年春の作）。因みに全文を引用すると以下の如くである。

于レ洛有二旧友一。己巳之冬、寄二書於潮信一。於二其書尾一、筆下林左門所レ作之安昌弑二玄同一論上。因読レ之、其論二安昌之罪一、則可也。論二玄同一、則不可也。其謂二玄同一称二醇儒一也、是則左門不智之甚者也。蓋格レ物致レ知而誠レ意正レ心以脩二其身一。無二気質物欲之累一而復二得本体之全一哉。是以達則兼善二於天下一、窮則独善二其身一。此謂二之儒者一。然倭国称二儒者一者、徒知レ読二聖人之書一而已矣。可三与共学一者、未二之有一也。而観二其躬行之実一、所三以惑レ世誣レ民充二塞仁義一。有下甚二於異端一者上。而玄同其徒之尤者也。如二之何一而謂二醇儒一乎哉。吾恐乙学者之認二左門之言一、以下如二玄同一者上為二醇儒一而不甲レ察。故忘二其固陋一以作レ論曰、玄同見レ弑者何也。盆成括仕二於斉一。孟子曰、死矣、盆成括。盆成括見レ殺。門人問曰、夫子何以知二其将一レ見レ殺。曰、其為レ人也、小有レ才。未レ聞二君子之大道一也。則足三以殺二其軀一而已矣。由レ是観レ之、玄同之為レ人也、雖レ読二聖人之書一、口耳訓詁之学而不レ知レ徳。是以不レ能三変二化気質一、恃レ才妄作、所三以殺二其軀一也。蓋玄同之待二安昌一如二犬彘一。故安昌為二怒気所一レ動而犯二逆レ理乱レ常之罪一焉。以二常情一見レ之、則師不レ師。安昌之所レ犯、可レ謂レ宜也。然先王之制、民生二於三一。事レ之如レ一。而師居二其一一。伝曰、君雖レ不レ君、臣不レ可二以不一レ臣。父雖レ不レ父、子不レ可二以不一レ子。由レ是推レ之、則師雖レ不レ師、弟子不レ可三以不二弟子一。苟安昌之罪、不レ容レ誅矣。是豈違二於禽獣一遠乎哉。玄同安昌共是人面獣心之俗也。何足レ論乎也。或曰、若安昌以レ理御レ気、則必不レ犯二弑逆之罪一。然則玄同得レ免。而子論レ所三以殺二其軀一者何也。曰、人之有レ才、本不レ足三以為二人害一。惟無レ所レ本而徒用二其才一、於レ是才始足二以病一レ己。甚至レ有二取レ死之道一。又不レ若二魯鈍無才之愈一也。吾但述二其理之当然一而已。苟安昌使三人心聴二道心之命一、則玄同得レ免。然如二玄同一者、不レ至二於顛覆一不レ已。仮饒得レ免二安昌之弑逆一、必取二其他死禍一矣。曰、於二玄同取レ死之道一、既得レ聞レ命。敢問、左門謂二玄同一称二醇儒一也。然子以謂二之人面獣心者一何也。曰、其謂二鄙夫一為二人面獣心者一。以為、気禀所レ拘、人欲所レ蔽、而失二本心之徳一。是以心之霊、其所レ知者、不レ過二情欲利害之私一而已。是則雖レ曰レ有二人之形一而実不レ異二於禽獣一也。夫玄同之為レ人也、徒事二於博物洽聞一、以二狥レ外誇一レ多為レ務、而不レ覈二表裏真妄之実一。然是以識愈多而心愈窒。故説レ儒飾レ口、既罔二大学之明法一、効レ仏剃レ髪、以侮二孝経之聖謨一、以陥二溺形気之私一、而戕二賊性命之正一。是則非二人面獣心之俗一而何也。而謂二之醇儒一者、妄人之私言也。

これに依れば、玄同は世民を惑わす異端者で、訓詁の学ばかりで徳のなんたるかも知らず、博物洽聞の才を徒らに誇る輩であり、弟子の安田安昌を犬や豚の如く蔑み、師たるに足らぬ（安昌ともども）人面獣心の俗徒と激越な痛罵を浴びせている。ただ、この論の背景には、林家流の学問（博学洽聞の知識偏重主義と藤樹は解している）に対する彼の強い反撥がある（林家〈殊に先に「安昌弑二玄同一論」を記した林叔勝を指す〉が俗徒玄同を「醇儒」と評したことに彼の憤懣が爆発したものと言えよう）。従って玄同を俎上に乗せつつ林家を批判するのも狙いであったと考えられる。

（4）『林羅山』（吉川弘文館・人物叢書、昭和三十九年初版・平成二年新装版）一〇一―三頁参照。

『本朝蒙求』本文翻字篇

凡例

翻字の底本には浅草文庫旧蔵本（和27464、函号210・187）の貞享三年刊本（三冊）を用いた。それは下に掲げたように、半丁（一頁）につき十二行、毎行二十字詰であるが、翻字に際しては、毎頁十八行、毎行二十五字詰とした上、現行の字体に書き改めることを原則とした。版本に見える訓点は、判読しにくいところや問題のある点もなくはないが、参考の意味も込めて能う限り原本に忠実に付すようつとめた。読者の方々には批判的に利用して戴けたら幸いである。また、本文の魯魚の誤りかと思われるものについては、当該本文の右側に括弧に入れて傍書指摘した。

猶、本書の翻刻出版に際し、所蔵書利用の御許可を戴きました独立行政法人国立公文書館に心より御礼申し上げます。

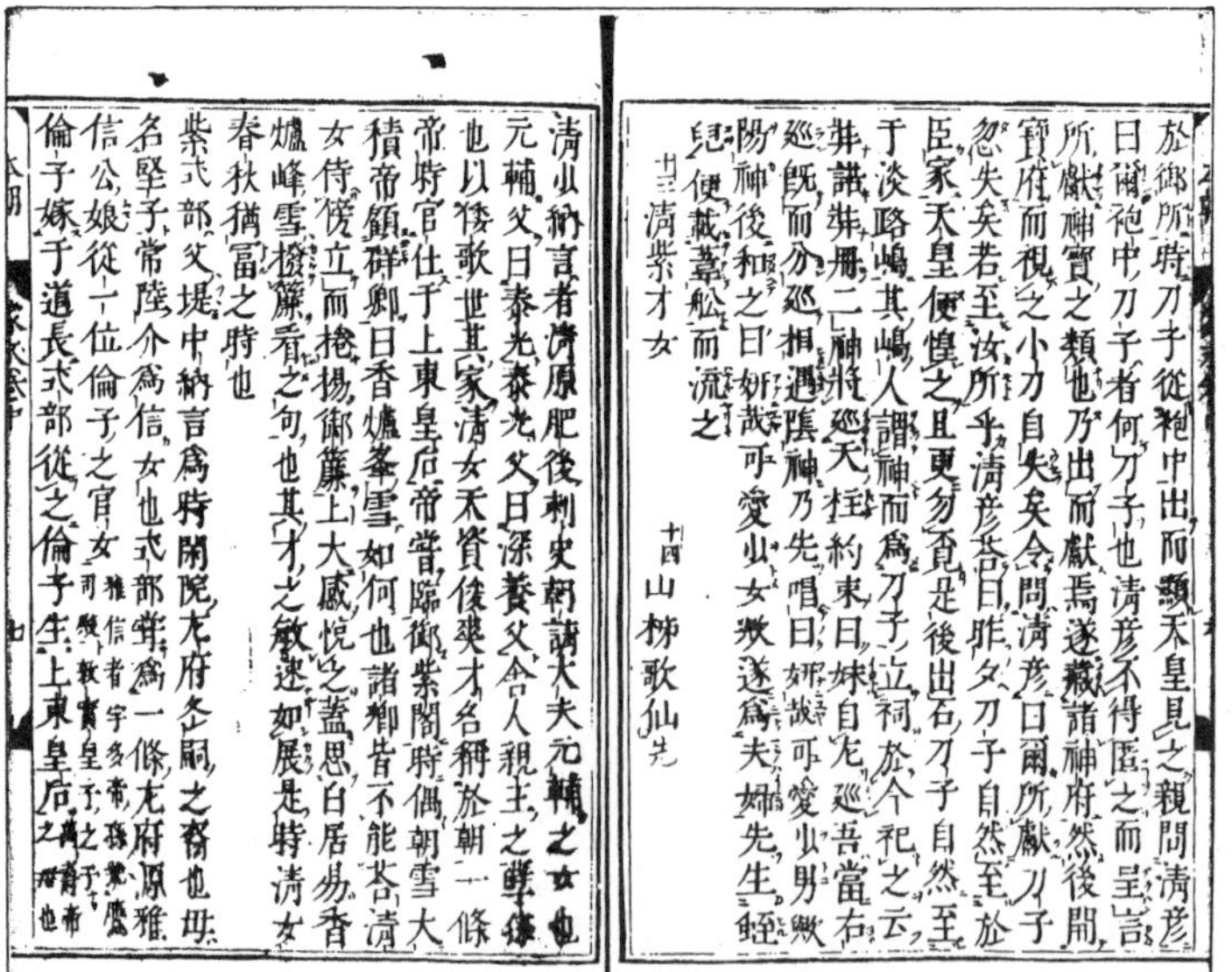
於御所将刀子従袍中出而顕天皇見之親問清彦
曰爾袍中刀子者何刀子也清彦不得匿之而呈言
所献神宝之類也乃出而献焉遂蔵諸神府然後開
宝府而視之小刀自失矣令問清彦曰爾所献刀子
忽失矣若至汝所乎清彦答曰昨夕刀子自然至於
臣家天皇便惶之且更勿覓是後出石刀子自然至
于淡路嶋其嶋人謂神而為刀子立祠於今祀之云
弉諾弉冊二神将巡天柱約束曰妹自左巡吾当右
巡既而分巡相遇陰神乃先唱曰妍哉可愛少男歟
陽神後和之曰妍哉可愛少女歟遂為夫婦先生蛭
児便載葦船而流之
十三 清紫才女
十四 山柿歌仙

清少納言者清原肥後刺史朝請大夫元輔之女也
元輔父曰泰光泰光父曰深養父舎人親王之裔孫
也以倭歌世其家清女天資俊爽才名称於朝一条
帝時官仕于上東皇后帝嘗臨御紫閣時偶朝雪大
積帝顧群卿曰香爐峯雪如何也諸卿皆不能答清
女侍傍立而捲揚御簾上大感悦之蓋思白居易香
爐峰雪撥簾看之句也其才之敏速如展是時清女
春秋猶富之時也
紫式部父堤中納言為時閑院左府冬嗣之裔孫也母
名堅子常陸介為信女也式部嘗為一条左府源雅
信公娘従一位倫子之官女
倫子嫁于道長式部従之倫子生上東皇后

本朝蒙求　一

本朝蒙求序

李唐安平子瀚有蒙求三巻。漁猟史漢、捃摭墳典。其語易記、其事易索。宜哉、童蒙求我之義。取以為之名也。夫惟扶桑古今之間、事之可愛、言之可嘉者、不為鮮矣。且生乎其地、而諫於其事、恐有面牆之譏。講文習芸、誘導後生、教授幼冲之際。豈可徒之乎。王戎弘有言。蒙以養正、少而教之、使化洽肌骨、習以成性。是予蒙求之所以作也。初寛文之末、予実有志于玆。纔抽其緒以開其端。然終不果。尋而数歳之後、無以闡揚焉。今稔家厳見其不果、譲之曰。詩曰、靡不有初、鮮克有終。何其不為之終。因奨誦之而相与助焉。於是遂成編。言語文辞、実雖不足比並先献、而於充童蒙之求、豈不小助乎。

時

延宝己未歳臘月下瀚菅亨題

本朝蒙求凡例

一其人雖同而其事有異者、則再標之、以効李翰蒙求之例。

一有以姓氏標之者以名字標之者。有以官爵標之者。有以異号標之者。或随其時之変、或避重出之嫌、或名不顕、或姓不正也。

一有以人臣対天子者。有以神僊対民俗者有以婦人対男子者。皆随事之相似也。

一雖数千載之下、数千載之上、而有取其事之相合並之者。

一是編事事有載旧籍者。有載近世之書者。有沿其波而不溯其源者。有在人之口実而間取之者。故総不証其書。

一其本文有甚繁者、則概掲其略。

一雖奇怪幻術之事、而略記之、以備談助。

一或一神之名、有数字者。或拠古人之裁断記之、或粗以愚管略之、以備句数。

一或旧以倭字記之者、今以漢文記之。

本朝蒙求標題巻之上

一 常立葦牙
二 武尊草薙
三 火折乗鰐
四 天稚射雉
五 黒主田夫
六 匡衡介士
七 義尚聴講
八 泰時悦理
九 日霙新嘗
十 乙女節舞
十一 宣化積穀
十二 皇極祈雨
十三 良藤婚狐
十四 膳臣殺虎
十五 武衡涵身
十六 辰爾蒸羽
十七 景行火国
十八 神武畝傍
十九 神功討韓
二十 推古通唐
廿一 野見相撲
廿二 武内棟梁
廿三 狭穂積稲
廿四 猪甘奪粮
廿五 宿儺二面
廿六 厩戸八耳
廿七 妹子失表
廿八 鎌足奉履
廿九 頼政断橋
三十 清経入水
卅一 尊氏宝剣
卅二 良基神璽
卅三 脩人射鉄
卅四 重雅針瓜
卅五 崇峻斬猪
卅六 陽成聚蛙
卅七 雄略大悪
卅八 入鹿姦邪
卅九 田村恐鳥
四十 胤長殺蛇
四十一 石凝冶工
四十二 穂日神傑
四十三 下照夷曲
四十四 皇孫道別
四十五 月読隔離
四十六 日神照徹
四十七 金庫二印
四十八 雄鐘三絶
四十九 真鳥太子
五十 道臣元帥
五十一 勝海厭像
五十二 春王医被
五十三 実資賢府
五十四 大丘聖謚
五十五 金村追遠
五十六 有仁絶嗣
五十七 房平二戦
五十八 三成千当
五十九 壷輪抱屍
六十 山辺殉亡
六十一 内侍歎絵
六十二 宿禰採湯
六十三 黒丸至孝
六十四 長親厚喪
六十五 允恭定姓
六十六 成務置長
六十七 兼好徒然
六十八 長明方丈

六九 小町美艶
七十 衣通徹晃
七一 崇徳傾覆
七二 尊治濫賞
七三 安世水車
七四 師賢繍裳
七五 伊周射帝
七六 良懐僭皇
七七 置目示骨
七八 和泉恨郎
七九 長岡刑名
八十 師輔温良
八一 天武占雲
八二 仁徳望煙
八三 時雨通医
八四 道家稟禅
八五 称徳再帝
八六 檀林一拳
八七 親房元元
八八 永愷玄玄
八九 橘媛没海
九十 元明開地
九一 義持辞号
九二 兼道譲位
九三 基氏解疑
九四 百川不睡
九五 山名六分
九六 忠平三更
九七 糠戸造鏡
九八 斉名弾箏
九九 菅江合符
百 白野同情
百一 実方尋松
百二 滝守護桜
百三 茂光鳴篥
百四 時光弄笙
百五 保食吐飯
百六 火進責鉤
百七 盤長唾泣
百八 鈿女俳優
百九 栗田麟徳
百十 兼明菟裘
百十一 持資起字
百十二 時頼巡州
百十三 喜山銀閣
百十四 道長金堂
百十五 十市魚書
百十六 栲幡虹光
百十七 烏部動竹
百十八 公忠達香
百十九 浜主長寿
百二十 以言陵王
百二十一 思兼聚鳥
百二十二 酒君臂鷹
百二十三 晴明浴瀑
百二十四 額田献氷
百二十五 薬子惑帝
百二十六 光明浴僧
百二十七 在衡戴笠
百二十八 将門現燈
百二十九 蘇民綰茅
百三十 彦瀲褁草
百三十一 天国造剣
百三十二 大田守宝
百三十三 巴女従軍
百三十四 仲子止禱
百三十五 有馬結松
百三十六 宗信蔵藻

本朝蒙求標題巻之上終

本朝蒙求巻之上

雒陽　仲徹菅亨　編輯
元樸过儃　校訂

一　常立葦牙　二　武尊草薙

古《イニシヘ》天《アメ》地《ツチ》未《タ》部《ワカレ》、陰陽不《ルヲ》分。渾《マロカレタル》沌如《シ》雞子《ノ》、溟涬《クヽモリテ》而含《フクメリ》牙《キサシヲ》。及《テ》其《ノ》清陽《スミ》者《アキラカナルハ》薄《タナビ》靡《イテ》而為《リ》天《ト》、重《ヲモク》濁《ル》者《ハ》淹滞《ツヾイテ》而為《ルニ》地《ト》于時、天地《ノ》中《カニ》生《ナレリ》一《ノ》物。状《チ》如《シ》葦牙《ノ》、便《チ》化《メ》為《ル》神《ト》。号《ス》国常《トコ》立《タチノ》命《ト》。

日《ヤ》本《マト》武《タケノ》尊者《ハ》景行帝《ノ》子《ナリ》也。帝《ノ》之皇后稲日太郎姫、同日同胞《ニソ》而双生《ス》。帝異《ヲ》之、則誥《ゲテ》於碓《ニ》、因《テ》号《ケテ》其《ノ》二《ノ》皇子、曰《フ》大《ヲホ》碓《ウス》小《ヲ》碓《ト》。小碓《ハ》亦《ハ》名日本武《ト》。幼《ソ》而有《リ》雄略《ノ》之気。及《テ》壮《ナルニ》容貌魁《クハイ》偉《イ》。身《ノ》長一丈、力《ラ》能《ク》扛《アク》鼎《ヲ》。四十年夏六月、東夷多《ク》叛《ク》。辺境騒動《ス》。秋七月、帝謂《テ》日本武《ニ》曰、朕聞《ク》、東夷識性暴強、凌《リヤウ》犯《ホンス》衆人《ヲ》。村《ニ》無《ク》長、邑《ニ》無《シ》首。各《ク》貪《リ》封境《ヲ》、並《ニ》相《ヒ》盗略《ス》。未《タ》染《マ》王化《ニ》。察《ニ》汝《カ》為《リヲ》人《ト》、身体長大、容姿端正。猛《キコト》如《シ》雷電《ノ》、所《ロ》向《フ》無《ク》前、所攻必勝。汝今奉《ジテ》命《ヲ》挙《ゲ》兵《ヲ》撃之。武尊応詔。発路《ノ》之日、枉《ゲテ》道《ヲ》詣《デ》伊勢《ニ》、拝《ス》神祠《ニ》。謂《テ》倭《ヤマト》姫《ヒメノ》命《ヲ》曰《ク》、今被《ムテ》天皇《ノ》之命《ヲ》而東征《シテ》将《ニ》誅《セント》諸《ノ》叛《スル》者《ヲ》。故来《テ》辞之。於是倭姫取《テ》草《クサ》薙《ナギノ》剣《ヲ》授《テ》武尊《ニ》曰《ク》、慎之、莫《レ》怠《ルコト》也。武尊遂《ニ》至《ル》駿河《ニ》。其《ノ》処《ノ》賊陽《イツハツテ》従之《ニ》欺《テ》曰《ク》、是《ノ》野《ヤ》也、麋《ビ》鹿《ロク》甚《ダ》多《シ》。気如《ク》長（朝）霧《ノ》、足《シ》如《シ》茂林《ノ》。臨《テ》而応狩《リス》。武尊信《ジテ》其《ノ》言入壄中而覓獣。賊有殺武尊之情。放火焼其野。武尊知所欺、自抽所佩叢雲剣《ムラクモノツルギ》、薙《ナギ》攘《ハラフ》其傍草。因是得免。故号《ナヅケテ》其剣曰草《クサ》薙《ナギ》。

三　火折乗鰐　　四　天稚射雉

瓊瓊杵尊有二子。兄曰火《ホノ》闌《ス》降《フリ》、弟曰火《ホノ》折尊、別号《ナヅク》彦《ヒコ》火《ホ》火《ゝ》出《デ》見《ミ》。兄能得海幸《ウミノサチ》、弟能得山幸《ヤマノサチ》。時兄弟二人相謂曰、試欲互易其幸《サチ》。於是兄持弟之弓、入山覓獣、終不見獣之迹。弟持兄之鉤、臨海釣魚、殊無所獲。各不得其利《サチ》。兄悔之、還弟弓矢、乃乞己釣《ツリ》鉤《ハリ》。弟失兄鉤、不知所求、憂吟《ウレイサマヨヒ》在海浜。嗟嘆《ナゲキマス》時有一老翁。忽然而来、自称塩《シホ》土《ツヽノ》翁《ヲヂ》。乃問曰、君是誰《タレゾ》者。何故患若此乎。火《ホノ》折尊具言其事。老翁曰、勿復憂。吾将計《タハカラント》之。曰、海神《ワダツミ》所乗者八尋《ヤヒロ》鰐《ワニ》也。吾当与彼者共策《ハカラン》。乃将火折尊共往而見之。是時鰐魚策之曰、吾八日以後方致天孫《アメミマ》於海宮《ワダツミノミヤ》。久之、方有一尋《ヒトヒロ》鰐《ワニ》来。因乗而入海。海神召赤《アカ》女《メ》口《クチ》女《メ》問之。口女自口出鉤、以奉焉。海神授鉤於火折、以還兄鉤云。

天稚《アメノワカ》彦《ヒコ》者、天国玉之子也。高《タカ》皇《ミ》産《ムス》霊《ヒ》尊欲使天《アメ》孫《ミマ》為葦《アシ》原《ハラ》之主、賜天《アマノ》鹿《カ》児《ゴ》弓《ユミ》及天《アマノ》羽《ハ》羽《ゝ》矢《ヤ》、以遣之。此神不忠誠也。即娶顕《ウツシ》国《クニ》玉女下照《デル》姫、因留《トヾマリ》住之。高皇産霊怪其久不来報、乃遣無名《ナナシ》雉伺之。其雉飛降止於天《アメ》稚彦門《カド》前楦《タテル》木之杪《スヘ》。天稚彦乃取所賜弓矢、射雉斃《コロシツ》之矣。

五　黒主田夫

黒主者、氏大伴日臣命之裔《エイ》也。以倭歌著。故紀貫之曰、黒主歌者、古猿丸大夫之次也。頗有逸興而体甚鄙。如田夫之憩《イコフカ》花前也。

六　匡衡介士

匡《マサ》衡《ヒラ》者、大江音人之曽孫也。音人之子千古、生維時《トキ》、維時生重光、重光生匡衡。事円融花山朝、能詞藻《ソウ》。曽有対策文曰、大公望遇周公、渭浜之浪畳《タヽミ》面、綺里季助漢恵、商山之月低眉。菅文時曰、可喜之。但改作面畳渭浜之浪、眉低商山之月乎。慶保《ヤス》胤《タネ》論匡衡之才曰、如敢死之士数百騎、被介冑策驊《クハ》騮《リウ》。其鋒《ホコサキ》森《シン》然、少敢当者。

七　義尚聴講

源義尚《ヒサ》者、慈照相公義政之子。好文学、嗜倭歌。試射御、習書法。嘗令小槻《ツキ》雅久講論語、令卜部兼倶講日本紀。長亨（享）元年秋九月、江州佐佐木六角高頼不順。義尚自帥師伐之。十月高頼遜《ソン》于甲賀山。義尚屯于鈎《マガリ》里。営軍中有暇隙則令人講孝経并春秋左氏伝聴焉。延徳元年三月二十六日、薨于軍中。年二十有五。贈大政大臣、号常徳院。

八　泰時悦理

平泰時者、北条義時之子也。性廉有慈。常好聞理義。有人来而語一理、則必悦感之、双眸帯涕。曽与叔父時房、倫議定五十條式目。使大外記清教隆記焉。其政事無容私。是故宇内安寧、軍国無虞也。初其父義時、愛泰時弟朝時重時、踰于泰時。而義時頓没、無有遺占。泰時追憶父志、乃以其采地多与朝時等、而自取其少也。人皆美之。仁治元年卒。時年六十。

九　日霊(靈)新嘗

大日霊(靈)女貴《ムチ》(乃天照大神也)為新嘗《ニハナイキコシメスコヲ》於其時、素盞嗚尊陰放屎《クソマルヲ》於新宮《ニハナイノヤニ》。日神挙体不平。故恚恨《イカリマシテ》遷居于天石窟、閉其磐戸。

十　乙女節舞

天武帝、舒明帝之子。天智帝之弟也。天智崩後、大友叛。天武居吉野瀧宮、而弾琴。于時、有神女降於九冥《メイヨリ》、従其琴調奏歌舞。其歌曰、乎《ヲ》度《ト》綿《メ》度《ト》茂《モ》於《ヲ》度《ト》綿《メ》左《サ》備《ヒ》須《ス》毛《モ》可《カ》羅《ラ》多《タ》磨《マ》於《ヲ》多《タ》茂度《ト》邇麻《マ》岐《キ》底《テ》乎《ヲ》度《ト》綿《メ》左《サ》備《ヒ》須茂《モ》。五回歌之去。後天武即位、居清見原宮。後世以嘉其祥、天子即祚、則行大嘗之後、必奏五節之舞。以十一月中丑日、使未嫁十二三歳之女舞蹈焉。上在常寧殿覧之。

十一　宣化積穀

十二　皇極祈雨

宣化天皇継体天皇第二子、安閑天皇母弟也。安閑崩無嗣。帝乃履祚《ソ》。帝為人器宇清通、神襟《キン》朗邁《ラウマイ》。不以才地矜人。君子所服。嘗語曰、食者天下之本也。黄金万貫、不可療飢。白玉千箱、何能救凍。乃命麁鹿火《アラカヒ》等諸臣、造倉諸国、貯積穀米、備凶年之災。

皇極者、茅渟《チヌ》王娘《ムスメ》。為舒明皇后。舒明崩而皇后臨極。乃称天皇焉。元年六月、大旱。群臣請祈而一雨不降。以蝦夷《エミシ》之計禱仏誦経祈之。万方遂無応験《ヲウケン》。八月甲申朔、帝親幸于南淵川而拝天地四方丹誠祈之。即雷大雨。遂雨五日。天下百姓倶称万歳曰至徳天皇。

十三　良藤婚狐　　十四　膳臣殺虎

賀陽《ヤ》良藤備之中州人。善貨殖《シヨク》。寛平年中、為州之小掾。秩罷居葦守郷。其妻淫奔入京。良藤鰥居、心神狂乱。常執筆《フデ》諷吟、作書艶詞。時時有児女之音、不見其形。似聘媒《ヘイハイスル》焉。如此数十日。一朝失良藤所在。挙家尋求無得。良藤兄弟会其家、悲哽《カウ》懊悩《ヲウナウ》、相謀曰、安得其屍《カバネ》薦冥福。合族発願曰、若得良藤骸、当刻観音像、歴数日、自其宅倉下出来。顔色憔悴《セウスイ》、如黄病者。人皆驚怪。良久言曰、我鰥《クハン》居《キヨ》日久、常思女事。時一女子以書著菊花枝来曰、公主寄書。我披読詞意艶麗、心情揺動。一日室車迎我至一宮。一丈夫尊我上殿、帳帷綺飾、須臾列珍饌。公主漸出、容貌服色殆不可言也。居三年、忽有僧、持杖昇殿。公主侍女尽逃散。顧視家倉之下也。乃毀倉視之、有狐数十驚馳。倉下土上、有良藤坐臥之跡。居倉下纔十三日、而謂経三歳。倉下三四寸、而為大厦広殿。皆是妖狐之魅惑也。

膳《カシハテ》臣《ノオミ》巴提使、欽明帝時人也。巴提使還自百済、奏帝言、臣被遣使妻子相逐行、至百済海浜。日晩停宿。小児忽亡、不知所行。其夜大雪天暁始求、有虎連跡。臣乃帯刀擐《ツラヌ》甲、尋至巌《カン》岫《シウ》、抜刀曰、敬受糸綸、劬労陸海、櫛《クシケヅリ》風沐《カミアラヒ》雨、藉草班荊者、為愛其子令紹父業也。汝威神愛子一也。今夜児亡。追蹤覓至、不畏喪身。欲報故来。既而其虎進前開口欲噬巴提使。倏申左手執其虎舌、以右手刺殺。剥取皮還。

十五　武衡涵身　　十六　辰爾蒸羽

武衡者清原武則之子也。武則以軍功拝鎮《チン》守《シユ》府《フ》将軍。威風布奥羽。武則死、武衡嗣。堀河帝寛治五年、与弟家衡同叛。源義家任鎮守府将軍、兼奥州守、奉勅討之。武衡家衡敗、自焼城郭潜逃。義家之兵闌入而撃之。武衡涵身池中、埋面草間、而深隠匿。尋而義家捜《シウ》索《サク》殺之。

船史《フヒト》王辰《シン》爾《ジハ》者、敏達帝時人。能読書知義。由是帝与大臣倶讃美曰、勤乎辰爾、懿哉辰爾。汝若不愛学、誰能読解。宜従今近侍殿中。時高麗上表疏。書于烏羽、字随羽黒、既無識者。辰爾輙蒸《ムシ》羽於飯気、以帛印羽、悉写其字。朝廷感異之。

七　景行火国

六　神武畝傍

景行天皇、諱大足彦《タラシ》。垂仁天皇第三子也。践極十八年夏五月壬辰朔、従葦北発船、到火国。於是日没《イリヌ》也。夜冥不知著岸《チヤクガン》。遥視火光、詔挟梢者曰、直指火処。因指火往之。即得著岸。天皇問其火光処曰、何邑也。国人曰、是八代県豊村。亦尋其火、是誰人之火也。然不得主。玆知非人火。故名其国曰火国。

神武天皇諱磐余《イハレ》彦《ヒコ》。鸕鷀《ウカヤ》尊第四子、母曰玉依姫。天皇生而明達、意確如也。年十有五立為太子。方帝初年、有諸凶賊。同悪相扇、不背来庭。帝乃親率六軍、薄伐獮猶《ゲンイン》。雖餘妖尚梗《フサガルト》、而中州之地、無復風塵。三月丁卯、下令曰、自我東征、於玆六年。頼皇天威、凶徒就戮。当披払山林、経営宮室、而恭臨宝位、以鎮元元。上観夫畝《ウ》傍《ネビ》山東南橿原地、蓋国之墺区乎。可治之。是月即命有司、経始帝宅。明年春正月庚辰朔、即帝位於橿原《カシハラ》宮。七十有六年三月、帝崩。時年一百二十七。

九　神功討韓　　廿　推古通唐

神功皇后、開化天皇之曽孫、気長宿祢王之女也。仲哀天皇二年、立為皇后。幼而聡明叡智、容貌壮麗。父異焉。初仲哀天皇、以熊襲《クマソ》叛、帥師親伐熊襲中賊矢而崩于筑紫。終喪後、皇后遣官軍討熊襲平之。皇后亦躬欲西征三韓詣《イタリ》橿日浦解髪臨海曰、吾被神祇之教、頼皇祖之霊、今濯《スヽキ》頭海水。若有験者、髪自分為両。即入海洗之、髪自分。皇后便結分髪而為髻（髻）因謂郡（群）臣曰、夫興師動衆国之大事。安危成敗必在於斯。吾婦女之身加以不肖。暫仮男貌強起雄略。上蒙神祇之霊、下頼群臣之助。振兵甲而度嶮浪整艫船以求財土。若事就者群臣有功。事不就者独有罪。集軍卒到新羅新羅王遥望之曰、吾聞東有神国。謂日本。亦有聖王。謂天皇。必其国之神兵也。豈可挙兵以拒乎。素組以面縛自服降於王船之前。叩頭曰、自今後毎年貢男女之調。於是高麗百済二国王聞新羅降而自来叩頭曰、自今後永称西蕃不絶朝貢。此所謂三韓也。皇后産応神天皇。其在位六十有九年。寿百歳而崩。

推古帝諱炊屋《カシキヤ》姫《ヒメ》。欽明帝中女也。践祚二十二年六月丁卯朔己卯、遣犬上御《ミ》田《タ》鍬《スキ》矢《ヤ》田《タ》部《ベ》某於大唐。明年秋九月、犬上矢田部還自大唐。

廿一　野見相撲

野見宿祢、出雲州人也。垂仁皇帝時、左右臣奏言。大和国当麻邑、有勇悍士。曰蹶《クエ》速《ハヤ》。其為人也、強力以能毀角申鉤《カキ》。恒語衆曰、於四方求之、豈有比我力者乎。何《イカ》遇強力者而不期死生、頓得争力焉。帝聞之詔曰、朕聞当麻蹶速者、天下之力士也。若有比此人耶。一臣進曰、臣聞出雲国有勇士。名埜見宿祢。試召此人欲当《アハセ》于蹶速。即日遣倭直祖長尾市喚野見。於是野見自出雲至。輙蹶速与野見令摘力《スマヒトラ》。二人相対立、各挙足相蹶。則蹶折蹶速之脇骨、亦蹈折其腰而殺之。遂以当麻蹶速之地、悉賜野見宿祢也。

廿二　武内棟梁

武内宿祢者、父曰屋《ヤ》主《ヌシ》忍《ヲシ》男武雄《ケオ》心命、母曰影《カゲ》媛《ヒメ》。景行皇帝五十一年秋八月朔、命武内為棟梁之臣。成務皇帝三年正月己卯、為大臣。此大臣之始 帝与武内同日生之。故有異寵焉。仁徳皇帝時薨。年三百余歳。蓋歴景行成務仲哀神功応神仁徳六朝。

廿三　穂彦積稲

廿四　猪甘奪粮

狭穂《サホ》彦《ヒコ》王者、垂仁天皇之皇后狭穂姫之兄也。四年秋九月、狭穂彦叛。欲危社稷。因伺皇后之燕居而語之曰、兄与夫汝孰愛焉。対曰、愛兄也。狭穂彦曰、夫以色事人、色衰寵緩。今天下多佳人。各進求寵。豈永得恃色乎。冀吾登鴻祚与汝照臨天下則永終百年。亦不快乎。願為我殺天皇。仍取匕首授皇后。五年冬十月、天皇居高宮時、適枕皇后膝而昼寝。於是皇后無成事而空思之。兄所謀此時也。眼涙流落帝面。天皇寤語皇后曰、朕今日夢、錦色小蛇繞朕頸《クビ》。亦大雨従狭穂発而濡面。是何祥也。皇后知不得匿謀、而悚恐伏地、曲言兄之反状。因以奏曰、妾不能違兄之志。不得背天皇之恩。告言則亡兄、不言則傾社稷。是以一則以懼、一則以悲。俯仰喉咽、進退而血泣。則挙袖拭涕、従袖溢之、沾帝面。故今日夢者、必是事応焉。錦色小蛇則授妾匕首也。大雨忽発則妾眼涙也。天皇曰、是非汝罪也。命将軍上毛野《カウツケ》八綱田、令撃狭穂彦。時狭穂彦興師距之、忽積稲作城。其堅不可破。此謂稲城。踰月不降。於是皇后悲之曰、吾雖皇后、亡兄有何面目、莅天下耶。抱皇子誉津別命而入於兄稲城矣。天皇詔軍衆曰、急出皇后与皇子。八綱田放火焚其城。皇后懐抱皇子、踰城上而出。因以奉請曰、妾所以逃入兄城、若有因妾子免兄罪乎。今不得免。乃知妾有罪。何得面縛。自経而死耳。唯妾雖死、豈敢忘天皇之恩。狭穂彦死于城中也。
顕宗皇帝初不践祚時、大和国猪甘《アマ》老人遇于天皇、而奪天皇之粮。於是天皇斬之於飛鳥河上、捕其氏族、悉断其膝脚之筋(筋)而為跛《アシナヘト》。

廿五　宿儺二面

仁徳皇帝時、飛騨国有一人。曰宿儺《スクナ》。其為人壹体《イツテイ》、有両面。面各相背。頂《イタヽキ》合無項《ウナシ》。各有手足。其有膝而無膕、踵。力多以軽捷。左右佩剣、四手並用弓矢。是以不随皇命、掠《カスメ》略人民為楽。於是遣武振《フル》熊誅之。

廿六　廐戸八耳

廐戸《ムマヤト》皇子者、用明帝之子。母曰穴穂部間人《アナホヘハシヒト》。皇子初居上宮、後移班(斑)鳩。穎悟而耳聡。八人奏言、一聴而速通。故謂之八《ヤツ》耳皇子。推古帝時、位在東宮、総摂万機。聖徳太子是也。

廿七　妹子失長(表)

推古帝十有五年秋七月、遣大礼小野妹子《イモコ》使於中華隋煬帝。以返簡授妹子。妹子経過百済国之日、百済人探以掠取焉。群臣議曰、妹子懈怠失中華表。罪合流刑。帝問太子聖徳。聖徳奏曰、妹子

廿八　鎌足奉履

之罪、寔不可寛。然修好善隣、妹子之功也。帝曰、可也。免其罪。

中臣鎌足者、御食子連之子。為人忠正、有匡済心。皇極帝朝、以鎌《カマ》子連《ムラジ》拝神祇伯。固辞不就、称病退居三島。慎蘇我臣入鹿失君臣之義、挟闚覦《ウカヽフ》社稷之権。歴試接《マシハリ》正（王）宗之中、而求可立功名之哲主。便附心於舒明帝子中大兄。而疏然未獲展其幽抱。偶預中大兄於法興寺槻樹之下打毬《クエマリ》之侶《トモカラ》、而候皮履《クツ》随毬脱落、取置掌中、前跪恭奉。中大兄対跪敬執。自是相善、倶述所懐、無所匿。復恐他嫌頻接、而倶手把黄巻、自学周孔之教於南淵《ミナフチ》先生。

艽　頼政断橋　　卅　清経入水

源光禄頼政者、頼光五世孫。父曰仲政。高倉帝時、平太師清盛秉兵馬之権、跋扈天下。頼政悪之、勧以仁皇子、密謀伐於平族。皇子許諾。於是使蔵人行家赴豆州、告之頼朝。治承四年、密謀発覚矣。頼政即到宇治、聚兵待之。平族遣知盛等、将兵而伐之。頼政乃断河橋、殊死拒之。俄而平軍済河、轢至。頼政力竭勢窮、不能復振。遂自殺。時年七十五。

後鳥羽帝時、平族奉安徳帝、至太宰府。豊後州緒方維義、将兵攻太宰府。平族又敗北、而過豊前、如柳浦。当此時、左親衛清経重盛子也遂没入乎海水。

三十一　尊氏宝剣　　三十二　良基神璽

後光厳帝践祚時、三種神器悉在南朝。於是群臣皆曰、践祚之礼、豈無三器而可行乎。二條博陸侯良基謂曰、尊氏為宝剣、以我為神璽、何不可即位乎。遂定策推奉焉。帝於是得践祚矣。蓋尊氏足利讃岐守貞氏子也。良基左丞相道平子也。好学有広才。所編之書多。

三十三　楯人射鉄　　三十四　重雅針瓜

楯人《タテノヒトノ》宿《スク》祢《ネ》者、仁徳帝時人也。帝十二年秋七月、高麗国貢鉄《テツ》楯《シュン》鉄《テツ》的《テキ》。八月朔饗高麗客於朝。是日集群臣及百寮、令射高麗所献《タテマツ》之鉄楯的。諸人不得通的。楯人宿祢射鉄的貫焉。時高麗客等見之、畏其射之勝巧。明日美楯人而賜名、曰的戸田宿祢。

藤原相府道長公、嘗執柄時、術家白藤府言。某日家内有妖怪。至期晡《ホ》時有叩門者。問之、対曰、和州瓜使也。開門納之。時大史安晴明・大医重雅等在傍。相国顧《カヘリミ》安大史曰、家裡有瓜、汝可嘗不。晴明曰、瓜中有毒。不可輙《タヤスク》啖《クラフ》也。重雅乃袖出一針、針瓜。其動便止。割見其中、有毒《ドク》蛇《ジヤ》、針中其眼云。

三五　崇峻斬猪

泊《ハ》瀬《セ》部《ベ》天皇（崇峻帝也）欽明帝第十二子、用明帝弟也。天皇常悪大臣馬子（蘇我稲目之子）誇威擅権。五年冬十月丙子、有献山猪。天皇指猪詔曰、何時断朕所嫌之人、如断此猪之頸。多設兵仗、有異於常。于時、大伴嬪《ヒメ》小手子恨寵之衰、使人告諸馬子。壬午、馬子恐嫌於己、招聚儻与謀弑天皇。十一月乙巳、馬子詐於群臣曰、今日進東国之調。乃使東漢直駒《コマ》弑帝。

三六　陽成聚蛙

陽成帝諱貞明。清和帝太子也。母皇太后藤原高子、黄門長良之娘、基経之妹。帝好駕馬、令畜馬於禁裡。常騎駆狎親賤者。朝儀悉乱。是以基経退陪侍小臣小野清和等。既而帝有狂病。或令猿与狗相闘、或聚蛙禁庭、令蛇呑之。基経諫而不聴。於是基経患鼎祚由是輙危、社稷於焉遂傾。催競馬之遊、勧帝之行幸、移於別宮、而遂令退帝位。

三七　雄略大悲

三八　入鹿姦邪

雄略帝者、安康帝之弟也。性伉《カウ》健《ケン》過人。安康帝為眉《マユ》輪王（仁徳帝之孫草香皇子之子也）

見殺。於是、帝率兵攻眉輪、誅之而即帝位。帝誤殺人衆。天下誹謗言大悪天皇。

蘇我入鹿、一名鞍作《クラツクリ》。大臣蝦夷《エミシ》之子也。皇極帝時為大臣、行天下之政。悪虐姦邪也。父子倶新造室家、私称曰宮門、自呼諸子皆称王子。家外作城、中貯武器。其僭《ヒトコロヘルヿ》如此。故中大兄軽《カル》皇子及鎌足等甚悪之。夏六月十二日、帝出御于大極殿。入鹿列于坐。時三韓進調之日也。中大兄自取長槍、隠殿傍。鎌足取弓矢、衛之。令勝麻呂入二剣於筥《ハコ》、授子麻呂網田二人。而曰、速可斬之。子麻呂等畏入鹿威不進。中大兄与子麻呂等、共出揮剣、傷割《シャウカウス》入鹿頭肩。入鹿驚起。子麻呂以剣傷其一脚。入鹿転就御座。叩頭曰、臣有何之罪。上照察之。帝大驚詔問中大兄。大兄伏地奏曰、入鹿悉滅天宗、将傾室祚。豈以天位易于入鹿耶。帝黙然起、入於殿中矣。

三十九　田村恐烏　罕儱長殺蛇

坂上田村麻呂者、従三品右金吾苅田麻呂之子。桓武帝延暦十年以大伴弟麻呂為征東大使。田村麻呂為副使。赴東奥。同十六年為征夷将軍。久居奥州、多軍労。同二十年陸奥之賊高丸起於達《タ》谷《ヤ》窟、結聚無頼、来寇于駿州清見関。於是、上賜節刀於田村詔令進発。高丸敗戦、退而拠奥州。田村又進而攻之、射殺高丸及悪路王。輙於胆沢郡営建於八幡神祠、蔵其弓矢。田村帰京師。帝詔曰、近頃(頃)凶賊数乱奥州、田村征之。其功居多也。叙従三位。嵯峨帝弘仁元年、進大納言、任大将。同二年五月卒。齢五十四。身長五尺八寸。眼如蒼鷹、鬚《ヒゲ》如金線。怒則鳥獣恐之、戯笑則児女狎之。帝太情之。多賜絹布粮米等、詔入甲冑《カブト》鉾《ホコ》弓《ユミ》矢《ヤ》於棺中而葬之於宇治郡栗《クル》(栗)栖《ス》野云。

和田胤長仕于鎌倉大樹頼家。土御門帝建仁三年、頼家狩于伊豆。令胤長入伊東之洞穴。穴中有巨蛇。胤長即抜剣斬殺焉。

四一　石凝冶工　四二　穂日神傑

天照大神謂素《ソ》盞《サノ》嗚(鳴)尊曰、汝《イマシ》猶有黒心《キタナキココロ》。不欲与汝相見。乃入于天《アマノ》石窟《イハヤ》、閉磐戸《イハト》焉。於是、天下《アメノシタ》恒闇《トコヤミ》無復昼夜之殊。時思兼神有思慮之智。乃思而曰、宜図彼神之象而奉招禱也。即以石凝姥《イシコリトメ》為冶工《カヌチ》、採天香山之金、以作日矛《ヒボコ》。

天穂日命者素盞嗚(鳴)之子。天照大神取而子養焉。天忍穂耳尊之弟也。忍穂耳娶高皇産霊尊之女𣑥幡千千姫、生瓊瓊杵尊。高皇産霊《タカミムスヒ》特鍾愛焉。遂欲立皇孫瓊瓊杵以為葦原中国之主。然彼地、多《サハニ》有《ニ》螢火《ノ》光《カヾヤク》神《ミ》及《ヒ》蠅《サハヘナス》声《ノ》邪《アシキ》神《ミ》。故《カレ》高皇産霊召《シ》集《ツトヘ》諸《ロ》神《カンタチ》、而問《テ》之《ノ》曰《ク》、吾《レ》欲《ヲモフ》令《ニ》撥《ハラヒ》平《ムケント》葦原中《ツ》国《ノ》之邪《アシキモノ》鬼。当《ニ》遣《ツカハサハ》誰《レヲ》者宜《ヨケン》也。僉《ナ》曰《サク》、天《ノ》穂《ホ》日《ヒノ》命《ミコト》是《レ》神《ノ》之傑《スクレタルヒト》也。可《シ》不《ル》試《コヽロミサ》歟《ヤ》。於是、以《テ》穂日命《ヲ》往《テ》平《ムケシム》之。

四三　下照夷曲

下《タ》照《テル》姫《ヒメハ》者顕《ウツシ》国《クニ》玉《ノ》之女《ムスメ》。為《タリ》天《アメ》稚《ワカ》彦《ヒコノ》之妻《ツマ》。天稚死《カクレテ》而妻子《コ》従《リ》天《アメ》降《クダリ》来、将《モツテ》柩《ヲ》上《リ》去《ヰテ》於天《アメ》、作《ツテ》喪《モ》屋《ヤヲ》殯《モカリシ》哭《ナク》之。先《キ》是《ヨリ》天稚与《テリ》下照之兄味《アヂ》耜《スキ》高《タカ》彦《ヒコ》根《ネ》神《ミ》友《ウルハシ》善《ミ》。故《カレ》味耜高彦神登《ト》天弔喪《ヲ》。此神光《テリ》儀花《ウルハシ》艶映《テリカヽヤク》于二《ツ》丘二《ツ》谷《ニ》之間《ニ》。下照姫欲令衆人《ヲ》知《ラ》映谷者是味耜高彦根神、故歌《ウタヨミ》之曰《ク》、阿《ア》妹《モ》奈《ナ》屢《ル》夜《ヤ》乙《ヲ》登《ト》多《タ》奈《ナ》婆《バ》多《タ》邇汙《ウ》奈《ナ》餓《ガ》勢屢《ル》多《タ》磨邇弥素磨屢邇阿《ア》奈《ナ》陀《タ》磨《マ》波《ハ》夜《ヤ》弥《ミ》多《タ》爾《ニ》輔《フ》柁《タ》和《ワ》柁《タ》邏《ラ》須《ス》阿《ア》泥《チ》素《ス》企《キ》多《タ》伽《カ》避顧《コ》祢《子》又歌之曰、阿《ア》磨《マ》佐《サ》箇《カ》屢避《ヒ》奈《ナ》菟《ツ》謎邇以和多邏素西《セ》渡《ト》以嗣箇播箇柁輔《フ》智箇柁輔爾阿弥《ミ》播利《リ》和柁嗣妹盧《ロ》豫《ヨ》嗣爾豫嗣豫利擬祢《子》以嗣箇播箇柁輔《フ》智。此両《フタ》首歌《ウタ》辞《ハ》今《マ》号《ナツク》夷《ヒナ》曲《フリト》。

四四　皇孫道別

高皇産霊尊欲《メ》以天孫《ミマ》為《テ》葦原之主《キミト》。以真《マ》牀《トコ》追《ヲフ》衾《フスマ》覆《ヲホヒテ》於皇《スメ》孫《ミマ》瓊瓊杵《キ》尊《ヲ》使降《アマクダラ》之。皇孫乃離天磐《イハ》座《クラ》、且排分天八重《ヘ》雲、稜《イツ》威之道《チ》別《ワキ》道別《テ》而天降《クダリマス》於日《ヒ》向《ムカノ》襲之高《タカ》千穂《ホノ》峯《ダケ》矣。

四五　月読隔離
四六　日神照徹

伊奘諾尊勅任《コトヨサシテ》曰、天照大神者、可以御《シラス》高天之原也。月読尊者、可以配《ナラベテ》日而知《シラス》天事也。既而天照大神在《マシくテ》於天《アメ》上曰、聞葦原中国有保食《ウケモチ》神。宜汝《イマシ》就《ユイテ》候之。月夜見尊受勅《ミコトノリ》而降。已到于保食神許。保食神乃廻首嚮《ムカヒシカハ》国、則自口出飯。又向海、則鰭広《ハタノヒロモノ》鰭狭《ハタノサモノ》、亦自口出。向山、則毛麁《ケノアラモノ》毛柔《ケノニコモノ》、亦自口出。品物悉備、貯《タクハヘ》之百机《モヽトリノツクエ》而饗《ミアヘタテマツル》之。是時月読尊忿然《イカリ》作色《オモボテリシテ》曰、穢《ケラハシキカナ》矣。鄙《イヤシキカナ》矣。寧可以口吐《タグル》之物、敢養我乎。廼抜剣撃殺。然後復命《カヘリコトマウス》、具言其事。時天照大神怒甚曰、汝《イマシ》是悪神。不須相見。乃与月読尊、一日一夜、隔離《ヘダテハナレテ》而住《スミタマフ》。

伊奘諾尊伊奘冊(再)尊、生《ウミマツリス》日神。号《マウス》大日孁貴《ヒルメノムチ》。又号天照大神。此子《ミコ》光華明彩《ウルハシクシテ》、照徹《テリトヲル》於六合之内。故二神喜曰、吾息《コ》雖多、未有若此霊異之児。不宜久留此国。自当早送于天、而授以天上之事。

四七　金庫二印
四八　雄鐘三絶

平貞顕者、北条義時之裔也。義時第五之子曰実泰。実泰生実時、為越後守。居相州金沢《カナサハ》。実時生顕時、襲父任為越後守。顕時生貞顕、世住金沢。以倭歌著名。且好学。正和年中、二條帝之時世造文庫於金沢、聚倭漢之群書。書帙《チツ》悉印金沢文庫字。嘗鐫《エリ》墨朱之印。儒書用墨印、仏書、用朱印分焉。高雄山寺鐘、橋広相作之序。菅原是善作之銘、藤原敏行書之。皆一時名世之士也。世以為三絶。

四九　真鳥太子

武烈天皇御宇、大臣平群真鳥臣、専擅国政、欲王日本。陽為太子、営《ツクリ》了宮室、即自居《スメリ》焉。

五十　道臣元帥

道臣命者、神武天皇東征之元帥《スイ》也。蓋是日本武将之権輿也。

五一　勝海厭像

用明天皇詔《ミコトノリシ》群臣曰、朕思欲帰三宝。卿《イマシ》等《タチ》議之。群臣入朝而議。物部守屋与中臣勝《カツ》海違詔議曰、何背国神、敬他神也。由来不識若斯事矣。蘇賀馬子可随詔而奉助。詎生異計。於是皇弟泊瀬皇子引豊国法師、入於内裏《ウチ》。守屋邪睨大怒。是時押《オシ》坂部史《フヒト》毛屎急来、密語守屋曰、今群臣図卿。復将断路。守屋大連聞之、即退於阿都（別業也）、集衆人焉。中臣勝海連於家集衆、随助大連。遂作太子彦人皇子像与竹田皇子像、厭之也。

五二　春王医被

鹿苑相国義満、幼名春《ハル》王。宝篋相公義詮之子也。後光厳帝康安元年、細川清氏楠正儀等、攻陥雒《ラク》(洛)陽。義詮擁《ヨウ》護帝而孫《ノカレテ》于江州、春王于時纔四歳。左右抱之、夜走投東山僧芳蘭洲。匿于寝被之中、五日。蘭洲与赤松則祐善。故載之便輿、馳到播州白旗城。則祐迎之匿《カクセリ》于其家。明年貞治元年、帰京師途、経兵庫琵琶塚。春王愛其佳境、謂従者曰、汝等宜舁《カキテ》此地輸来於天邑也。衆奇其壮言。応安元年、補征夷将軍。応永元年、任大相国。五(十五)年五月六日薨於北山亭。歳五十一。

五三　実資賢府

実資者、姓藤氏。清慎公実頼之孫、斉敏之子也。幼而俊《シュン》英《エイ》、有不凡器。祖父実頼愛其爽明、鞠《キク》育《イクス》之。為己子、位登従一品、官進右大臣。成人而有賢哲之名。世謂之賢右府。継居祖父之宮室。故亦称後小野宮也。

五四　大丘聖諡

大丘者、其姓膳《カシハテノ》臣《ヲン》。其始祖孝元天皇子大彦命也。大丘学書、勤志儒業。称徳帝時、為大学助教。自奏言、大丘天平勝宝四年、随使入唐。聞(問)先聖之遺風、覧膠《カウ》庠《シヨ》之餘烈。国子監《カン》有両門。題曰文宣王廟。時国子学生程賢告大丘曰、今主上大崇儒範、追改為王。鳳徳之徴《シルシ》、于今至矣。然准旧典、猶称前号、誠恐乖崇徳之情、失致敬之理。

大丘庸闇聞斯行諸敢陳管見以請明断。於是諡号文宣王。蓋従中華聖諡矣。

五五　金村追遠

綱《ツナ》引公金村備之後州葦田郡人。年八歳喪父。哀毀骨立。尋丁母艱。追遠益深。称徳帝聞之感其孝。神護景雲二年有詔賜爵二級。復其田租終身也。

五六　有仁絶嗣

有仁後白河帝之孫而輔仁大王之子也。鳥羽帝元永初賜源姓於有仁授光禄大夫。崇徳帝時以其皇孫終拝左丞相。有仁常言、我願吾之子孫永絶不嗣。蓋以為人嗣者若無才能則忝其祖先。故欲其無後爾。久安三年齢四十五而薨。世謂之花園大臣。

五七　房平二戦

後昭光院関白房平公語曰、一心之中有善与悪。善者為我軍旅。悪者為我寇讎。二者日戦于胸臆間。但須使仁義之士為前軍将、礼信之士為後軍将、日夜力戦以滅彼奸敵。假令妄念邪志巧其軍術、七情之諜窺之間隙、而明徳之帥為之固備、則寇讎自敗、天下遂平也。房平文明中薨。

五八　三成千当

蘇我入鹿深忌上宮王子等威名振於天下、而先遣小徳巨勢徳太（大）臣大仁土師娑婆連襲山背大兄王於斑（班）鳩《イカルカ》。於是奴三成《ナリ》与数十舎人、出而拒戦。土師娑婆連中箭而死。軍衆恐退。軍中之人、相謂曰、一人当千謂三成歟。

五九　恚輪抱屍

六十　山辺殉亡

幼武《ワカタケ》天皇雄略也恨穴穂天皇安康也曽欲以国伝市辺押磐皇子而遥付囑後事。乃使人於押磐皇子、陽期狩猟、勧遊郊野曰、近江狭狭城山君韓帒《カラフクロ》言、今於近江来田綿蚊屋野、猪鹿多有焉。願与皇子孟冬作陰之月、寒風粛然之晨、将逍遥於郊野聊娯情以馳射。皇子乃随馳猟。於是幼武天皇彎弓驟馬而陽呼曰、猪有。即射殺皇子。皇子帳内舎人也佐伯部恚輪《ウル》更名仲子抱屍駭惋、不知所為。反側呼号、往還頭脚。天皇亦誅之。

天武帝朱鳥元年九月丙午、帝崩。皇后即持統帝也臨朝称制。大津皇子謀叛於皇太子。冬十月己巳、謀叛発覚。庚午賜死於訳語田舎。時年二十四。其妃山辺被髪徒跣奔赴殉焉。見者皆歔欷。

六一　宿祢探湯

六二　内侍嘆絵

＊頭注（枠外）に「此一聯誤倒置当如標題也」とある

応神帝九年夏四月、遣武内宿祢於筑(筑)紫、以監察百姓。時武内宿祢之弟甘美内宿祢、廃兄即譏言于帝。武内宿祢常有望天下之情。今聞在筑(筑)紫而密謀之曰、独裂筑(筑)紫招三韓令朝於己遂将有天下。於是帝乃遣使、以令殺之。時武内歎之曰、吾無貳心。以忠事君。今何禍矣、無罪而死耶。得逮朝乃弁無罪。帝推問武内宿祢与甘美内宿祢二人。各堅執而争之。是非難決。帝勅之令請神祇探湯。是以武内与甘美内共出于磯城川浜、為探湯。武内勝之、便按剣以殴仆甘美内、欲殺焉。帝勅之令釈也。

弁内侍見帝殿所絵賢聖障子、有言。択我朝忠臣孝子、如許図之書之、則此国亦有忠孝人。須勧励乎。無撰之之代哉。時上聴之、大感嘆、賜女位。内侍固辞不肯受。蓋内侍者右京大夫藤信実之女。聡敏善倭歌。官仕於後堀河後嵯帝(峨帝)之間。内侍齢既老而後、幽棲于坂本北仰木邑。亀山帝聞其善詠歌、及星夕之歌会、賜題詠之。内侍献歌云、秋来毛露遠久袖能狭計礼波七夕通米仁何於加左満志

六三　黒丸至孝

矢田部黒麻呂、武蔵国入間郡人也。事父母至孝。生尽色養、死極哀毀。斎食十六年(月)。終始不闕。光仁帝宝亀三年、免其戸徭、以旌孝

六四　長親厚喪

行。

藤原長親者、其生淳篤和順、事於南朝。歴後村上後亀山帝、拜右大将。及値親喪、居喪三年。厚脩其礼。以述哀情、作歌并小序云。

六五　允恭定姓

允恭帝者、仁徳帝子。与履中反正《シャウ》為同母弟。停此時、諸人或誤失己姓、或故《コトサラニ》認高氏。群卿百寮曁諸国造等、皆言帝皇之裔、或自天降。難知其実。天皇下詔定氏姓。自是之後、氏姓自定、更無詐人也。

六六　成務置長

成務帝者、景行帝子《ミコ》。登初九之位、而後四年詔命曰、国郡無君長、県邑無首渠。自今以後、国郡立長、県邑置首。即取当国之幹了者、任其国郡之首長。是為中区之藩屏也。

六七　兼好徒然

兼好者鎌子之苗裔。以卜部為其姓。父兼顕世為吉田神官。兼好嘗官仕于後宇多帝。官至左武衛次将。迨後宇多帝之崩、而離家逃世、為隠逸之徒。所著書、自扁《ナツケテ》曰徒然草。

六八　長明方丈

鴨社氏、菊大夫長明者、家世祠官。好吟倭歌、膾炙世口。常与縉紳家交接。所著述書編、亦不少。願為社中之総管司、而不被許。一旦謝栄遺世、終身無妻子官禄之累。性耽淡閑、平素静居。卜幽於大原山、隠栖幾許于茲。順徳帝建暦中、齢及耳順、誅茅於洛南日野之外山。以結小菴一間、然亦不定其居。恒以車二輌載其竹木、随心所之、構結之以為居。其広方丈、高不過七尺。不定其所居、若其地有不称意者、則移去而之他。因自作倭字之記、曰方丈記也。

六九　小町美艶

小町姓小野氏。其先出孝照天皇子天足彦押国人命也。世世家于近州滋賀郡小野邑。因為氏。父曰良実。仁明帝時、擢為出羽郡司。小町天資冶容、美艶妙麗、不假粉黛。桃腮梨臉、抜尤于当時。是以一時貴遊年少、援筆摛詞、通紅葉之約、桑中之期者、不尠。善倭歌、吐新奇、吟趣多富。皆班班載于歴代撰集。其姉亦能歌。後人謂以玉造小町為小野小町、傳会妄説、託筆於空海、清行著壮衰書一巻、鋪叙其凋年衰耗之姿。平康頼以為信然、而記之宝物集。画家亦沿襲、図其衰容、以為小野小町、可発一笑。

七十　衣通徹晃

衣通郎姫《ソトヲリイラツヒメ》、允恭帝之皇后忍坂大中姫命之妹。名弟姫《ヲトヒメ》。容姿絶妙無比。其艶色徹衣而晃。時人号曰衣通姫《ソトヲリヒメ》。初天皇讌于新室。皇后令弟姫儛。天皇問皇后曰、所儛娘子誰也。皇后不獲已、答曰、妾弟也。天皇志通于弟姫。故強召皇后而進之。日有寵。皇后不喜嫉之。故別造宮室於河内茅渟而使衣通姫居焉。天皇屢幸茲。弟姫能歌。故有慕天皇之歌也。

七一　崇徳傾覆　　七二　尊治濫賞

崇徳帝諱顕仁。鳥羽帝子。譲位於体仁。称之近衛帝。帝早崩無嗣。崇徳自以為其子重仁可践極。而鳥羽上皇自以其第四子雅仁為帝、称之後白河帝。是故崇徳甚憤恨焉。上皇崩而後欲傾覆天下。密与藤頼長謀、招集軍士。後白河帝使源義朝平清盛等攻之。源為朝（義）防戦、官軍大破、所殺戮衆。保元之役者此也。

後醍醐諱尊治。南北分列之日、諸士践戎馬之地、扶衰撥乱多立勲績。及帝再御極、分茅祚土、各令就采食之封。而惑内寵之言、賞賚不正。廷臣諫不聴。是故武臣銜怨者衆矣。

七三　安世水車　　七四　師賢繍裳

中納言兼右大将良峯安世者、淳和帝之弟。才芸俱絶。拝任大納言。天長六年五月、安世奉勅、教諸州之民造作水車、以為農耕之資。卒時四十六。

元弘元年、平高時聞朝廷之軍謀、遣使節於京師、欲遷天王暨青宮於遠地。天王懼潜出洛、留車駕於笠置。方此時亜相藤師賢、身披袞衣繍裳、佯為天王形而登叡嶺、聚諸軍。東兵聞之、以為信然。乃率士卒攻之叡山。於是天王幸于摂州笠置、召軍士也。

七五　伊周射帝　　七六　良懐僭皇

帥内大臣藤伊周者、父曰道隆、弟曰隆家。長徳二年正月、花山帝大帰仏乗、身披納衣、巡視畿内近国。還洛時、貴家有佳女。曰鷹司四君。其姉曰三君。二女倶有容色。帝密通四君。伊周亦密与三君通矣。帝頻頻乗馬赴四君之許。伊周意疑其通三君。遂与弟隆家謀、候帝出行、引弓発矢、中帝左腕。帝大驚而心恥、不言。然事泄著于世。帝甚含憤、後竟左遷伊周於紫陽、隆家於雲州。

後光厳帝応安中、菊池氏武政居紫陽、自鎮護九州、振威于関西。尊南朝之皇子良懐、称関西之王、遣書於皇明、以通隣好。皇明以良懐為日本国之真王也。

七七　置目示骨　　七八　和泉恨郎

顕宗皇帝詔曰、先王遭難、殞命荒野。朕幼年亡逃、自匿今登大位。

憶計泣哭不能自勝。遍召聚耆老親問。有一老嫗進曰、置目知蓋骨埋処。請以奉示。於是皇帝与憶計将老嫗、如近江国郊野中堀(掘)出而見之、果如嫗言。皇帝臨穴哀号。由是於郊野中造起墓陵、詔老嫗置目居于宮闕傍、優崇賜卹、使無事而不足也。

江式部者、大江雅致女。嫁和泉刺史道貞。故称曰和泉式部。上東皇后之官女也。以能詠歌為時所知。嘗以郎恩之薄、悵恨不已。詣貴船神祠、過御手洗川、見飛蛍、作倭歌以写快快之懐也。時神為男子声詠歌云、奥山に多幾利底落留瀧津瀬乃玉知留波加里物勿思焚。

七九　長岡刑名　　八十　師輔温良

大和宿祢長岡者、為大和国造。位至正四位下刑部少輔従四(五)位上。五百足之子也。少好刑名之学、兼能属文。宝亀二年、入唐請益。疑(凝)滞之処多有発明。当時言法令者、就長岡而質之。

九条右丞相師輔者、藤相国忠平之子也。為人温良寛恕而喜怒不見色。可謂君子之人矣。当承平天暦之間、能輔其政。尚醍醐帝公主康子而生公季。天徳四年薨。齢五十三。号閑院関白也。

八一　天武占雲

天武帝、天智帝同母弟也。及壮雄抜神武。能天文遁甲。天智帝元年、立為東宮。授大政大臣於皇子大友、令総百官行万機政。大友為人穎悟、能懐衆。好学善詩文。故世人皆属心於大友。是故天武疑畏之。天智臥病、以痛之甚。遣蘇賀安麻呂召東宮、引入大殿。安麻呂素《トヨリ》与東宮相好。密謂東宮曰、有意而言矣。東宮於茲疑有隠謀而慎之。天智帝命東宮授鴻業。乃辞譲之曰、臣不幸元《トヨリ》多病。何能保社稷。願陛下挙天下与皇后宜立大友為儲君。臣今日出家、為陛下欲修功徳。天智帝聴之。即日出家法服収私兵器、悉納於司。入吉野。時左大臣蘇賀赤兄《アカエ》右大臣中臣金連《カネノムラジ》及大納言蘇賀果安等送之自菟道《ウヂ》返。時人曰、虎著翼放之。既而大友皇子謀殺天武。天武聞大懼、聚軍士将進発。亦遣使於大和国高坂王、而相倶以撃皇子。高坂王不従命。於是天武出吉野、欲赴東国。事急不待駕而行到大野。以日落山暗不能進行、壊取邑家籬《マガキ》為燭。及夜半到隠郡。将及横河、有黒雲広十餘丈経天。時天武異《アヤシミ》之、乃挙燭《トモシビ》親占之曰、天下両分之祥也。然朕遂得天下歟。

八二　仁徳望煙

仁徳帝諱大鷦鷯《オホサヽキ》。誉田《ホムダ》帝第四子。幼而聡明叡智、及壮仁寛慈恵。践祚四年春二月、詔群臣曰、朕登高台《タカトノ》以遠望之。烟気不起於域《クニ》中。以為百姓既貧而家無炊者。朕聞、古聖王之世、人人誦詠徳之音、家家有康哉之歌。今朕臨億兆、於茲三年。頌音不聆、炊烟転疎。即知五穀不登、百姓窮乏也。封畿之内、尚有不給者。況乎畿外諸国耶。三月朔又詔曰、自今之後、至于三載、悉除課役、息百姓之苦。是日始之。黼衣鞋履、不弊尽不更為也。温飯煖羹、不酸餧不易也。削心約志、以従事乎無為。是以宮垣崩而不造、茅茨壊以不葺。風雨入隙而沾衣被、星辰漏壊而露床蓐。是後風雨順時、五穀豊穣。三稔之間、百姓富寛、頌徳既満、炊煙亦繁。帝居台上而遠望之、烟気多起。是日語皇后（名曰磐之媛命）曰、朕既富矣。豈有愁乎。皇后対諮、何謂富焉。帝曰、烟気満国、百姓自富歟。皇后且言、宮垣壊而不得脩、殿屋破之衣被露。何謂富乎。帝曰、其天之立君、是為百姓。然則君以百姓為本。是以古聖王者、一人飢寒則責身。今百姓貧之則朕貧也。百姓富之則朕富也。未之有百姓富之君貧矣。

八三 時雨通医　　八四 道家禀禅

和気時雨其先出於垂仁帝。高祖清麻呂為人高直而有節操。天平年中、詔賜和気姓、位登三品、官至亜相。其三世貞興、生時雨。天賦俊秀、篤志於医術、勤学不輟。岐黄之精蘊、薬餌之君臣、無不明察。跡是声名籍甚。承平天慶間為侍御医、転大医博士、任尚薬局。

令（ママ）康保二年三月十一日卒。年六十一。

光明峯寺藤相道家者、後京極摂政良経公之子。為天福帝（四條院）外祖、名望重当時。三子皆登宰輔。于時、釈円《エン》爾入宋、参径《キン》嶋（嶋）無準《ジュン》範禅師、得其心印、帰居崇陽。道家聞之、遣使招之、延諸光明峯之別墅。就而問法要、兼稟禅門大戒。遂営伽藍、施与于円爾。建長四年二月歳六十而薨。

八五　称徳再位

称徳帝名阿倍。聖武帝之皇女。母曰光明。初聖武以無継嗣、立而為帝。号曰孝謙。紀元曰天平勝宝。帝譲位於大炊王。謂之廃帝。在位六年而孝謙放廃帝於淡路州。再践其位、王于天下。此曰称徳帝。

八六　檀林一拳

橘太后嘉智子者、仁明母。贈大相国清友娘也。性穎敏好学、慈愛。建学館院、使橘族者入之読書。哀仁明昇霞、落縁飾、為尼、耽釈教、建檀林寺於西峩。是故号檀林皇后。有遺命、令不葬屍、曝骨於郊野、不復瘞埋。鳥獣群集、啖其肉骨、纔遺一拳耳。後人封其遺骨於梅宮畔、呼曰一拳《ヒトコブシ》宮。又曰皇后社。其崩時、齢六十有五也。

八七　親房元元　　八八　永愷玄玄

親房者姓源。父曰師重。其家系出於具平王。少抱奇才、読書広探群記。仕於後醍醐帝、夙夜不怠于事。帝之所幸、無不屈其駕。及帝病不起而皇子尚幼。付嘱親房、以託孤之命焉。帝崩後、輔佐幼君、一能行其政。人皆以為賢佐。皇子即位（後村上帝）。而以其有勲労、進昇従一品。蒙准后之詔宣。可謂拝浴寵栄。値南北分裂之日、恐官職之弊、探舊前記、綴輯所聞、著職原抄二巻。亦著《アラハシ》元元集、以崇尊皇統、顕明神徳、布之後世、伝万口也。

永愷《ヤスハ》者姓橘氏。父曰元愷。任肥州牧。永愷受父蔭、継刺肥州。以学補文章生。人称曰肥後進士。又以能詠倭歌、声名冠於一時。其吟詠為後世所知賞。是故登名於歌仙籍。一旦解組棄仕、擯去声色、断髪入緇門、改易名曰能因。隠摂州古曽部邑。嘗著書曰玄玄集。蓋述倭歌之奥義云。又遊奥州八《ヤ》十《ソ》嶋《シマ》、作之記。将死自採多年吟稿、埋於土中也。

八九　橘媛没海　　九十　元明開地

橘媛《ヒメハ》者、穂積《ツミ》氏。忍《オシ》山宿祢之女、為日本武尊之妾。武尊到相模、欲往下総。望海曰、是小海耳。可立《タチ》跳《ハシリニモ》渡《ツ》。至海中、暴風忽発《ス》。船漂蕩《タヨフテ》而難進。橘媛在船中、啓《フ》王曰、今風起浪泌《ハヤクソ》、王船欲沈《シト》。是必海神心也。願妾之身、贖王之命而入海。言訖乃披瀾《ナミ》入《テ》没《ス》之。暴風即止。船得到岸、遂入陸奥国。

元明帝者、天智女《スヽ》、持統妹《ト》。草壁王妻、文武母后也。帝即位。和銅五年、分陸奥州置為両州《ト》。同六年、割丹波之地《ヲ》、分《テ》為丹後《ト》。分備前《ヲ》為美作、分日向為隅州。又以信陽《ト》与濃州之境、甚《タ》狭険《ニシテ》而且《ツ》嶮峻《ナルヲ》、始《テ》開岐曽、以通来往之艱路《ヲ》。

九一　義持辞号

源義持《ハ》征夷大将軍大政大臣従一位義満之子也。応永十五年、義満於北山館《テ》而薨《ス》。亨(享)《ル》齢五十一。号鹿苑院《ト》。後小松帝詔《ソ》贈太上天皇《ト》。義持辞《ヲ》之而不敢受《テ》。

九二　菟道譲位

菟《ウ》道《ヂノ》稚《ワカイ》郎《ラツ》子《コハ》者、応神天皇太子也。天皇十五年、百済阿《ア》直《ト》岐《ギ》来《リ》、能読儒経典《ヲ》。太子師《トス》焉。十有六年春二月、百済王仁来。太子又師之習《ヒ》諸《ノ》典籍《ヲ》於王仁、莫《シ》不《ト云フ》通達《セ》。四十年、春、立《テヽ》菟道太子《ヲ》、為嗣《ト》。以大鷦鷯《ヲ》仁徳帝也為太子輔佐《ト》、而令知国之事《ヲ》。四十一年春二月、応神崩《ス》時、太子譲位《ヲ》于鷦鷯《ニ》。未《タ》即《カ》帝位、仍言《テ》鷦鷯《ニ》曰、今我《ハ》者弟《ニソ》而且《ツ》文献不足。

何敢継嗣位、登天業乎。大王者、岐嶷仁孝遠聞、以歯且長、足為天下之君。其先帝立我為太子。豈有能才乎。唯愛之故也。亦宗廟社稷者重事也。僕之不佞、不足以称。夫昆上而季下、聖君而愚臣、古今之常典焉。願王勿疑、須即帝位。我則為臣之助之耳。鷦鷯対言、先皇曰、皇位者一日之不可空。故預選明徳、立王為弐。祚之以嗣、授之以民。崇其寵章、令聞於国。我雖不賢、豈棄先皇之命、輙従弟王之願乎。固辞不承。各相譲之。太子興宮室於菟道而居之。久不即皇位。故皇位空之。既経三載。時有海人、齎鮮魚之苞苴、献于菟道宮。太子令海人曰、我非天皇。乃返之、令進難波宮。鷦鷯亦返之、令献菟道。於是海人之苞苴鯘於往還。更返之、取他鮮魚而献焉。譲如前日。鮮魚亦鯘。太子曰、我知不可奪兄王之志。豈久生之煩天下乎。乃自死焉。鷦鷯聞太子薨、以驚之従難波馳到菟道宮。摽擗叫哭、不知所如。乃解髪跨屍、以三呼曰、我弟皇子。於是鷦鷯素服、発哀慟哭之甚。仍葬於菟道山上也。

九三　基氏解疑　　九四　百川不睡

源基氏者、尊氏之子也。尊氏以其嫡男義詮為人不器。恐国家為人見奪。是以与関東於基氏、令輔佐義詮。義詮疑之。基氏祈早死於神而解《トク》其疑。称徳帝昇遐後、藤原百川与藤原良継合謀、以施基王子白壁《カベ》王為太子。年六十二而遂即天子位。謂之光仁天皇。天皇三年、立井上皇后所産他戸皇子為東宮。藤百川以高野夫人（高野乙継女也）所生第一皇子山部欲為東宮。其後井上皇后与天皇不睦。故窃呪咀天皇事発矣。於是百川奏出置皇后及他戸於外、而後天皇召群臣、議建春宮。百川奏曰、山部皇子可為春宮。天皇欲立皇女酒人内親王。藤原浜成曰、山部若其母賤。宜以第二皇子稗田為春宮。百川曰、太子何択母之貴賤乎。天皇猶未決。百川切諫立殿前四十餘日。其間不少睡曰、臣不聞東宮之定、不肯退。是以天皇不得止。遂立山部（即桓武也）為皇太子。遂令即帝位焉。歴年井上皇女及他戸皇子皆卒。井上卒後、其霊魂有怨恨。為崇（祟）於世。後世祭祀此霊於五霊祠云。

九五　山名六分

九六　忠平三吏

山名陸奥州氏清者、時氏之子也。時氏初属尊氏与楠正行等戦、屢有殊功。文和（後光厳院年号）二年、時氏与其子師氏叛而降南朝、与官軍合兵入洛、与義詮之軍士戦大有利。貞治年中、時氏父子皆帰于義詮。義詮授因幡伯耆丹波丹後美作、以為之守。永和〈後円融帝年号〉四年、南方官軍橋本氏等、蜂起于南紀、与細川氏春相戦。山名義理氏清・脩赴紀州而聞敵既滅、帰京師。永徳二年、氏清攻河内、大破南軍、屠赤坂城。和田正武・楠正勝敗績。氏清撃取泉州、為己有。紀州亦漸属山名。山名氏所領者、山城和泉紀伊丹波丹後但馬若狭因幡伯耆美作出雲隠岐也。其親族処処都為十有二国之守管。領日本六分之一。故世謂山名家、号六分一殿云。

藤貞信公忠平者、昭宣公基経子。朱雀帝天慶四年、忠平辞摂政、為関白、進為大政大臣。村上帝天暦元年、忠平子実頼、拝左大臣兼左大将、其弟師輔任右大臣、兼右大将。於是父子三人同時為三吏。忠平号小一條公、実頼号小野宮公、師輔号九條公。

九七　糠戸造鏡

日、神慍素盞尊之為行甚無状《アチキナキコト》、而乃入于天石窟、閉其磐戸而幽《コモリ》居《マス》焉。于時諸神憂之。乃使鏡作部《カヾミツクリ》遠祖天糠戸造鏡。天児屋根命以神祝《カンホサキ》祝之。於是日神開磐戸而出焉。是時以鏡入其石窟、触戸小瑕《キズツケリ》。其瑕於今猶存。此即伊勢崇秘《イツキマツル》之大神也。

九八　斉名弾筝

具平親王問当時文人優劣于慶保胤《ヨシノヤスタネ》。対曰、紀斉名如瑞雪之朝瑤台之上弾箏。有名者、孝元帝皇子彦太《フト》忍信命之裔也。有詩名。一條帝詔加倭訓于元稹集。有名曰、凡庸之才不可妄加倭訓。固辞不肯受。

九九　菅江合符　　百　白野同情

江朝綱菅文時、同時才名相敵。其所作之詩、往往相類。朝綱語人曰、後来以予及文時為一双乎。天暦中、帝召朝綱文時、論白楽天詩。糸言曰、汝等帰家繙彼集、択其尤者一首、以奏進之。翌日朝参、各捧一紙于御牀下。帝閲之則共是送蕭処士遊黔南之詩也。帝歎曰、二人胸中、如合符節。嘗二人同会某皇孫第、見花賦詩。朝綱句曰、此花非是人間種、瓊樹枝頭第二花。文時句曰、此花非是人間種、再養平台一片霞。上七字不違一字。下句共言梁園之事。其取事用字、彼是無優劣。文時侍読于村上帝。任大学博士、位至三品。菅三之孫、而高視之子、雅規之弟也。円融帝貞(天)元四年九月卒。歳八十三。

小野篁者、孝昭天皇皇子天足彦押人命之後也。父曰岑《タカ》守《モリ》、位官至従四位下参議刑部卿。兄曰葛《クズ》絃、任築(筑)前守。篁天資穎異、嗜学称揚乎当時。位至諫議、任陸奥牧。嘗建学校於野州足利郷。嵯峨天皇巧詞藻、常与野篁成文字戯。一日幸河陽館、題一聯曰、閉閣唯聞朝暮鼓、登楼遥望往来船。以示篁。篁曰、聖作恰好。但改遥為空可乎。天皇歎然曰、此句汝知之乎。対曰、不知。天皇曰、是白居易之吟也。本作空、今以遥字換之耳。抑汝与白居易、異域同情乎。可歎可歎。篁莞爾而退。時白氏文集一部、初伝于本朝、蔵在御府。世人未見之。按、野諫議篁墳墓、在雲林院白毫院側。祭其神霊於葛埜郡小野荘杉坂邑云。卒時年七十一。

百一　実方尋松　　百二　瀧守護桜

陸奥州有勝地。曰阿古野。有松。土人名阿古野松。和銅年中、始割奥之十二郡、置出羽州。或曰、大宝元年、始隷羽州。藤定時之息男羽林実方、背朝憲。故出為奥州刺史。至州欲見阿古野松樹、尋覓国中而終不得。已而遇一老翁。問松之所在。翁曰、州中無之。実方曰、汝亦未知耶。翁曰、公陸奥乃阿古野乃松仁木隠礼底伊通倍幾月乃伊底毛耶羅奴加之倭歌問之乎。曰、然。曰、此歌者、昔日奥羽為一国時之咏吟也。今属羽州上郡。此地有之乎。於是実方之羽州見之云。一条帝長徳四年十一月十三日卒於国。

南殿桜、在紫宸殿巽角。是大内草創時之樹也。貞観（清和帝年号）中、此樹枯朽。而亦自根纔萌芽。坂上瀧守奉勅護之。枝葉花蕊、於是繁茂也。村上帝天徳中、有池魚之災、為煨燼。康保元年正(十二)月、栽之又枯。十(正)一月又栽之云。

百三 茂光鳴篥　　百四 時光弄笙

市允茂光者、不知何許人。亦不詳其祖先。能吹觱篥、馳誉於時。金田時光者、以能弄笙、亦揚名於世。二人友善。雅楽唱歌、恒澄心外世、不挟寸念於公私際。朝廷聞其芸、詔令徴之。二人囲棋、中使宣勅。二人倶不答。容貌自若、囲棋如初。妻孥宗族、畏詔促之、而竟不出。朝使無如之何、空帰于朝、具奏其状。人皆意以違勅命、応被罪。君王詔曰、不顧朕之大命、而寓志於棋局音楽中、終日歓娯、不慕世栄。可謂希世之人也。嗚呼践王位者、不適其意乎。若使朕与此輩遊、亦須如此也。甚嘉之。嗟嘆者久之。蓋是高倉帝時也。茂光嘗旅行過海浜、適値海賊。茂光無由趨避。庶幾幸免。乃謂賊曰、我平素嗜音律。願待吹一曲而後殺我。賊領之。乃出篳篥、吹小調子。賊聞甚感歎、竟許之去矣。名其篳篥号海賊丸云。

百五 保食吐飯　　百六 火進責鉤

月読尊忿、保食《ウケモチ》神吐飯饗《ミアヘスル》之、既殺保食神。是後天照大神復遣天熊人《クマヒト》往看之。是時保食神已死矣。唯有其神之頂化為牛馬。顱《ヒタイ》上生粟《アハ》、眉上生蠶《カイコ》、眼中生稗《ヒエ》、腹中生稲、陰《ホト》生麦及大豆小豆《アツキ》。天熊《クマ》人悉取持去而奉進之。于時天照大神喜曰、是物者、乃蒼生《アヲヒトクサ》可食而活也。以粟稗麦豆為陸田《ハタツ》種子。以稲為水田《タナツ》種子。

火進《ホノススミノ》尊者、皇《スメ》孫《ミマノ》之胤。母曰木《コノ》花開《サク》耶《ヤ》姫《ヒメ》。火進尊与弟彦《ヒコ》火《ホ》火出《デ》見《ミ》尊、互易弓箭釣鉤。然而各不得其利。兄悔之、還弟弓箭、乞己釣鉤。弟既失兄鉤、無由覓。別作新鉤与兄。兄不肯受、而責其故《モトノ》鉤。弟患之。即以其横刀鍛《キタヒツクリ》作新鉤、盛一箕而与之。兄忿之曰、非我故鉤、雖多不取。益復責之。

百七　磐長唾泣

磐《イハ》長《ナガ》姫《ヒメ》者、大山祇《ズミ》神之女《ムスメ》。皇《スメ》孫《ミマ》瓊杵尊降到於日向槵《クシ》日《ヒ》高千穂之峯《タケ》、因立宮《ミヤ》殿、是《ココ》焉遊《ヤスミマス》息。後遊《イキマシテ》幸海浜《ミベタ》、見一美人《ヲトメ》。皇孫問曰、汝是誰《タガ》之子《ムスメ》耶。対曰、妾《ヤツコ》是大山祇《ズミ》神之女《ムスメ》、名木花開《サク》耶《ヤ》姫《ヒメ》。吾姉《イロネ》磐《イハ》長姫。時皇孫謂、姉《イロネ》醜《ミニクシトテ》不御《メサ》而罷。妹《イロト》有国色、引而幸之。磐長姫恥恨而唾泣曰、顕《ウツシ》見蒼生《アヲヒトクサ》者、如木華之俄《シハラク》遷《ウツロイ》転当衰去矣。

百八　鈿女俳優

諸神患曰、神入天石窟。於是猿《サル》女《メ》君遠祖天《ア》鈿《ウス》女《メ》命《ミコト》、則手持茅纏《マキ》之稍《ホコヲ》立於石窟之戸前巧作俳優。

百九　粟田麟徳

粟《アハ》田真人者、文武帝時人。好学能属文。大宝三年遣真人入唐。時武后長安年也。武后宴之麟徳殿。授司膳卿、冠進徳冠頂有華蘤四被紫袍束帯進止有容。唐人曰、我聞海東有君子国。人民豊楽、礼義敦行。今見真人、果然。豈不信哉。明年秋七月帰朝。

百十　兼明蒐裘

源兼明者、醍醐天皇之皇子。聡敏潜志儒術、老于翰墨。村上天皇時、拝右丞相。円融帝天禄二年、転左僕射。以才徳特蒙殊寵。藤原兼通甚猜忌之。貞元二年、謀罷兼明官職、以綸命為諸王。補中書令而奪其権。兼明欝欝而不楽。遂逃隠西峨亀山。作蒐裘賦以寄其志。後歴年而薨。世人称前中書王。亦謂之小倉宮皇子。

百十一　持資起字

大田左金吾持資者、扇谷上杉修理大夫定正之家臣、大田道真之子也。住武州江戸。自関以東与之差肩者鮮矣。平素嗜倭歌、咸愛相兼風流籍甚。其地風景甲于州中。故自起三字名静勝軒、東名泊船亭、西名含雪斎。持資薙髪改名道灌。休息于茲。蓋遊斯

百十二　時頼巡州

地則一日早午晩之異、一年春夏秋之変、千態万状、拍几可翫。文明八年、乞求彦村菴沢黙雲三横川統蕭菴茝雪樵諸禅衲而作詩云。文明十八年、山内上杉顕定、殺定正及道灌也。

副元帥平時頼者、北条時氏子。値将軍頼嗣之間、主兵権、政声為世所称。康元元年中、齢登立年、剃髪改名道崇。潜出相陽、微服巡行於諸州、至郡県、検察国守県令之治否。蓋是憐黎庶窮困之故也。弘長三年、在最明寺卒。歳三十七。其位階為朝議大夫。有継嗣、名時宗。以襲蔭、亦居副帥之任也。

百三　喜山銀閣　百四　道長金堂

源義政始名義成。尊氏四世孫、而普広相公義教之子、義勝之弟也。後花園帝嘉吉三年、義勝十歳而卒。義成嗣時八歳。享徳二年、改名曰義政。畠山細川等為執事臣。文明後土御門帝十一年義政譲政事於義尚、営建東求堂于東山閑居焉。蓄古器索名画喫茶茗以為晩年之楽。故称東山殿。亦准北山金閣作銀閣。十七年六月、祝髪号喜山。至延徳二年正月七日而薨。年五十六。贈大相国。称慈照院。

藤道長、法興院大相国兼家子也。一条帝長徳元年、任右僕射而擅朝権。後一條寛仁四年、新営構仏宇、号法成寺。於其中起金堂、其金彩雕琢、揚輝凝艶、不可得言也。是故世人呼道長曰御堂関白。治安四年十二月朔薨。歳六十二。

百十五　十市魚書

十市皇女者、天武帝娘《ムスメ》。母曰鏡王額《ヌカ》田《タ》姫《ヒメ》。十市嫁為大友皇子妻。天武者天智弟、大友者天智子。初天智以天武為東宮、以大友為相国、令執天下之枢機。天智疾《ヤメリ》。詔東宮曰、朕疾革《スミヤカナリ》。汝践位治国家。天武疑之、辞譲而為僧、赴吉野。会天智崩、大友欲謀殺天武。十市悲之、窃作書入魚腹中、送之吉野。天武見之大懼。

百十六　栲幡虹光

雄略帝以栲姫立為皇后。生稚足皇女。一名栲《タク》幡《ハタ》姫《ヒメ》。初皇女侍伊勢大神祠。阿《ア》閇《トチ》臣国《クニ》見《ミ》譖栲幡皇女与湯《ユエ》人廬《イヲ》城《キ》部連武彦、父枳莒喩聞此流言、恐禍及身、誘《コシラヘ》引武彦於廬城河、偽使鸕鷀没水捕魚。因其不意而打殺之。天皇聞遣使者案問皇女。皇女対言、妾不識也。俄而皇女齎《モタラシ》持神鏡、詣於五十鈴河上。伺人不行、埋鏡経死。天皇疑皇女不在、使人闇夜東求西覓。乃於河上虹見如蛇、四五丈者。堀(掘)虹光起処而獲神鏡。又得皇女屍割而観之、腹中有物如水、水中有石云。

百七　鳥部動竹

捕《トッ》鳥《トリ》部《ヘ》万者、物部守屋大連之資人《ツカヒヒトナリ》也。崇峻天皇時、泊瀬部皇子
竹田皇子厩戸皇子難波皇子春日皇子及蘇我馬子等、率軍旅
滅守屋。蓋是蘇我馬子勧諸皇子、為之謀也。万将一百人士卒、守
難波宅。而聞大連滅、騎馬夜逃向茅渟県《アガタ》有真香邑。仍過婦宅而
遯匿山。朝廷議曰、万懐逆心、隠山中。早須滅其族。万衣裳弊《ヤブレ》垢《アカツキ》形
色憔悴、持弓帯剣独自出来。有司遣数百衛士囲万。万即驚匿篁
叢《ソウ》。以縄繋竹引動、令他惑己所入。衛士被詐指揺竹馳言万在此。
万即発箭、一無不中。衛士等恐不敢近。万便弛弓挟腋、向山走去。
衛士等即夾河追射。皆不能中。於是有一衛士疾馳先万而伏河
側、擬射中膝。万即抜箭。張弓発箭。伏地而号《サケンテ》曰、万為天皇楯、将効
其勇而不推問、翻致逼迫於此窮矣。可共語者来。願聞殺虜之際。
衛士等競馳射万。万便払捍飛矢、殺三十余人。仍以持剣三截其
弓。還屈其剣、投河水裏、別以刀子刺頸死焉。河内国司以万死状
牒上朝廷。朝廷下符斬之、八段散梟八国。河内国司臨斬梟時、雷
鳴大雨。有万養白犬。俯仰廻吠於其屍側、遂噛挙頭、収置古塚。横
臥枕側、飢死於前。河内国司尤異其犬、牒上朝廷。朝廷哀不忍聴、

百八　公忠達香

下待称曰、此犬世所希聞。可観於後。須使万族作墓而葬。由是万族双起墓於有真香邑、葬万与犬焉。

従四品上公忠朝臣、号滋《シゲ》野井《イト》。光孝帝之孫而大府卿国化（紀）之子也。能製薫香。延喜天慶之際、与太和常生、共奉合香之妙術、有声於世。天暦三年十月念八日卒世。

百十九　浜主長寿

仁明帝時有尾張連浜主者。齢及一百十有三歳。帝聞之、詔召之於宸殿。浜主在君前、致長寿楽之舞。俯仰起居、如少壮。帝感之、賜御衣。

百廿　以言陵王

大江以《モチ》言《コトハ》者、円融花山一条帝時人也。任文章博士、兼弁官。慶保胤題曰、以《モチ》言《コトヲ》曰、以言如白沙庭前翠松陰下奏陵王。江氏匡房論紀斉名以言文才曰、二人文体各々異、斉名文文句句、採摭反之（脱文あり）所作之詩、任意恣詞、却無縹策。其体固新々。其興弥々多、至其不得之日、亦非後進之所及也。

百廿一　思兼聚鳥

思兼《ヒガ子》神者、高皇霊産之子也。曰、神入于天石窟時、思兼深謀遠慮、

百廿二　酒君臂鷹

遊聚常世《トコヨ》之長鳴鳥、使曰長鳴。亦以手力雄神立磐戸側而天児屋命及太玉命、握天香山之五百箇真坂樹而上枝懸八坂瓊之五百箇御統《ミスマル》、中枝懸八咫《ヤタ》鏡、下枝懸青和幣《アヲニギテ》白和幣、相与致其祈禱焉。

仁徳帝時秋九月、依網屯倉阿弥古《ヨサムノミヤケノアミコ》捕異鳥献于帝曰、臣毎張網捕鳥、未曾得是鳥之類。故奇而献之。帝召酒君示鳥曰、是何鳥也。酒君対曰、此鳥類多在百済。得馴而能従人。亦捷飛之掠諸鳥。百済俗号此鳥曰倶知。是今鷹也。乃授酒君令養馴。未幾時而得馴。酒君則以韋緡著其足、以小鈴著其尾、居腕上献于帝。帝幸百舌鳥《モズ》野而遊猟。時雌雉多起。乃放鷹令捕。忽獲数十雉。是月甫定鷹甘部《タカカヒベ》。故時人号其養鷹之処曰鷹甘邑也。蓋酒君者百済国王之孫来留于日本也。

百三十三　晴明浴瀑

天文博士安倍晴明者、方術之士也。父曰大膳大夫益材。晴明至那智而修千日之行。毎日一時立瀑布下浴水。時花山帝病頭風、有雨気頓発。用医薬更無験。晴明上言曰、帝前生修法之人也。於大峯某地示寂。以前生之積善今得為天子。然而其髑髏《トクロ》堕在于

百三十四　額田献氷

岩穴之間。故値陰雨則痛。与以薬治之、不如出其枯髑而安平康之地。帝輒使人見之。果得一髑髏。詔使瘞之於平夷地。於是頭疼頓愈。初晴明為大舎人時、戴笠過勢多橋。茲光遇之、謂曰、何不達一事。晴明乃訪陰陽師賀茂具《トモ》曠《ヒロ》。具曠不肯之。又謁其父保《ヤス》憲《ノリ》。保憲視之、奇其容貌、以天文之道授之云。

仁徳帝時、額田大中彦皇子（応神帝之子）猟于闘鶏《ツゲ》山、室中得氷室《ムロ》。皇子問山人曰、其蔵如何、亦奚用矣。曰、堀（掘）土丈餘、以草蓋其上、敷茅荻、以置其上。経夏月而不泮《トケ》。其用之即当熱月、漬洒以用也。皇子将来献其氷於御所。帝歓之。自是後毎当季冬必蔵氷、及于三伏節、矣。此乃後世氷室之濫《ラン》觴《シャウ》也。

百廿　薬子惑帝

尚侍薬子者、藤原右武衛仲成妹也。有寵乎平城上皇。上皇嘗譲位同母皇太弟神野《カミノ》。神野受禅即位、謂之嵯峨帝。既而平城惑薬子之言而謀復帝位。托事於遷都、欲為変也。事発覚、遂解仲成薬子官爵、賜死云。

百廿一　光明浴僧

光明子者、藤淡海公第二女《ムスメ》。聖武為諸《チョ》弐《シ》時、納為妃。体貌姝麗、似有光耀。故名焉。天平元年、冊為皇后。聖武因后之勧発而造東大寺。又置悲田施薬二院、恤宇内飢《カ》恙《ヤウ》。又建温室、令貴賤取浴、誓曰、我親去千人垢。君臣憚之。后志不可沮也。既而竟九十九人、最後有一僧。偏体疥癩臭気充室。后忍而吸瘡吐膿、自頂至踵皆遍。語病人曰、我吮汝瘡、慎勿告人。于時病人放光、謂曰、后去阿《ア》閦《シク》仏垢。后驚而視之、妙相端厳《ゲン》、忽然不見。就其地構梵《ボン》刹《セツ》、号阿閦寺。宝字四年六月、年六十崩。後世論之曰、皇后嘗置施薬悲田二院、実雖小恵、而以婦女之志情則其憐人也。又不可容訾口於其間。設温室親衆人垢、共沐共浴、則其淫醜之孔、不可得美之。帝何不堅制馭《ギヨセ》焉。池守等老臣、何不切諌諍焉。見阿閦仏云者、恐是皇后托言於瑞異、杜誇於衆口。建国分東大両寺、費租税傷民力。嗚（鳴）呼皇后既無内治之資、亦失閨閫之礼、且使帝貽垢辱於千載、何哉也。可謂君子之論矣。

百七　在衡戴笠　　　百八　将門現燈

粟田在衡、若藤原氏。醍醐帝時、五月之際、自五位少弁、升正三品、中納言。朱雀帝天慶二年、帝読遷史、以在衡為其侍読。及村上帝時、以学益起家。納其女以為妃。冷泉帝安和二年、進右僕射。円融帝天禄元年、累至左僕射。以才登庸如此。村上帝有殊恩。毎有問必詳述其言。毎入省中則必載書一帙於車街衢之間閲之。帝詔問之事則皆即日所閲之事也。帝深嘆才学有由。在衛夙夜恪勤官事非人所及也。一日烈風暴雨。左武衛言上曰、縦雖為在衛而不得台参。語未終、在衛戴笠而入。人皆感嘆焉。天禄元年十月薨。歳七十九。

平将門者、桓武帝五葉之孫也。帝第五子曰葛原皇子。生高棟王及高見王。高見生高望王。賜平姓。高望生国香与良将良門。良門生将門。号相馬小次郎。居総州故為号将門与藤純友相約曰、我為天子則以汝宰臣。遂叛入于常陸州、殺其伯父国香、以領其州。率兵徇上下総及武相州。僭自称親王、置左右僕《ホク》射《ヤ》天文史等官、恣行賞罰。承平三年二月朔、藤秀郷平貞盛奉詔討之。将門敗而退、秀郷貞盛追之。及下総将門拠嶋《シマ》広山。貞盛放火焼之。将門自出戦于辛嶋。貞盛射将門。将門倒馬。秀郷従側斬其頭。又殺其従者二百頭。及将門叛、沙門浄蔵承旨呪《シュ》咀将門於台嶺之楞厳院。于時将門挟弓矢忽現燈盞《サン》之上。僧徒視奇之。浄蔵曰既知将門亡滅云。

百廿九　蘇民綜茅

百三十　彦瀲褁（裹）草

進雄《ソサノタノ》尊《ミコト》為見時号武荅天神行南海日暮而索宿《ヤトリヲ》於民家。村有二人、兄曰蘇民、弟曰巨旦。兄貧而弟富。尊到巨旦之許而求宿不許。到蘇民許之。炊粟飯而饗之。尊大喜、欲報之。後有八年来曰、昔汝奉我甚厚矣。我欲報其徳。汝須縮茅為輪。且別以一小簡書蘇民将来之子孫。添以茅輪懸之門戸。或係之衣袂則必免時殃于時郡国民人、多罹疫疾死。唯蘇民家得免之。

彦波瀲武鸕鷀草葺不合尊者、火火出見尊之子也。初火火出見尊遊海娶海神女豊玉姫還矣。後豊玉姫将女弟玉依姫、直冒風波来到。逮臨誕時請曰、妾産時幸勿看之。尊窃覘之、豊玉姫化龍。甚慙之、乃以中褁(裹)見棄之海辺径去矣。故因以名児曰、鸕鷀草葺不合尊。

百廿一　天国造剣　百廿二　太(天)田守宅

天国者和州宇多郡人也。以鍛工其名顕於時。文武帝大宝中勅召天国模造宝剣、納之尾陽熱田祠中。平城帝大同中、豊前州宇佐沙門神息、有心匠。分利剣以為刀。自此以来諸州還鍛匠矣。

大田命者、猨田彦之裔也。垂仁帝時、倭姫命代豊鋤入姫命、奉天照神霊、誨巡諸州尋営宮之地。遂立祠廟於伊勢州渡会郡五十鈴川上、令鎮坐也。此地天孫降臨之時、猨田彦神所到之処也。故大田命遇倭姫命、指示之曰、吾八百(万)歳之間、守此霊室。於是大倭姫命往見之則有天《アマ》逆《サカ》戈《ホコ》五十金鈴天宮図形。倭姫大悦遂定此地建宮、勅以中臣祖大鹿嶋命為祭主、大幡神為大神主。自此崇尊為皇太神而為第一之宗廟。

百廿三　巴女従軍

巴女者信州産也。木曽義仲納之為妾。顔色清絶、容恣(姿)窈艶。加之《シカノミナラス》気勇而能習弓戟。故被愛于義仲。毎義仲之趣戦陣、巴必従之。義仲令之乗良執鋭将兵。其燿《カヽヤカス》戦功、恰佀(似)文夫矣。義仲屡戦、其士卒死者多、纔為五騎而巴尚相従。于時有武州人御田八郎師重。膂《リヨ》力卓《タク》越《エツ》、自以突《トツ》騎《キ》三十前《スヽム》之。巴女衝其軍、直執《トラヘテ》師重而刎之。其剛如茲。

百廿四　仲子止禱

藤大后仲子者、藤亜相兼綱女《ムスメニシテ》而後円融帝之母后也。初号梅町殿後称崇賢皇后。有病臥林、医薬無効、其命幾危。公卿僉奏曰、奉幣諸神、且請祈祭大山府君。大后聴之曰、以一人之命、不顧国之耗費。悪在其為民父母也。向使労煩人民、擾乱政事、則雖有鬼神之助而延我命期、豈我所欲。且我平素勤善。必不為餘殃。何請禱之有哉。今我有終者天也。即止之。九十三歳崩。

百卅五 有馬結松　百卅六 宗信蔽藻

有馬皇子者、孝徳之子。斉明之姪也。斉明帝幸《ミユキス》於紀之温湯。留守官蘇我赤《アカ》兄語有馬大王曰、天皇政事有三失。大起倉廩、聚民財一也。遠穿渠、費公糧二也。運《ハコンテ》石為丘三也。皇子知赤兄之善己而欣然答曰、我可用兵時也。赤兄偽諾。其夜囲皇子於市経家、遣駅使奏之。帝捕以遣皇子于行在所。帝下詔絞殺皇子於紀藤白坂。皇子赴紀州時、結岩代之松枝、詠一首歌、以祈其赦帰也。

六条大夫宗信者、以仁皇子乳媼之子也。源光禄頼政与以仁皇子、合計欲討平族。発覚、孫《ノガラフ》于宇治。平大師清盛即使左武衛知盛等襲之。頼政敗績自殺。以仁将之寧楽、道而中流矢死。従士悉戦死。宗信畏不可逃《ノガル》、而入新野池、自以水藻蔽蔭其身、深匿《カクル》。待敵軍之過而出。笮《シボツテ》其衣袖入京、人皆冷笑之云。

本朝蒙求巻之上

本朝蒙求　二

本朝蒙求標題巻之中

一 応神肉高
五 兼直誦赦
九 花山動星
十三 清紫才女
十七 道鏡赤眼
廿一 忠光魚鱗
廿五 範藤自合
廿九 康頼流歌
卅三 美材墨妙
卅七 式部紀局
四一 振根木刀
四五 政顕二恥
四九 児屋石卜
五三 醍醐藻署
五七 重家光将
六一 貞敏音楽
六五 内丸紫服

二 猿田鼻長
六 為憲入嚢
十 孝徳名年
十四 山柿歌仙
十八 清寧白髪
廿二 山背馬骨
廿六 裴菅奇遇
三十 滋藤吟句
卅四 巨勢画工
卅八 倭姫斎宮
四二 石雄革鎧
四六 肖柏三愛
五十 文武釈奠
五四 嵯峨花宴
五八 時尚金侍
六二 高子宝器
六六 鎌子錦冠

三 常則団雪
七 盛遠斬婦
十一 清彦袍刀
十五 博雅三曲
十九 持統賜稲
廿三 竹沢穴舟
廿七 誉津問鵠
卅一 明子択侍
卅五 河勝舞曲
卅九 佐国化蝶
四三 源順博識
四七 祐成報讎
五一 常盤中臣
五五 讃岐生日
五九 大友初詩
六三 親元陰徳
六七 貞観蔬膳

四 道風書廂
八 範清蹴娘
十二 蛭児葦船
十六 青砥十銭
二十 元正把笏
廿四 顕基慕月
廿八 延喜爵鷺
卅二 貞子無妬
卅六 小松燈籠
四十 秀郷射蚣
四四 惟康倒載
四八 為頼死内
五二 白河北面
五六 有智斎院
六十 直幹得意
六四 清行封事
六八 開別木丸

六九 源融乗輦
七十 藤房棄官
七一 顕宗曲水
七二 桓武平安

七三 力雄引手
七四 正行療疵
七五 兼平含刃
七六 義経拝旗

七七 豊玉化龍
七八 浦嶋得亀
七九 経信多芸
八十 文時老詩

八一 照宣拝孔
八二 菅相愛温
八三 公経聚石
八四 秋津吟門

八五 豊鍬直心
八六 小督正言
八七 意美賜大
八八 仲太感恩

八九 安仲留唐
九十 和清竄隅
九一 敦光文篋
九二 男依赤符

九三 通憲埋土
九四 高国隠壺
九五 島村化蟹
九六 清盛得鱸

九七 己貴訪児
九八 瓊杵代親
九九 輪子達経
百 佐用振巾

百一 頼之輔佐
百二 良相慈仁
百三 仁山祈聖
百四 兼倶乱神

百五 小角騰空
百六 進雄跋雲
百七 保胤般声
百八 有章逸群

百九 弘仁乏肉
百十 天長軟筋
百十一 守屋焼仏
百十二 馬子弑君

百十三 狭智作盾
百十四 塩土投櫛
百十五 履中賞桜
百十六 諸兄献橘

百十七 吉備軍制
百十八 匡房兵術
百十九 忠常人穴
百廿 義仲朝日

百廿一 淡海律令
百廿二 冬嗣格式
百廿三 玉子口眼
百廿四 開耶国色

百廿五 淳茂神妙
百廿六 義秀勇力
百廿七 賀安天文
百廿八 呉漢機織

百廿九 季仲黒帥
百卅 公務自相
百卅一 玉田隠墓
百卅二 土師主葬

百卅三 貞時巡行
百卅四 為基雄壮
百卅五 義村争先
百卅六 基久恨上

本朝蒙求標題巻之中終

本朝蒙求巻之中

雒陽　仲徹菅亨　編輯
元僕辻質　校訂

一　応神肉高　　二　猿田鼻長

応神天皇諱誉田《ホムタ》。仲哀天皇第四子也。母曰気長足姫《イキナカタラシヒメ》尊。神功皇后是也。立為皇后。討新羅《シラギ》之年、冬十二月某日、生天皇於筑紫之蚊田《カタ》。幼而聡達玄監、深遠動容。進止聖表有異焉。天皇産而宍肉高生腕上。其形如鞆《トモ》。故称其名謂誉田天皇。上古時号鞆曰褒武多。四十一年春二月戊申崩于明宮。年一百一十歳。

瓊瓊杵尊且降之間、先駆者還白。有一神居天八達《ヤチマタ》之衢。其鼻長七咫《ナナアタ》、背長七尺余。当言七尋《ヒロ》。且口尻明耀《アカクテリ》。眼如八咫鏡《ヤタノカガミ》、而赩然《テリカガヤケル》似赤酸醤《アカカガチ》也。即遣従神往問。時有八十万神、皆不得目勝相問。故特勅天鈿女《アマノウズメ》曰、汝是目勝於人者。宜往問之。天鈿女乃露《アラハシ》其胸乳、抑裳帯《モヒモ》於臍《ホソ》下、而笑噱《アザワライテ》向立。時衢神《チマタノカミ》問曰、汝為之何故耶。鈿女対曰、天照神之子所幸道路、有如此居之者誰也。衢神対曰、聞天照大神之子今当降行《イデマスベシト》。故奉迎相待。吾名是猿田彦大神也。遂先啓行路云。

三　常則団雪

常則姓飛鳥《アスカ》部。天暦中村上帝以丹青之工擅名于世。官授金吾録事。嘗値大雪。常則取雪団《マロバセ》之以献之。命曰蓬莱山。

四　道風書廂

道風姓小野。諫議大夫峯《タカ》守《モリ》孫、篁府都督葛《クヅ》絃子也。延長七年醍醐帝召道風於鳳闕、摘漢君臣有賢徳之名者、令《シム》書其姓名於廂中。蓋以其精于臨池之業也。村上帝康保三年卒。歳七十一。官位至通議大夫将作大匠。

五　兼直誦祓

卜部兼直者、兼貞之孫而大副侍従兼茂之子也。高倉帝時、含勅命、詣《イタル》大神宮。途中遇迅雨。恐不能早《ツトニ》拝神殿。即誦中臣祓神孫降臨章。日午天忽晴矣。官至大副侍従。

六　為憲入嚢

源為憲《ノリ》光孝帝之玄孫也。帝有四子。其一子光《ミツ》(是)恒、生衆《モロ》望《モチ》。衆望生忠《タヽ》幹《モト》。忠幹生為憲。為文章生。広識博聞。毎有文会、携一嚢以赴焉。偶有可喜之句、則入其頭嚢中而吟哦良久。於他人之詩亦然。至正五位下但州刺史。又任遠州刺史。

七　盛遠斬婦

遠藤盛遠者、新(親)衛校尉持遠子也。持遠嘗為瀧口之士。盛遠以父業継而備宮掖衛曹。姨母有娘《ムスメ》、名阿登麻。手貌姝麗。嫁左金吾校尉源渡。盛遠視而悦之、寸腸千結、不能自制。窃戯其婦。婦拒而弗従。盛遠怒而迫《セマル》之。婦曰、君今不以醜陋見鄙、特垂厚情。感佩実深。妾焉敢固拒。但妾既許身於人。恐不能終始。其如後患何。若不得止則願殺我夫。而後受命、永締双翼之契、以終素望。不亦可乎。因嘱之曰、夜来室中偃臥者是也。慎勿誤焉。盛遠大悦、約計至於夜、闌懐刃入室、直趣臥内、乃斬其首、裹袖而去。及帰而見之、則婦首也。盛遠驚駭惋歎、不堪悵恨。遂抛冠纓為僧。高雄文覚者是也。

八　範清蹴娘（範一作憲）

佐藤武衛範清、其父曰金吾校尉康清。藤秀郷七世胤也。其先寓居於佐渡国。故以佐藤為氏焉。世以武勇聞焉。烏羽上皇徴為其院北面士而備宮掖衛兵曹。崇徳帝保延三年八月、俄棄其妻孥遁俗。（一説于時有一女子容貌妍絶。範清見而悦之。然不得遂其款曲。於是竟為僧云）範清（或作憲清）有娘。最幼。見父棄家別去、歔欷涕泣、攀抜衣裳留之。範清忍而蹴之、墜諸牀下、掃衣而去。薙髪為浮図、自名円位。後改西行。大抵州県勝区、無不経過。預《アラカジメ》願以二月十五日為死期。至即日、果然而卒。

九　花山動星

花山帝者、冷泉帝之長子也。母曰藤原懐《カヌ》子。永観二年十月践祚。于時年十七。寛和二年、帝一旦有出塵之志。六月二十二日夜排貞観殿之王闥、潜出宮門。其扈従者沙門厳久侍中藤道兼、唯二人耳。路過安史晴明宅。明適避暑散歩庭中。忽仰面大驚曰、天文呈変、天子避位之象也。便入省中奏事。帝不在焉。妃嬪媵嬙亦不得知也。百官駭騒、尋之不得矣。帝即剃髪、如花山為僧。改名入覚。時年十九。人皆惜其叡算尚壮而棄宝位。初帝亡《ウシナフ》弘徽殿妃。自此厭世相。故脱蹤宝位、偏修仏教。王畿靈区多遊歴。寛弘五年二月八日崩。寿四十一。

十　孝徳名年

孝徳帝者、皇極帝之同母弟也。為人柔仁好儒、且愛仏氏、不択貴賤。頻降恩勅、恵賜之多。受皇極帝禅登祚。初名年曰大化元年。及六年、穴戸国司草《クサ》壁《カヘ》連《ムラジ》醜経献白雉。於是改元曰白雉。白雉五年冬十月壬子崩于正寝。蓋本朝年号之始也。

十一　清彦袍刀

十二　蛭児葦船

垂仁天皇詔群卿曰、朕聞新羅王子天日槍《ホコ》初来之時将《モテ》来宝物今在但馬。元為国人見貴、則為神宝也。朕欲見其宝。即日遣使者、詔天日槍之曾孫清《キヨ》彦《ヒコ》而令献《タテマツテ》焉。於是清彦被勅、乃自捧神宝而献之。唯有小刀一、名曰出石《イツシ》。清彦忽以為不献刀子、仍匿袍《コロモ》中而自佩之。天皇未知匿刀之情、欲寵清彦、召之賜酒《ミキ》於御所。時刀子従袍中出而顕。天皇見之、親問清彦曰、爾《イマシ》袍中刀子者何刀子也。清彦不得匿之、而呈言所献神宝之類也。乃出而献焉。遂蔵諸神府。然後開宝府而視之、小刀自失矣。令問清彦曰、爾所献刀子忽失矣。若至汝所乎。清彦答曰、昨夕刀子自然至於臣家。天皇便惶之、且更勿覔。是後出石刀子自然至于淡路嶋。其嶋人謂神而為刀子立祠、於今祀之云。

奘諾奘冊二神将巡天柱《ミハシラ》、約束曰、妹《イロトハ》自左巡、吾当右巡。既而分巡相遇。陰神乃先唱曰、妍哉《アナニヱヤ》可愛少男《ヲトコ》歟。陽神後和之曰、妍哉《アナニヱヤ》可愛少女《ヲトメ》歟。遂為夫婦。先生蛭《ヒル》児《コ》。便載葦《アシ》船而流《ハナチヤリキ》之。

十三　清紫才女

十四　山柿歌仙

清少納言者、清原肥後刺史朝請大夫元輔之女也。元輔父曰泰光、泰光父曰深養父。舎人親王之孽孫也。以倭歌世其家。清女天資俊爽、才名称於朝。一條帝時官仕于上東皇后。帝嘗臨御紫閣。時偶朝雪大積。帝顧群卿曰、香爐峯雪如何也。諸卿皆不能答。清女侍傍、立而捲揚御簾。上大感悦之。蓋思白居易香爐峰雪撥簾看之句也。其才之敏速如展。是時清女春秋猶富之時也。

紫式部父堤中納言為時。閑院左府冬嗣之裔也。母名堅子。常陸介為信女也。式部嘗為一條左府源雅信公娘従一位倫子之官女。（雅信者宇多帝孫号鷹司殿敦実皇子之子也）倫子嫁于道長。式部従之。倫子生上東皇后。（万寿帝之母也）后之入後宮也、式部又従而侍之。後嫁左衛門権佐宣孝、生大弐三位。式部才芸過人、著源氏物語若干編。初号藤式部。以其若紫巻詞言特卓絶、故改名。或云、式部姓藤、而藤花色紫、故称美呼紫式部云。

紀淑望嘗作古今集叙云、有先師柿本大夫者、高振神妙之思、独歩古今之間。有山辺赤人者。亦倭歌之仙也。蓋赤人姓山辺、宿祢。聖武帝時人也。人麻呂姓柿本。仕持統文武之朝、位進従三位。和州初瀬辺有人麻呂墓。俗呼曰歌墳也。

十五　博雅三曲

十六　青砥十銭

源博雅者兵部尚書克明大王之子。延喜帝之孫也。朱雀承平四年叙従五位下、後登三品。城南木幡山麓有一盲人。素貧窶能鼓琵琶知三秘調。博雅常就盲人学琵琶芸已精。頻請受其秘曲。盲人不許之。雅白此夜々潜如山麓伏匿于庭叢中欲聴之。其来往将一百夜。時秋季夜閑風月清朗、盲人独秉閑興偶取胡琴弾三曲。雅聴之大喜悉記其秘調。或曰雅値蝉麻呂受焉訛也。

金吾校尉青砥氏藤綱者、仕北條相模守貞時。貞時命藤綱令治其管内相陽地数十所。因茲資財不乏。然而服以綿布飯用焼塩。其倹素守身多此類也。為私則不後用、為公則不嗇財。性慈仁愛人。見飢餓者与之飲食、貧苦者与之銭布。藤綱夜偶有故出行。途中有河、曰滑河。及渉之、其従者所帯之緡随十銭於河中。藤綱庭其縁辺民傭以五十銭、以松火照之令捜求。遂獲所失十銭于水底而帰。其後有人笑曰、其利少而其損大也。藤綱聴之嚬顣曰、嗚呼汝不知世費、又不慮所以恵民。失十銭儻不探得則永沈滑河。我所損者為民之利。所獲十銭亦存世、則此六十銭不失一。豈非宇内之利乎。

十七　道鏡赤眼　十八　清寧白髪

孝謙女帝時、有弓削道鏡者。帝寵之甚矣。常侍帝之左右。廃帝八年九月、孝謙授太政大臣于鏡。既而孝謙帝遷廃帝於淡路国、重践祚。神護二年又授以法皇位。景雲三年居西宮前殿受百僚朝賀宰府主神阿曽詔、矯宇佐大神託曰、道鏡登極、宇内安泰。於是帝乃使和気清麻呂含詔而聴神令。和清詣宇佐神祠、神霊託言曰、夫天下者重器也。君王者黎元之依頼也。我邦自上神世以来《カタ》、皇緒不移継統。何況於暴乱之臣乎。和清帰洛、直奏神言。於是鏡大忿怒、眼赤如血、叱和清、解其官爵、貶隅州。孝謙帝崩而後、鏡歴年在下野国而疾死。

清寧天皇者、雄略帝第三子也。母曰葛城《カツラキ》韓《カラ》媛《ヒメ》。天皇生而白髪。故号曰白髪天皇。長而愛民。雄略帝於諸子中、特異《ナリトシ》之、立為皇太子。雄略帝崩、天皇践位。五年正月己丑、崩于宮。葬于河内坂《サカ》門《ト》原《ハラノ》陵。

十九　持統賜稲　　　二十　元正把笏

持統天皇、開別《ヒラカスワケノ》帝（即天智帝也）之女《ムスメナリ》。深沈好礼、節倹有儀徳。賜京師及畿内老男耆女五千三十有一人稲人二十束。又詔令天下百姓困窮《ナル》者賜稲男三束女二束。賜京師及畿内有位年八十以上人衾《フスマ》一領絁《フトキヌ》二匹綿《ワタ》二屯布四端。亦賜京師男女年八十以上及困乏窮者布《ヌノ》。各有差《シナ》云。

元正帝者元明帝娘《ムスメ》、文武帝妹《イモウトナリ》（姉）也。和銅八年、元明帝脱屣。元正帝受禅。帝賦才穎敏、好徳愛材。養老三年、勅使諸僚把笏。是本朝把笏勞。權與乎此云。

廿一　忠光魚鱗

廿二　山背馬骨

忠光者平氏之従士也。称上総五郎兵衛。後鳥羽帝建久三年、経営永福寺之新堂。頼朝検覧之。忠光以魚鱗蔽左眼、偽如眇《スカメル》者、懐剣在雑役之間。欲狙《ネラツテ》頼朝而刺之。頼朝潜知之怪之、使景時捕而問焉。忠光以実答。即命景時而殺之。

山背《シロ》大兄王者、聖徳太子之子也。聖徳娶敏達帝皇女貝鮹為妻、生大兄王。皇極帝時、蘇我臣入鹿深忌聖徳太子等威名振於天下、独謀僭立。於是遣小徳巨勢徳大（太）臣大仁土師婆婆連囲山背王於班（斑）鳩。奴《ヤツコ》三成与数十舎人出而拒戦。婆婆連中箭而死。軍衆恐退。山背大兄取馬骨投《ナゲ》置内寝、遂率《ヒキイテ》其妃并子弟等得間逃出、隠胆《イ》駒《コマ》山。三輪文屋君舎人田目連及其女菟田諸石伊勢阿部堅経従焉。巨勢徳大（太）臣等焼班（斑）鳩宮。灰中見骨、誤謂王死、解囲退去矣。

廿三　竹沢穴舟

廿四　頭基墓月

新田左兵衛佐義興、左中将義貞之庶子也。父義貞戦死後、義興与弟二人、赴越之後州築城郭拠之。既而武州野州脱士亡卒之党共記盟誓之書密遣之新田氏曰、公等三人之中、若令一人来趣東国以建義旗則推以為主。両州之士皆率従焉。於是義興率其軍士百餘人、遂出越適武州。有好于新田有恨于畠山之輩、咸欲属義興軍事発覚聞于鎌倉畠山道誓大駭不安寝食。諸客中有竹沢某者。道誓夜密招源語曰、足下往年属義興尽其戦功。今雖従我而義興豈忘旧好哉。欺殺之者無如足下。足下若殺之則其貨須従所求。竹沢諾之偽為冒犯制律違府君命削其名籍没収其采地如含恨者而出相州走武州見義興説之曰、我以軽罪逆府命竟所黜逐為孤旅之身。僥倖一旦之命来帰于公。我郷忘宿好之義蒙翻覆之名。其罪不可免。儻《モシ》公宥旧咎置諸麾下則為公不顧躬代公之命必戦死贖前之罪。尽言巧語陳謝新田嫌疑未許焉。漸入賄進美女晨昏謹事示無他志。如此半歳義興遂日親昵而帷幄之中大謀密策靡不預焉。竹沢謂新田曰、公潜赴鎌倉急発兵誘武野義徒以攻畠山滅之在掌握矣。新田従其計已欲往整軍器命諸士卒首途。竹沢窃意及矢口渡殺之而於舟底鑿《ウガチテ》二穴以断木塞其穴逆《アラカジメ》命舟子義興不曾知駕舟欲渡比《コロヲヒ》及河中舟子抜断木水注于舟。舟中之人不知所為。俄而舟即淪覆。

悉溺水而死。

黄門侍郎源顕基者、延喜帝之曽孫、西宮左府高明公孫。亜相俊賢子也。事于後一條帝、号醍醐中納言。見稚好字、長遊大学。雖置身於宮闕、而常棲志於林岳。嘗言曰、配所之月光、無罪而見之、是吾願也。後削髪退隠大原。結草廬安心而終寿。

廿五　范藤自合

藤良相嘗建延命院、収育無家産者。又営構崇親院、保育宗族男女貧窶者、納荘田恵飢寒。故師錬賛之曰、余読范文正公義田記、以為独恣美於千古。惜無対也。今見藤公延命崇親二字、恨知之晩矣。況於范公乎哉。豈仁人之挙、不期而自合与范氏又有匹矣。

廿六　裴菅奇遇

元慶年中渤海使文籍監裴頲入朝以通聘好。菅丞相仮為礼部侍郎接遇鴻臚館、贈酬数篇。事見国史及菅家集。其後延喜中渤海裴璆来聘。菅淳茂相見賦詩。其一聯句曰、裴文籍後聞君久、菅礼部孤看我新。璆吟之垂涙。淳茂者菅三之子也。璆者頲之子。異域二世、両家邂逅、可謂奇遇也。

廿七　誉津問鵠

廿八　延喜爵鷺

垂仁帝后狭穂姫所産之子曰誉津別皇子。長而逮三十歳不能言語。時有鵠鳥飛鳴。皇子見之問曰、此何物也。自此後始言語云。

延喜帝幸神泉苑。有一鷺立池汀。帝詔侍中令捕之。侍中欲執之、蹀歩而往。鷺刷羽将翔。侍中曰、君王之綸言也。勿飛去矣。鷺俛首、如聴之者。留而未去。侍中乃執之。以献帝。帝感嘆曰、奇哉鳥獣之随朕命也。廼自書鷺羽曰鳥王而遂放之。後至備之中州而死。名其地曰鷺森。或曰此時賜爵於鷺為五位。

廿九　康頼流歌

平判官康頼与諸友士密謀滅相国清盛及其餘平族。而会于俊寛所居鹿谷矣。事発覚。平大師大怒竄康頼等於鬼界嶋。時治承元年也。康頼悲恋故郷不已、作倭歌書之片木投于海中。随潮揺曳及経数日遂漂至於芸州水浜。康頼所曽識僧偶拾得之以帰洛、到紫野与之康頼老母云。其歌曰、薩摩加多澳濃見嶋仁我有登親仁波告与八重乃塩風。

三十　滋藤吟句

藤忠文為征東大将軍、向東海道。途過駿之清見関、眺望滄海之渺茫。時清原滋藤為軍監。吟杜荀鶴漁舟火影寒焼浪、駅路鈴声夜過山之句。忠文歎其在軍中而不忘文事。

廿一　明子択侍

藤后明子者、忠仁公良房女、清和帝母后也。嘗有言曰、為人君者宜能択侍臣之賢否也。自古貴而遺永世之毀者、多以使私心諂諛之人在側而不択賢人君子与之処也。若使逆耳之人常侍其傍、則忠言日入而身自脩也。明子謂之染殿后也。

廿二　貞子無妬

貞子、藤内府秀房女也。嫁于九州大内左京大夫義隆。貞順不妬、有賢女之誉。義隆別室貯妾。眷眄殊深。義隆在洛、馳恋不忘。貞子亦知之、推其志意深亦憐之。数以衣服器物厚贈与之。懇到之情無所不至。又贈之倭歌深罄心曲。妾深感其恩、遂事于貞子、夙夜甚謹。貞子亦加恩愈厚。妾眼眶帯涙、言貞子曰、君之遇妾、鄭重如斯。仮令主人帰国、妾得其寵而豈復恩顧如此乎。因欲去飾為尼。貞子泣止之曰、嗚呼吾之恤汝、有所不至乎。胡其不愛吾如此也。願勿復言而能事吾則吾幸也。自此益加殊睠。

廿三　美材墨妙

小野美材者精翰墨。曽奉勅写白氏詩於御屏。書其後曰、大原居易古詩聖。小野美材今草神。蓋美材臨池之妙、為時所推。故自言

廿四　巨勢画工

亦爾。
釆女正《カミ》巨《コ》勢《セ》金《カナ》岡《ヲカ》、宇多帝時人也。以善画図、擅名当時。帝有勅令図聖賢像于南庇東西障子。爾《シカルヨリ》後迄《マテ》今、画其障子、以為旧例矣。金岡為神泉苑監時、菅丞相有寄巨先生乞画図之詩。金岡有子、曰巨勢朝臣相覧。亦善継父之綸云。

廿五　河勝舞曲　　　廿六　小松燈籠

秦《ハタ》河勝者欽明帝時人。蓋秦始皇之末裔也。本朝賜姓、曰秦《ハタ》氏。推古帝御寓、太子上宮祭天神地祇、以布安国利民之政。因作六十六番木偶面、命河勝弄仮貌於紫宸殿前、令之伎楽、鎮此国穏民寧。太子以其神楽折神字名之、曰申《サル》楽。伝言、大荒明神者、秦河勝也。

小松内大臣重盛、平相国清盛之長子也。性慈仁愛人。常患平大師之積不善、必有余殃、而崇信浮屠氏之教。曾於東山之麓《フモト》大起梵宇。其延袤四十八間、毎一間掲一燈籠。都四十八燈、照映炳然。以供仏宇。人呼曰燈籠大臣。

廿七　式部紀局　　　廿八　倭姫斎宮

紫式部穎傑能詠倭歌属倭語文兼閲儒釈之書又通本朝事蹟時人称日本紀局《ツボネ》故其声価高乎古今可謂閨閤之英秀也其墳墓在城北郊雲林院白毫院南小野諫議篁之墓西

倭《ヤマト》姫者垂仁帝第二皇女管為斉(斎)王侍祀于天照大神祠廟歴年齢既高不能奉祭祠故使五百野姫易之倭姫天生聡明貞潔而姿容異常能通神明按斉王者撰皇女未嫁者卜之定之若無皇女則茂選諸王之女遣勅使至其家告以其事而後於宮城中択潔清地以為始斉宮祓禊而入焉翌年更於城外卜清地営造野宮又祓禊而入焉明年亦卜定吉日臨西河祓除而到伊勢蓋入斉宮之前斉(斎)戒二年祓三度也

廿九　佐国化蝶　　甲　秀郷射蚣

大江佐国未詳其所出太発花癖遊長楽寺翫花吟曰迎花蹉跎双鬢雪見花染著九春風又雲林院林下吟曰一道寺深花簇雪数奇命薄鬢垂糸又詠庭前桜曰庭上両三樹洛陽第一花又喜手栽梅開曰随分他年栽此樹並図今日見其花晩年吟曰六十餘回看不足他生定作愛花人伝言佐国没後其子夢亡父来告曰我化蝴蝶毎春遊栩於花園其子不堪追慕栽衆花毎花房塗蜜

以伏群蜈。

藤秀郷者、丞相魚名公之玄孫、河州牧村雄嫡嗣也。朱雀帝天慶中、平将門跋扈東州。攻陥常陸、殺平国香。秀郷与平貞盛〈国香之子〉督奥野二州軍、討之。与将門合戦幸《カラ》嶋《シマ》〈下総之地〉、大破之。貞盛射中将門。将門倒馬。秀郷馳馬、遂斬其首。殺戮甚衆。東州底定。以勲擢野武二州刺史。尋而為鎮守府将帥。初秀郷過江州勢多橋、有神人来謂曰、我居橋畔久矣。有与我敵争者、而無奈之何。壮士儻《モシ》亡之、則幸甚。秀郷首肯。少選《シハラクアテ》、自良岑側有物而来。其怪不可計。発大箭射之、遂中其身、倒死。行見之、即巨蜈蚣也。

四　振根木刀

四　石雄革鎧

崇神天皇詔《ミコトノリ》群臣曰、武《タケ》日《ヒ》照《テル》命《ミコト》従天将《モチ》来神《カム》宝《タカラ》、蔵于出雲大神宮。是欲見焉。則遣矢田部造遠祖武《タケ》諸《モロ》隅《スミ》而使献。当是時、出雲臣遠祖出雲振根往筑紫国而不遇矣。其弟飯《イヒ》入《イリ》根《ネ》被皇命、以神宝貢上。既而振根従筑紫還来、聞神宝献于朝廷、責其弟飯入根曰、数日当待。何恐之乎。輙許神宝。是以既経年月、猶懐忿恨、有殺弟之志。歎弟曰、項《コロ》(頃)者於止《ヤ》屋《ミ》淵《フチ》多生萎《モ》。願共行欲見之。弟随兄而往。先是兄窃作木刀、形似真刀、自佩之。弟佩真刀。共到淵頭、兄謂弟曰、淵水清冷《イサギヨシ》。欲共游沐《カハアミセント》。弟従兄言、各解《ヌキテ》佩刀、置淵辺《ハタ》、沐《カハアミス》於水中。兄先上陸、取弟真刀自佩《ハケリ》。後弟驚取兄木刀、共相撃矣。弟不得抜木刀、兄撃弟飯入根而殺之。弘仁四年嵯峨帝冬、奥州夷賊蜂起。小野石《イシ》雄以牛羊之鞾為鎧。遂平定之云。

四三　源順博識

朝請大夫源能州刺史順者、其先出自弘仁帝。帝生定賜姓曰源、号曰楊院大納言。定生至仕擢中大夫左京兆尹。至生拳(挙)生順。順為人博聞強記、識字属文賦詩。又詠倭歌比壮拳名進士、直奨学院。邑上帝天暦五年、詔順等撰後撰和歌集。又嘗著倭名類聚、行于世矣。

四四　惟康倒載

惟康大王者宗尊之子。文永七年、纔七歳、叙従三品任左近衛中将賜源朝臣姓治世。二十許年、北条氏時宗義政等、握威於掌、芷応二年九月、鎌倉武夫謀使惟康帰洛。令之倒《サカシマニ》載車輿。時人相語曰、惟康謫《セラル》于洛。時歳二十六。到洛西嵯峨髡髪云。俗所謂倒載者、必不得帰也。

四五　政顕二恥

勧修寺藤原政顕嘗曰、非其位而向瀕者恥也。非其才而往亦恥也。人能知此二恥則無恥矣。

四六　肖柏三愛

肖柏者、村上帝之王子具平之遠裔而久我家之支葉也。初居雑嗜倭歌。就種玉菴宗祇泊東野州常縁学之。窮風雅之蘊奥、兼閲華夏之書。後柏原帝召見便殿而連歌。使柏呈発句、御製賡載数盈百句。帝大喜賜天盃。性耽静閑、屏居津陽池田、縛一小菴、榜以夢名曰夢菴。好蒔花、自称牡丹花。其行履也、不道其冠、不濡其履。又不耽仏術。不以姓氏為高。常愛酒香花之三、徴于建仁禅衲常菴龍崇作三愛記。後徙栖遅于泉界。大永丁亥夏四月卒。年八十五。按常菴建仁霊源菴之祖、以善文称。世語曰、文章常菴、詩江西。

四七　祐成報讎

十郎祐成者、伊東祐親之孫。父曰河津祐泰、弟曰五郎時宗。父死後母嫁于曽我祐信。故兄弟俱冒継父祐信之氏、改曰曽我。建久四年五月、将軍頼朝狩駿州富士野。工藤祐経従之。曽我氏兄弟窺其間隙、夜潜入于工藤氏仮館殺之。自此径入将軍旅館、殺十許人。旅館大騒矣。仁田忠常撃殺祐成。時宗走進欲近将軍。将軍

四八　為頼死内

提剣将出。于時有小舎人童五郎丸者。有力勝人。乃執時宗。祐成齢二十二、時宗登二十歳。初安元二年、父祐泰在豆州狩場。不図而中矢死。是乃工藤祐経之所計。至是時宗竟復比讎也。

浅原為頼者、其祖出於源義光。所謂甲斐源氏也。伏見帝在位、正応三年三月四日、紫宸殿獅子狛犬自破裂。衆皆怪之。九日甲州浅原為頼携其子二人、被甲冑乗馬馳入宮中、訴上所在於官女。宮中大驚騒、与宿直之諸士相戦。竟於御茵上自殺。其子亦於紫宸殿自殺矣。

四九　児屋占卜

瓊杵尊降臨時、天児屋根命主神事之宗源者也。故俾以太占之卜事而奉仕焉。高皇産霊尊因勅曰、吾則起樹天津神籬及天津磐境、当為吾孫奉斎矣。汝天児屋根命太玉命、宜持天津神籬、降於葦原中国、亦為吾孫奉斎焉。乃使二神陪従天忍穂耳尊以降也。

五十　文武釈奠

文武帝、天武帝之孫。天武生草壁皇子、不即位而薨。持統乃立。地(持)統病譲位於草壁王之子珂瑠王。践祚。謂之文武帝。大宝元年二月丁巳、始於大学寮、修釈奠之礼。祭文宣王。自此累世春秋二仲上丁無絶。慶雲四年六月崩。歳二十五。帝性寛仁従容、好学能詩。又能弓彀云。

五一　常磐中臣　　　五二　白河北面

常磐大連者、天児屋根命十八世孫而雷大臣命七世孫也。父曰黒田大連。雷大臣命、仲哀帝時諳亀卜術。帝賞之、始賜卜部姓。至常磐大連、授中臣被於欽明帝。帝詔改卜部、以賜中臣姓。

白河帝者、後三條帝第一之子。諱貞仁。母藤茂子。延元(久)四年履皇基。時二十歳。応徳三年十一月、譲重器於堀河帝、而称太上皇。康和元年、宰臣師通薨。太上皇自握枢機、政事悉出於院中。又撰大中納言参議等人、以号院別当、令之執事。威権甚重矣。且始置北面士、而宿直院殿、備兵曹矣。後鳥羽帝者、諱尊成。高倉帝第四子。母藤殖子。建久九年正月、遜其位、立太子為仁為帝。土御門帝也 承元四年、鳥羽上皇使帝譲大宝於守成皇子。号之順徳帝。後鳥羽帝第三之子 至承久三年四月、鳥羽(後鳥羽)上皇憤武夫之擅国権、而常謀討之。故咏歌絃管之暇、自講弓馬。院中北面士之外、別置西面士、以聚豪雄。

五三　醍醐薬署　　　五四　嵯峨花宴

醍醐帝延喜年中、定尚薬署之式云、凡医者、読太素経、限四百六十日。新修本草、限三百十日。其賞賜博士得業生針医及医師各有差。

嵯峨帝者、平城帝弟也。諱神野。大同四年四月、平城帝脱屣而嵯峨帝受禅。弘仁三年二月、幸神泉苑而賞芳花、詔諸臣賦詩什。蓋花宴者濫觴於斯矣。帝平素好経伝、文章幾瓊華、筆勢制龍虎。又好遨遊、屢幸大原栗前水生交野芹川大堰川之勝地。或賦詩開宴焉。後脱屣而遷於冷然院。仁明帝承和九年崩。歳五十七。是後村上帝康保二年三月、於南殿有花宴。後遂屢設宴。皆有探韻詩。凡探韻之式、儒士先定題然後以古詩一句或二句或二聯分之。覆置案上。中少将為主上取二韻字奉之。諸臣各探得一字上言某官姓名賜某字也。

五五　讃岐生日　　　　五六　有智斎院

讃岐者源光禄頼政女。嘗仕二条院。性聡慧多咏倭歌。又略看閲経史、以才名著于当時。常謂曰、今世人以生日慶賀之者、厥非謬妄之甚乎。我乃毎値誕日、灑涕悲泣追憶母之労苦、食味不能一入口而已。

有智内親王者、嵯峨帝第三皇女也。聡俊才芸最可称。頗渉経伝史漢、兼善属文。帝嘗有故為其禱祀、准于勢陽斎宮、以有智皇女為賀茂斎王。自此後累世無断矣。弘仁帝幸斎院、花宴、俾文人賦春日山荘詩、各探勤(勒)韻。皇女探得塘光行蒼。即瀝筆曰、寂寂幽荘迷(水)樹裏。仙輿一降一池塘。棲林孤鳥識春沢。隠澗寒花見日光。泉声近報新(初)雷響。山色高晴旧(暮)雨行。従此更知恩顧渥。生涯何以答穹蒼。帝歎之、授三品。于時年十七。是日帝書懐賜皇女曰、恭(忝)以文章著国家。莫将栄楽負烟霞。即今永抱幽貞意。無事終須遣歳華。尋賜召文人料。封百戸。天長十年、叙二品。性貞潔。居于嵯峨西荘。薨時春秋四十一。時承和十四年也。

五七　重家光将　　五八　時尚金侍

重家者、姓藤原。忠義公兼通之孫。左大臣顕光公之子也。其生質秀美顏容。有光輝絶倫於世。官至左少将。時人呼曰光少将也。

侍従時尚者、博陸侯藤道隆公之裔。金吾将軍信頼之子也。二條帝平治年中、信頼与大僕卿源義朝叛。信頼伏誅。其子時尚雖幼而不干軍事、以逆蔭竄奥州。州人憐其簪纓之族、多与黄金。治承之赦、回京都。帰嚢多入黄金。都人士女、呼金侍従。侍従構居於城東之地、家資富饒。以金埋所居之地。世号曰福地。今之南禅寺、其旧地也。

五九　大友初詩　　辛　直幹得意

大友皇子者、天智帝之子。母曰宅子《ヤカ》、伊賀采女《ウネメ》也。皇子亦名伊賀皇子。才芸卓絶、天姿好読書、且能属文。初賦詩句時、人皆服其才。天智帝亦愛其才敏、常使之従政事。帝崩而天武帝討大友。大友不能禦之、遂授其首。蓋本朝之詩、始於大友也。大津皇子、天武天皇第三子。母大田皇女也。皇子容止墻岸《タカサカシク》、音辞俊《スクレ》明《アキラカニ》。為天智天皇所愛。及長弁有才学。尤《モ》愛文筆。詩賦之興、自大津始也。有遊猟詩曰、朝択三能士、暮開万騎筵。喫臠《シムラヲ》倶豁矣、傾盞共陶然。月弓輝《カヽヤキ》谷裏、雲旌張嶺前。曦光已隠山、壮士且留連。又有臨終詩曰、金烏(烏)臨西舎、鼓声催短命。泉路無賓主、此夕離家向。　右二説不同。然而大友天智之子、而有侍宴詩曰、皇明光日月、帝徳載天地、三才並泰昌、万国表臣義。又有述懐詩曰、道徳承天訓、塩梅寄真宰。羞無監撫術、安能臨四海。且大友先大津而卒。然則詩之始于大友明也。

直《ナヲ》幹《モト》者橘氏。邑上帝時人也。詩才秀傑。天暦三年十二月、与大江朝綱菅原文時大江維時等、奉勅撰詩。小野道風書之屏風絵上。絵者巨勢公忠也直幹曽有遊石山寺詩曰、蒼波路遠雲千里。白雲(霧)山深鳥一声。世人称之。後円融帝天元五年九月、枝山桑門奇然、入宋国以此一聯為己所述。雲改霞、鳥改虫、以示之宋人。宋人見曰、佳句也。但以霞改雲、以虫改鳥可乎。奇然咲退。又菅有隣家詩曰、春煙遮譲簾前色。暁浪潜分枕上声。自以為得意。

六一　貞敏音楽

藤貞敏者、淡海公之玄孫。祖父曰築(筑)府都督浜成。父曰刑部卿継彦。仕淳和帝。補掃部頭掌鋪設。嵯峨帝弘仁中、随遣唐大使藤常嗣入於中華。逢伶人廉(承)安夫(武)習受楽音、能極其精妙。還乎本邦天長十四年、勅授大楽署令。掌楽音。能通呂律。専其門云。

六二　高子宝器

高内侍曰、世器之至宝者、書冊墨之研残、四五寸紙之剪端。抛棄之禿筆、三銭之方兄。此五箇之外、我未知。雖有龍宮神宝在我神国、而不足以比之。高内侍者、高階成忠女、道隆公室、儀同三司伊周公母也。

六三　親元陰徳

六四　清行封事

房州牧源親元者、家世武臣。付(延)河帝潜藩時、備警衛為金吾。移廷尉司獄而行陰徳。笞杖減数、刑罰緩法。年過不惑、務仏事、営作一宇於洛東安弥陀像。華麗耀煌、俗号光堂。嘉保三年(堀河帝)知房州。以俸餘建蘭若、官務之暇専唱念仏、兼勧吏民、令以修法。若浄信者適有犯法而被勘鞫、則必枉弛其刑。由此州民前後帰仏乗者甚衆矣。秩満廻京、庶民遮路、泣留如離父母。長治二年六十八齢卒。

清行者姓三善。位至参議。其学博洽而善辞章。兼通算数。醍醐帝時為文章博士。延喜十四年上封事言。宇内州県多建寺塔、捨田園為仏地。尽資産営仏像。且王公殿閣妃嬪室官(宮)、究土木之巧。賦調庸之用、悉無不耗費。其文載在本朝文粋。

六五　内丸紫服

藤原内麻呂者、正二位大納言真楯子。桓武朝任大納言。至平城朝、拝従二位右大臣。大同四年、有詔《ミコトノリ》聴朝服著紫。嵯峨帝弘仁三年冬十月、歳五十七而薨。有子曰閑院冬嗣。

六六　鎌子錦冠

孝徳天皇以中臣《ナカトミ》鎌子連《ムラジ》(一曰鎌足又鎌子)為内臣、増封若干戸。鎌子懐至忠之誠、拠宰臣之勢、処官司之上。故進退廃置計従事立。天智天皇八年、及鎌子連病而天皇憂之極甚。於是遣《ツカハシ》東宮《ヒツキノミヤ》太皇弟於鎌子家、授大織冠与大臣位、賜姓為藤原氏。天皇幸《ミユキシ》藤原内大臣家、親問所患、而憂悴極甚。乃詔曰、天道輔仁。何乃虚乎。積善餘慶、猶是無徴耶。若有所須、便可以聞。対曰、臣既不敏。当復何言。但其葬事宜用軽易、生則無務於軍国、死則何敢重難云云。時賢人聞之、嘆曰、此一言窃比於往哲之嘉言矣。辛酉年春秋五十六而薨于私第。遷殯於山南。天皇又幸《ミユキシ》大臣家、命大錦上蘇我赤兄、奉宣恩詔、仍賜金香鑪。其碑云、天何不淑。不慭遺耇。嗚呼哀哉。春秋五十有六而薨。

六七　貞観蔬膳　　　六八　開別水丸

貞観帝者（清和帝年号）　仁寿帝（文徳帝）第四子也。天安二年十一月、即位、饗国十九年、海内安寧。貞観十八年、遜位太子、幸水尾山、営仏宇、当寝陵。帝風儀端厳、邈如神仙。好経史、耽秋書、鷹犬玩好、棄而不御。嘗以貞雅宗睿為法友。出宮之後、在清和院、御饌只菜蔬而已。元慶四年亥月四日崩。寿三十一。遺詔不建山陵云。

開別《ヒラカスワケノ》皇子者、舒明帝子。登九五、謂之天智天皇。母太后斉明天皇。御宇中、華与新羅撃破百済。百済臣福信、請救於我。斉明天皇遷輦幸《ミユキシ》土佐国朝倉、開別為太子、摂行軍令。起黒木殿於山中。以省《カヘリミ》民之費労、効《ナラフ》采椽《テン》不削、茅茨《ケツラ》不裁之倹。民皆服其徳。謂之木丸殿《トノ》。斉明天皇崩、太子素服聞政。葬天皇而後、即位于滋賀。朱鳥元年崩。

六九　源融乗輦

源融公者、嵯峨帝之子。官拝左丞相位、授儀同三司。性好遊楽、愛虫魚鳥獣草花樹木。営形模陸之塩竈、常造河原院、於其傍、巨穿池沼、令人民運潮水於津陽之浦、毎日眺望、以為観娯矣。亦建栖霞観於西嵯峨、事歓娯。宇多帝寛平元年十有一月、許《ユルサレテ》乗輦《テクルマニ》出入宮中。七年薨。寿七十三。

七十　藤房棄官

藤納言藤房者、高藤公十五葉孫、亜相宣房子也。事于後醍醐帝、性忠鯁而有志節。元弘中、平族構難。帝出京師、播越居于河州笠置城。藤房与其弟季房、倶従駕焉。正慶二年、平高時自殺。平族既殲。於是乎、闔国悉奉帝。故帝自隠州復帰于洛。藤房亦従帰。建武元年、新築大内、宮室土木之用甚、耗費財貨。又起馬場殿、数覧競馬之戯。時雲州刺史塩高貞、献良馬。帝大悦焉。詔馬寮而飼美之。帝因問群臣。一日千里良馬、其祥如何。衆咸曰、良馬之出者、聖徳之瑞也。帝愈喜。藤房後至。坐定問藤房。対曰、考拠古書、一日千里、馬皆非其祥。況今矣革雖漸息、下民猶荼色而盛構大内愛翫奇獣、用度不節、郡県煩労。臣未見其可也。帝聴作色。藤房数納忠諫、帝遂不聴。遂脱儒冠、剃染、往于花園、郊登正法山之籌室、受衣盂於玄関山、為妙心禅刹第二世。宗弼字、授翁者是也。以康暦二年後花園帝庚申三月二十有八日寂。世寿八十五。法臘四十三。建塔於正法山中。名曰天授院。

七一　頤宗曲水

頤宗帝一名弘計天皇。去来穂別天皇孫而市辺押磐皇子之子也。母曰荑媛。帝初久居辺裔、悉知黎民憂苦。恒見枉屈若自転四支於溝壑。即祚布徳施恵、政令流行、卹窮養孀。宇内親附。元年三月上巳、始開曲水宴。幸後苑。二年三月上巳、又後苑設曲水宴。是時会集公卿大夫臣連国造伴造為宴。群臣頻称万歳。三年又有三月上巳宴。即年四月庚辰崩于八釣宮。

七二　桓武平安

桓武帝光仁帝之元子也。母曰高野夫人。天応元年光仁崩、桓武践位。古昔我日域遷京甚多矣。神武始都於日州橿原宮。至成務元年遷近江滋賀郡。仲哀二年遷長州豊浦。神功都和州軽島明宮。応神遷和州岩根稚桜宮。仁徳都摂州難波郡（又作浪速又作浪華）高津宮。履中二年、都和州十市郡。反正元年、都河内柴籬宮。允恭四十二年、都和州飛鳥宮。雄略二十一年、遷和州泊瀬朝倉宮。継体五年、都城州筒城郡。（筒城或作綴喜）十二年、又遷乙訓。（又作弟国、又作堕国）宣化元年、都和州檜隈。孝徳大化元年、都摂州長良。造宮于豊崎。斉明二年、都和州岡本。天智六年遷都於近州志賀大津宮。天武元年、遷和州岡本宮。謂之浄見原宮。持統造宮于和州藤原。元明都和州平城。（平城或奈良或乃楽或寧楽或諾楽或那羅）至桓武延暦三年冬十月二日、自奈良京春日郷、遷山州長岡。十二年春正月、遣御史大夫藤小黒尚書左丞紀古佐美、相城州葛野郡宇多新城之地。復奏曰、見其地勢、左青龍、右白虎、前朱雀、後玄武、而四神相応之土地也。最宜定皇州焉。於是、十有三年冬十有一月二十一日、自長岡遷都于此。謂之平安城。陶一土偶人、其長八尺許。被鉄甲冑、挟鉄弓矢、埋之平安城外東山之上、令之西面而護天邑。呼之曰将軍塚。伝言、若有国家変則此塚震鳴也。

七三　手力引手

七四　正行療疵

信州戸隠明神者、思兼之子、手力雄命也。天照大神入天岩戸時、手力雄命立戸之側、使天鈿女巧作俳優。于時日神聞之曰、吾比閉居石窟。謂当豊葦原中国、必為長夜、云何天鈿女嘘楽如此者乎。乃以御手細《ホソメニ》開《アケ》磐戸、窺《ミソナハス》之。手力雄神則奉《タマハリ》承天照大神之手、引而奉出焉。

楠帯刀正行、正成之長男。年二十五而率軍、与細川顕氏山名時氏、大闘。士卒皆危、師不利而退。泉州安部野之戦、渡辺橋陥。敵軍之士卒、溺水漂流者、五百有余人。時厳寒落指、風霜凝鬚。正行性慈恵寛容。見而愍之、命其士卒、令援上岸。不堪其痛苦者、即与之衣、救之飢、温身、界薬、療其傷疵、給鞍馬、尽還送焉。後感此恩情、敵軍属正行、為四條縄手之戦、皆討死云。

七五　兼平含刃　　七六　義経拝旗

今井四郎兼平者、木曽義仲乳媼之子。樋口次郎兼光之弟也。兄弟共仕義仲、甚励軍功。元暦中、義仲為義経被敗、中流矢而死。石田為久刎其首。兼平遂含刃鋒而自殺。

豫州守源廷尉義経者、左典厩義朝之第六子也。小字牛若。母曰常盤。蓋為九條院官婢也。義朝悦其麗質、自納為妾。産義経。平治年中、義朝党于藤信頼反逆。安芸守清盛討之。殺義朝時、義経孤児而未免襁褓。一條大蔵卿長成、以其母美艶、納之為妻。而後使義経趨北嶺鞍馬寺為僧。東光坊沙門為之師也。承安元年

高倉帝年号

歳十六而自加冠、潜出寺、託奥州金商三條吉次信高者、遥赴奥州。始接遇於鎮守府将軍兼陸奥守藤原秀衡。秀衡接之甚厚。留奥一年而亦返京師。一條堀河有陰陽家法眼鬼一者。其家伝兵書而秘之不出。義経願覧其書、謀与彼女通、密偸兵書披閲焉。悉得其指要。既而治承四年、頼朝奉後白河上皇詔命、欲討伐平族勃興于豆州。義経聞之、遂行関東、遇《アヘリ》兄頼朝于黄瀬河旅館。命義経率諸軍為将而討平氏。義経少而勇敢、兼便弓馬、甚有算略。所戦必勝、所図必破。人無能当其鋒者。寿永二年、平族以讃州屋島為城郭、構皇居遷幼帝。文治元年、平氏築城郭於長州赤間《アカマ》関《セキ》、遣知盛守之。使宗盛居屋嶋。於是、頼朝使範頼攻九州、命義経攻屋嶋。義経自渡辺泛船乗烈風之屋島、遂焚蕩屋島之宮闕。兵威甚盛。平軍敗績退而保長州。義経追至長州。又与平氏大戦于赤間関。于時、有物如雲、自九霄下覆其所乗之船。就而見之、則一白旗也。義経悦曰、奇哉、莫天之所賜也。即脱冑拝之。

七七　豊玉化龍

豊玉姫者海神之女《ムスメナリ》也。彦火火出見命《ミコト》娶《メトリ》之、仍留住海宮《ワタツノミヤ》。已経三年。有懐郷之情《ミココロ》。豊玉姫聞之、謂其父《カゾ》曰、天《アメ》孫《ミコ》悽然《イタンデ》数歎。蓋懐土《クニヲ》之

七八　浦嶋得亀

憂乎。海神乃延彦火火出見尊、従容請曰、欲還郷、吾当奉送。豊玉姫謂曰、妾已娠矣。当産不久。妾必以風濤急峻之日、出到海浜。請為我作産室、相待矣。彦火火出見尊已還宮、後豊玉姫果如前期、将其女弟玉依姫、直冒風波来到海辺。逮臨産時請曰、妾産時幸勿以看之。尊猶不能忍窃往覘之。豊玉方産化為龍。而甚慙之。

雄略帝二十二年秋七月、丹波国餘社郡管川人、水江浦嶋子乗舟而釣。遂得大亀、便化為女。於是浦嶋子感以為婦。相逐入海、到蓬莱山、歴観仙家。

七九　経信多芸　　八十　文時老詩

源経信、字多帝之玄孫也。帝生敦実親王。王生雅信。重信。重信生道方。道方生経信。補大納言、称曰桂大納言。初円融上皇遊幸大井河、分詩歌管絃三船、群臣各因其所長以施其芸。藤公任併達其三芸。船司問曰、君可乗何船。公任乗倭歌船、献秀歌。既而悔曰、倭歌者人人詠之。不如駕詩船之愈也。白河帝又幸大井河、又連三船。経信乗管絃船、勤其事而併献詩歌。時人服其多芸。蓋聞公任之所以悔而然也。嘉保九(元)年六日(月)遷大宰帥而赴紫陽。承徳元年正月於府卒。歳八十二。

源英《フサ》明夏日作詩曰、池冷水無三伏夏。松高風有一声秋。菅文時在側曰、宜以池字改水、水改池、以松字改風、風改松。満座歎曰、菅博士可謂老《タケタル》詩人也。

八一　昭宣拝孔

八二　菅相愛温

堀河相国基経者、父曰長良。叔父忠仁公良房養為子。陽成光孝間、行天下政、拝相国、継為博陸侯。仁和二年八月、釈奠於大学寮。基経来拝孔子。寛平三年正月十三日、年五十六而薨。賜謚昭宣公、封越前公。

菅相公、名道真、字三。其先出自天穂日命《ミコト》。父是善相公。幼而穎敏。歳十一時、是善問曰、汝若作詩可賦寒夜即事。公応声吟曰、月耀如晴雪。梅花似照星。可憐金鏡転。庭上玉房馨。椿府歓好籍甚矣。其鋭才如此。常曰、温庭筠詩体優長。予常愛之。宇多帝寛平六年、勃海使裴頲文籍来見公、詩曰、甚有白居易之風。七年拝中納言、九年兼右大将。与大納言兼左大将時平同執柄。昌泰二年二月、拝右僕射。醍醐帝延喜元年正月二十有五日、遇藤時平譖而坐《ツミセラレ》、左遷大宰権帥。三年二月二十有五日、薨于紫陽。歳五十九。

八三　公経聚石　　八四　秋津吟門

西園寺公経者、閑院太政大臣公季八世之孫、而内大臣実宗之次子。順徳帝承久三年七月、登内大臣。後堀河帝貞応元年四月、拝相国。嘉禄中、立西園寺。其為繁栄、炳然一時矣。又造山荘於北山、築仮山、萃奇樹芳草、聚怪石、穿池作亭、以為遊慰之所。一世之繁華、不可謂也。後嵯峨帝寛元元年薨。歳七十有一。号一條入道。子実氏至相国、号常盤井入道。

宗岡秋津奉試登第。帝賜書曰、秋津久在学館、齢算已積、頻逢数年課試。常歎一身之淪落。方今適擅摛藻之美、以入攀桂之列云云。秋津感詔旨之辱、拝戴捧出。舞踏大庭、乗興且歌且行、白髪戴霜、青衫乗月、不覚到建礼門。忽得両句曰、今宵奉詔歓無極。建礼門前舞踏人。高吟三四。衛兵士異之、問曰、何人。答曰、新進士老学生宗岡秋津也。衛士責曰、此是建礼門也。匪汝之所到也。況高吟驚耳乎。秋津愕然謝之。

八五　豊鍬道心　　八六　小督巫言

豊鍬入姫命者、崇神帝之女也。帝嘗納紀州荒河戸畔女一説云、大海宿祢女也。為次妃、生豊鍬。初神武都於和州。時以日神之霊鏡、置於大殿。如与神同牀而坐焉。崇神帝甚憚神威。共住不安焉。故命豊鍬姫、祭神于大和笠縫邑。豊鋤姫曰、吾神明之道、直心之外、更何之有哉。事雖有万品、唯約直心而已。此心之外、雖求天、求地、而何益之有。

小督局曰、凡語妖怪者、必因其心不正。只以平常之正言、発則万言万当、事事無違而保身之道也。蓋小督者高倉院之官女云。

八七　意美賜大

八八　仲太感恩

意美麻呂者、大織冠鎌足之従父兄弟也。意美能伝神事亀卜道。鎌足以女妻之。初姓藤原。文武帝二年、改藤原令復中臣姓、為神祇伯中納言。称徳帝神護景雲三年、加賜大字、号大中臣。此姓沿革甚多。

仲太者本院左相時平之孫、亜相時朝之家士也。時朝嘗蓄一奇硯、珍襲蔵諸家。平日不出之。毎有拝任官爵、必出而翫視焉。及進亜相、翫弄之畢、亦包錦袋入于筐笥。忠太願一視而不能也。亜相有児。齢纔十歳。忠太啖之、窃披筥解錦袋紐視之。忽有跫音聞外。忠太意時朝之到、心懼之。遽将入之筐中、誤墜於手砕為二。仲太愁恐不知所計。児謂仲太曰、汝勿大駭嘆。我不帰咎於汝。告父以我所破、則必不深罪。忠太令掌悲喜交至。既而亜相還家、視硯破却、窮問所由。児自言其所為。亜相艴然大怒曰、此硯者、鼻祖鎌子、連詣住吉神祠。有神託云、我自止跡于此地、以降幾星霜于茲矣。到来者衆而未曽見其誠実者。今獲汝誠慤如此。我甚嘉之。故以一硯付与之。汝若毎官進位、昇乃須看之。託畢鎌子之左袂、倏有一硯。帰家以宝焉。伝逮乎我。可謂名器而世無双。今汝破砕之、何也。竟刎幼子頭。仲太大悲哀、日夜不堪傷痛。於是棄俗円其顱、方其袍、改名性空、赴播州結菴書写山。年八十而逝。仲太者蓋大中大夫橘善根之子也。

八九　安仲留唐　　九十　和清竄隅

安倍仲麻呂者、中務大輔船守之子也。其志趣高邁、好読書、以才識与吉備斉名。元正帝霊亀二年、従遣唐使県守赴中華。時歳十六。居三年而帰。聖武朝再抵唐留学。久不帰。改姓名朝衡焉。玄宗愛其才、厚遇之。官至秘書監、累遷検校。粛宗時値安史之乱、将帰日本而没。王維・包信・李白・徐凝各以詩送之。為中華名傑所愛惜如此矣。

和気清麻呂者、鐸石別命之後。与其姉広虫事高野天皇、所優遇、官至亜相、封賜五千(十)戸。当帝之重践祚（天皇曰孝謙、再践祚曰称徳）弓削道鏡媚帝、大有寵。神護元年、栄遷登太師、為宰臣、執政柄。竟受法皇之号。宰府主神阿曽嫡八幡大神託曰、道鏡登極、宇内泰平。道鏡喜告帝。帝雖恩眷之、而不能以私譲宝位。因勅清麻呂詣宇佐神祠、親聴神令。和清赴宇佐、帰奏神旨言、我国家皇統相継、暦運未混他姓。今無道之臣、何覬宝位哉。鏡聴大怒、解清官爵、竄隅州。

九一　敦光文筵

吏部侍郎藤敦《アツ》光《ミツ》、式部卿宇合之遠裔。累世好学、有名于家。所謂式家儒也。烏羽帝時、召為侍読、任大学頭文章博士。光兄敦基、亦為文章博士。光平生製作詩文、盈二十篋笥。天養元年、齢八十二而卒。有子、曰有光、紹家業、為大学頭。

九二　男依赤符

天武帝征大友皇子時、大友遣兵拒之。天武将村国男依、率軍士数万、入江州、攻撃之。恐其衆与江州師殽雑、以赤色著衣上、以為符。付長殺大友将境部《サカイベ》薬於横《ヨコ》川。又誅秦友足于鳥籠《コ》山、刎士師千島於安《ヤス》河。遂至勢多、大友自将兵軍陣勢多橋西。旗幟蔽野、埃塵連天。鼓鐘雷震、列弩乱発、矢降如雨。大友将智尊戦死。大友敗走。男依乃超橋、追討大友于粟津。大友趣山下、自縊而死。時二十五歳。男依刎其頸、致之天武所《ミモトニ》。

九三　通憲埋土

藤原通憲、武智麻呂之苗裔也。父曰実兼。世以儒学為業、任文章博士。所謂南家之儒也。高階経敏以通憲幼而才幹過人、養以為子。及成人、好読書、博通事物、兼達諸道。通憲以不遂儒業、入他姓家也。後復本姓云。通憲剃髪改名信西。及後白河帝時、登庸而預政事。二條帝平治元年、黄門右金吾藤信頼与信西有隙、遂構兵。信頼与源義朝謀、欲討信西暨平清盛。信西豫知之、逃出宮殿、如奈良、掘土埋身於地中。敵兵追来、発《ヒラキ》土斬其頸、其子皆流刑。蓋笠置解脱上人者、憲之子也。

九四　高倉隠壺

武蔵守細川高国、戸部政春之子也。後柏原帝永正十七年二月、与細川澄元争柄。六月澄元死。高国乃擅威、築城於摂州尼崎、以自保。後奈良帝享禄四年六月、三好長(元長)基使澄元之子晴元将兵、与高国戦于尼崎、大敗之。高国潜走入民家、隠大壺中。三好氏尋之乃誅之。

九五　島村化蟹

九六　清盛得鱸

高国之党島村某《ソレカシ》勇而有膂力。高国亡而後、挟《サミ》敵士二人於左右而入水死。伝其霊化而為蟹。俗名謂之島村蟹。

平清盛備州刺史忠盛之子也。初為芸州刺史時、航海自伊勢阿野津赴熊野。有大鱸魚躍入舟中。舟中人皆祝之。清盛曰、古周武王渡江白魚跳入其舟。夫亦此祥歟。乃命厄人煮之食之。後進相国擅政柄。

九七　己貴訪児

九八　瓊杵代親

天照大神以思兼神妹万幡《ヨロツハタ》豊《トヨ》秋《アキ》津《ツ》姫《ヒメノ》命、配《アハセテ》正哉吾《ア》勝《カツ》勝速日天忍穂耳尊為妃、令降《アマクダラ》之於葦原中国。復遣武甕槌《ケミカツチノ》神及経津主神先行駆除《ハラハシム》。時二神降到《アマクダリ》出雲、便問大己貴神曰、汝将此国奉天神耶以不。対曰、吾児事代主、射鳥遨遊《アソヒシテ》在三津之碕。今当問以報之《カヘリコトセン》。乃遣使人訪之。対曰、天神所求、何不奉歟《マツラ》。故大己貴神以其子之辞報于二神。二神乃昇天復命《カヘリコト》而告之曰、葦原中国皆已平竟《タイラキヌ》。時天照大神勅曰、若然者方当降吾児矣。且将降間皇孫已生。号曰天津彦彦火瓊瓊杵尊。時有奏曰、欲以此皇孫代降。故天照大神乃賜瓊瓊杵尊八坂瓊曲玉及八咫鏡草薙剣三種宝物、令降中国。

九九　輪(掄)子達経　百佐用振巾

輪(掄)子、若後嵯峨帝之孫女、鎌倉将軍宗尊親王之女也。明敏有才思。好看書、常読十三経、善記之。其語云、道徳仁義者、人之飲食也。得之則在山中海畔而亦可以養身。失之則居帝都金殿而不能安身。

宣化欽明之際、大伴狭手彦奉詔率兵航渡以破高麗。其妻曰佐用姫。傷分袂之悲、登松浦山而振領巾遥招狭手彦之船。遂名其山曰領巾振山。山在肥之前州。按欽明天皇時、新羅不服。天皇二十三年秋七月、遣大将軍紀男麻呂宿祢副将河辺臣瓊缶及伊企儺等与新羅戦。新羅乃進軍逆戦破之。官軍前鋒所傷甚多而遂降矣。唯伊企儺為人勇烈、終不降服。新羅将抜刀欲斬逼而脱褌追令以尻臀向日本大号叫曰、日本将齧我臗脽。伊企儺即号叫曰、新羅王啗我臗脽。雖被苦逼、尚如前叫。由是見殺。其子舅子亦抱其父而死。伊企儺辞旨難奪皆如此。由此特為諸将帥所痛惜。其妻大葉子亦並見禽。愴然而歌曰、柯羅倶爾能基能陪儞陀致底於譜磨故幡比例甫囉《振領巾》須母耶魔等陛武岐底。蓋領巾振者、大葉子事耳。而後人誤為佐用姫事、可疑矣。

百一　頼之輔佐

細川右典廏頼之者、足利尊氏之臣。仕尊氏義詮而多戰功。貞治六年、義詮以倦繁務、譲義満。頼之為之執事。義満時十歳。頼之輔佐幼君、以天下為己任。退佞臣而進方正、且使有文才者侍左右、従容匡導之、為卑礼招賢之媒。且使騃者六人、蒙異衣著袴帯大小刀、似俳優者、名曰佞坊。又曰童坊称某阿弥。滑稽諂諛戯謔佞媚、徘徊営中以為笑。是欲使義満疾佞者也。故謂諸士、為讒佞者呼曰侍佞坊。人皆恥之。於是制法律示諸士。又評議采地獄郷(訟)之事、其餘政道糺断是非。世以為良傅。且密誨義満、以善言於諸士羅列之時使言之。故雖義満尚幼、而衆皆無不畏服。後頼之薙髪曰常久。明徳三年二月卒。歳六十四。号永泰院。義満自送葬。

百二　良相慈仁

藤原左僕射良相、閑院左丞相冬嗣公第五子。忠仁公良房同母弟也。童稚有遠識、弱冠游太学。仁明帝承和元年、擢陪侍。齢及不惑亡配江氏。爾後不娶。性慈仁、軽財重法。勧学院、南建延命院、収養藤氏無家産者、東京別業置崇親院、保育族女寡窶者。二字割封戸納荘田、常延文学士恵寒苦人。五十五而薨矣。

百三　仁山祈聖

百四　兼倶乱神

等持院源尊氏号仁山居士。与官軍戦失利、遂赴于西州。逮多多良浜之役、遥廻眸於東方、望野州足利、祈学校孔聖像。竟大勝入洛城也。

卜部兼倶意美麻呂之後裔也。卜部兼延十七葉之孫。自兼延以還、護洛東吉田神社、以神祇亀卜為業。至兼倶、以神祇之道資仏氏之教、以混淆之而為一致。遂乱日域之神。後柏原帝永正八年卒。年七十七。

百五　小角騰空　　百六　進雄踐雲

役小角者賀茂役公氏。今之高賀茂者也。和州葛木上郡茅原村人。少敏悟博学、兼仰仏乗。年三十二棄家入葛木山。居岩窟者三十余歳。藤葛為衣、松果充食。時時駕五色雲、優遊仙府。駆逐鬼神以為使令。一日告山神曰、自葛木嶺踐《ワタル》金《キン》峯山。其間危嶮、雖若行者猶或艱。汝等架石橋通行路。衆神受命、夜夜運岩石、督営構。小角呵神曰、何不早成。対曰、葛木峯一言主神其形甚醜。難昼役待夜出。以故遅耳。小角促《ウナカセトモ》一言主而不肯《ウケカハ》。小角怒縛繋之深谷。一言主託宮人曰、我是管逆寇之神也。今見役小角潜窺国家。不急治殆乎危。宮人以聞文武帝。下勅召小角。小角騰空飛去、不得追捕。

官吏設計略、収《カラム》其母。小角不得已、自来就囚。便配豆大嶋。
進雄尊者、伊奘諾伊奘冊(再)之子也。二神勅素盞雄尊《ミコトニ》曰、汝甚無道《アヂキナシ》。不可以君臨宇宙《アメノシタニ》。固当遠適《イネトノタマヒテ》之於根国矣。遂逐之。於是進雄尊請《マウシテ》曰、吾《ヤツカレ》今奉《ウケ》教《ミコトノリヲ》将就《マカラント》根国。故欲暫向高天原与姉《アネノミコトト》相見而後永退《マカリナント》矣。勅許《ユルサシム》之。乃昇《ノホリ》詣《マウテ》於天《アメニ》也。于時溟《ヲホ》渤《ウミ》以之鼓盪《トンロキタヽヨイ》、山岳《ヲカ》為《ナセリ》之鳴呴《ナリホユルイヲ》。天照大神素《モトヨリ》知《シロシメシテ》其神暴悪、至聞来詣《マウクル》之状。乃勃然而驚曰、吾弟之来、豈以《テセン》善意乎。謂《ヲモフニ》当有奪国之志歟。夫父母《カソイロノ》既任諸子各有《タモタシム》其境。如何棄置当就之国而敢窺窬《ウカヽフ》此処乎。進雄尊対曰、吾元《ハシメヨリ》無黒心《キタナキ》。但父母已有厳《イツクシキ》勅。将永《ヒタフルニ》就《マカリナント》乎根国。如不与姉相見、吾何《イカンソ》能敢去《テマカラン》。是以踄《フミ》渉《ワタリ》雲霧遠自来参。不意阿姉翻起厳顔。

百七　保胤般声

百八　有章逸群

江州司馬慶保《ヨシノヤス》胤者、冷泉帝円融帝際人也。以儒学為業。能文詩。具平親王問曰、足下文才如何。対曰、似旧《フル》上《カン》達《タチ》部《メ》駕毛車而時時有般声。

菅三品文時為《ツクツテ》学生藤原有章讃曰、伊子世禄之胤。天爵自該、接《マシヘ》軫《アトヲ》青牛巡遊乎道徳之境、分鑣《クツバミヲ》班馬競騖乎儒雅之林。況翰藻淵、英声卓犖。詞人之蓮峰、錦水未足敵其風流。君子之雪白、蘭薫纔《ワツカニ》堪混其芳潔。可謂姓藤之生、逸群之駿者也。字《アザナ》曰藤群衆之所望也。

百九 弘仁乏肉　　百十 天長軟筋

弘仁天長二皇帝、能草隷。世称二妙。論者言、弘仁ハ勁筋乏肉。天長ハ豊肉軟《ヤハラカ》筋。筋肉均平、肥痩適宜者、只亭子皇子也。皇子ハ名ハ恒貞。天長帝第二之子也。精翰墨人也。弘仁ハ者嵯峨帝、天長ハ者淳和帝也。

百十一 守屋焼仏　　百十二 馬子殺君

物部守屋ハ者、尾輿之子。敏達帝以守屋為大連、以蘇馬子為大臣。帝即位十三年秋九月、従百済献弥勒石像一躯。馬子請其仏像、経営仏殿於宅東、安置石仏、屈請僧尼大会設斎。是時亦国行疫疾、死者多。守屋大連与中臣勝海大夫奏曰、何故不肯用臣言。自考天皇及於陛下、疫疾流行、国民可絶。豈非専由蘇我臣之興行仏法歟。天皇素不信仏法。故詔曰、灼然宜断仏法。於是守屋大連自詣《イタリ》於寺、踞坐胡牀、斫倒其塔、縦火燔之。并《アハセテ》焼仏像与仏殿。既而取所焼餘仏像、令棄難波堀江。

蘇我馬子者、稲目之子也。敏達用明時、為大臣執事於朝廷。上宮皇子与馬子、親睦甚矣。及用明帝崩、而守屋窃議立帝弟穴穂《ホ》辺《ベ》皇子。将即位為帝。馬子不肯。殺穴穂辺而与上宮共攻守屋。守屋三戦三勝。舎人跡見赤檮《アカツキ》（跡見姓赤檮名也）射殺守屋、遂族之。於是馬子足謀立崇峻帝。帝甚悪馬子之擅国政。于時有人献山猪。帝指猪曰、何時殺我所嫌之人、如断此山猪乎。上宮皇子在坐。又有寵嚢（衰）《ヘタル》之女。以所聞共告馬子。馬子畏而使人弑帝。

百三　狭知作盾

高皇産霊尊勅大《オホ》物主神、汝若以国《クニツ》神為妻、吾猶謂女有疏心。故今以吾女三穂《ホ》津《ツ》姫《ヒメ》配《アハセテ》汝為妻。宜領八《ヤ》十《ソ》万《ツノ》神、永為皇孫《スメミマ》奉護。乃使還降之。即以彦《ヒコ》狭《サ》知《シリ》為作盾者。此作盾之始也。

百四　塩土投櫛

火火出見尊患兄責鈎、乃行至海辺《ベタ》、彷徨《タヽズミ》嗟嘆。時有一長老、忽然而至。自称塩《シホ》土《ツツ》老翁。乃問之曰、君是誰者。何故患於此処乎。火火出見尊具言其事。老翁即取嚢中玄《クロ》櫛《クシ》投地、則化成五百箇竹《タカ》林《ハラ》。因取其竹作麁《アラ》籠《コ》、内尊於籠中投之海。直到海神《ワタツカミ》豊《トヨ》玉《タマ》彦《ヒコ》之宮。

百五　履中貴桜

履中帝仁徳帝之子。母曰磐《イハノ》之媛《ヒメ》。帝曽浮舟於籬池、置酒設宴。于

百六　諸兄献橘

時桜花落而入帝之所挙盃帝大悦賞之遂名宮曰稚《ワカ》桜宮分遣文墨之士於万国記《シルサシム》其国中之事在位六年而崩年六十。橘諸兄公初曰葛城王敏達帝之玄孫也帝誕難波親王親王生栗隈王王授正二品栗隈生美奴王王為礼部尚書通議大夫美奴生葛城王聖武皇帝天平元年冬十一月帝自取橘賜葛城王勅使以之為姓且改名諸兄十年補右僕射十有五年転左僕射号井手左大臣二十有一年叙文散位孝謙帝宝字元年享歳七十四而薨矣。

百五　吉備軍制

吉備大臣始曰下道真備仕乎元正聖武孝謙光仁之際再入中華振名異域博識声価為時流所推故進拝右僕射帰自華夏進其所習唐礼百餘巻軍制亦在其中聖武帝大嘉之闔国以為矜式孝謙天平宝字四年十有一月遣春日部三関土師宿祢関成等十六人於大宰府令就吉備朝臣（此時為大宰大弐）講習諸葛八陣孫子九地及結営向背也。

百六　匡房兵術

中納言匡房姓大江世以儒学名家性英敏八歳能読遷固之書堀河帝時為宰府権帥博洽強記而能弁論時人不斥其名称之

江帥。迄今世人沿襲。謂人有才能論弁者為江帥。遂以為口実。其祖先維時、得張良一巻兵書、伝至於匡房。時源義家累葉将族而不知字。請匡房、以国字訳解此書。匡房諾之、書以授義家。義家蔵之家珍焉。鳥羽帝天永二年七月、疾而終。亨(享)年七十一。

百十九　忠常人穴　　百廿　義仲朝日

仁田四郎忠常、姓源。出於清和帝而桃園親王貞純之支流也。建仁三年六月、大樹頼家狩于駿州富士。其山麓有空(天)谷。号之人穴。命忠常使窮其穴。賜以宝剣。忠常承命、直入於穴中。翌日而出。言大樹云、洞口甚狭隘、不可廻踵。故進歩難渋。其中暗昧而難知途。傷心魂多。吾与従者各執炬火進。行路水流浸足。蝙蝠多飛遮顔。不知其幾千万。前有巨川、逆浪奔漲。欲渡之足失拠。時倏見火光。之怪異。従者四人頓死矣。忠常投剣于河中得生還。

木曽義仲者、源為義之孫而義賢之子也。治承之時、源頼朝等蜂起、義仲聞之、又起于信陽。威振北地。其臣今井兼平樋口兼光楯親忠根井行近等、更有軍功。寿永二年八月、太上帝後白河帝削平氏官籍、以其采地頒賜之諸源。以豫州与義仲、授左典厩。称曰朝日将軍。後鳥羽帝元暦元年正月、拝征夷大将軍。義仲自伐其功、以逆威加太上帝。源頼朝在鎌倉聴之、使範頼義経等討之。義仲敗北趣勢多中流矢而死。歳三十一。

百廿　淡海律令

百廿一　冬嗣格式

淡海公不比等者、藤大臣鎌足之子。母者車持国子君《キミノ》之女《ムスメ》也。文武帝四年、不比等奉詔、撰律令。律六巻以定刑賞之法度。令十一巻以述政事之令命。不比等為人智而賢。有女《ムスメ》曰宮子嬢《ヒメトイフ》。文武帝納之為妃。女帝元明即位、改元和銅。拝右大臣。女帝元正養老二年、重奉勅修律令各十巻、以補苴先所述作之罅漏。四年八月薨。齢六十二。贈文散位大相国、謚文忠公。女帝孝謙天平宝字四年八月、勅曰、故贈正一位太政大臣不比等、非唯功高於天下、是復皇家之外戚。爰以先朝已極官位、以報功徳。而准周礼、猶有不足。茲有勲績蓋於宇宙、朝賞未允人望。宜依太公故事、追以近江国十二郡封為淡海公。

閑院左丞相冬嗣、右丞相藤内麻呂之子。其為人器度寛弘、英才而有偉略、兼好学。嵯峨帝弘仁十一年、奉勅撰弘仁格弘仁式二部、以明法度助政事。皆行于世。亦立勧学院、使藤氏年少者読書於此院。淳和帝天長三年薨。年五十二。贈正一位。

百廿三　玉子口眼
百廿四　開耶国色

玉子者、陸奥守藤原倫寧女也。為摂政太政大臣兼家公之妻。生右大将道綱。玉子嘗有言。曰、人皆平生須著眼於口。著眼於口頭当無毛頭過而好事《コト》日益《マス》矣。蓋玉子者、日本第一之美人亦能倭歌矣。

木花開耶姫者、大山祇神之女《ムスメ》、磐長姫之妹也。瓊杵尊降臨時、謂大山祇神曰、吾見汝之女子、欲以為妻。於是、大山祇神乃使二女持《モタシテ》百机飲食《モモトリツクヘモノヲ》奉進《タテマツル》。時瓊杵尊謂。姉《イロネハ》為醜不御而罷《マカラフ》。妹《イロトハ》有国色《カホヨシトシテ》引而幸之云。

百廿五　淳茂神妙
百廿六　義秀勇力

菅原淳茂者、菅丞相之子也。字多醍醐之間、挙秀才、進士及第、任大学頭、授文章博士。八月十五夜、陪亭子院、賦月影満秋池詩曰、碧浪金波三五初。秋風計会似空虚。自疑荷葉凝霜早。人道蘆花過雨餘。岸白還迷松上鶴。潭融可算藻中魚。瑶池便是尋常号。此夜清明玉不如。上皇吟誦数回曰、神也妙也。恨不使先公見之。先公指菅丞相也。

朝夷名義秀者、和田義盛之第三子也。其力能扛鼎、順徳帝建保（元）二年二月、泉小次郎親平、密謀立頼家之子千寿而亡北條之屬。事発覚、逮及義盛子義直義重并姪胤長。於是義盛請赦我子罪於大樹実朝。実朝許之。更請胤長之罪。実朝不許之。請其家地許焉。已而渝約与其地於北條義時。義盛恨望之、遂叛。義盛孫朝盛仕実朝為近臣。甚寵遇。以故憂祖父之異心。以為父生之、君養之、随君則失孝、随父則失忠。進退惟谷。遂自円顱而去。義盛追而及之、以之而帰矣。五月二日、義盛以其屬襲実朝之館。亦攻義時之居。義時闔門拒之。義秀時三十八歳。勇力無双。即手批其門破之入其庭中。希能当其鋒者。遂焚其館。北條泰時等拒之。義秀戦不利、率其残卒赴房州云。歴対州行高麗国云。

賀安天文

呉漢機織

賀茂氏者、其先孝霊帝第三子。稚彦命以功封備之中州。其後胤下道真備、元正帝時、齢弱冠余而従遣唐使県守、入中華経史日者陰陽諸芸術悉伝而帰于本朝。逮孝謙帝賜姓於賀茂、進授右丞相。光仁帝宝亀三年年八十二而薨。七世後曰保憲。能通天文暦数、奉勅造暦。円融帝時、歴陰陽博士、次任陰陽頭。自此世世相継、以其業為家。安倍晴明就保憲学天文、極其底蘊、故以暦術伝安倍氏。其子光栄、以天文道授其門人晴明。於是乎、両道相分矣。安倍氏左大臣倉橋麻呂之遠孫。安大史晴明受賀茂保憲之術。凡日月星辰雲色風気、悉無不達。若有天変災異、則以密封書奏之。晴明当一條花山時、任天文博士。子孫累世掌天文術。晴明父曰益材。為大膳大夫。

応神帝二十年九月、倭漢直《アヤノアタヒ》祖阿《ア》知《チ》使主、其子都《ツ》加《カ》使主、並率党類十七県而来帰《マウケリ》焉。三十二(七)年二月戊午朔、遣《マタツ》阿《ア》知《チ》使主都加使主於呉《クレニ》、令求縫工女《キヌヒメ》。阿《ア》知《チ》使主等欲達《イタラント》于呉、不知道路。乞知道者《ヒトヲ》。於高《コ》麗《マ》、高麗王乃副久《ク》礼《レ》波《ハ》久《ク》礼《レ》志《シ》二人《フタリヲ》為導者。由是得通呉。呉王於是与工女兄《エ》媛《ヒメ》弟《オト》媛《ヒメ》呉織《クレハトリ》穴織《アナハトリ》四婦女《ヨタリヲンナヲ》。一云呉織《クレハトリ》者、呉国之織工也。姓呉氏。以其巧織縑帛、名之曰呉織也。又漢《アヤ》直阿《ア》知《チ》使主、所率衆氏、織綾《アヤヲ》因賜姓阿耶也。蓋漢字亦読曰阿耶。

百九　季仲黒帥

百卅　公房白相

季仲者藤清慎公実頼之来孫、特進経季之子也。拝中納言、堀河帝康和四年六月、任太宰帥、赴于榮陽。面深黒、故時人呼之曰黒帥。長治二年十一月、移常州、爵累大柱国。

藤公房、恒徳公為光五葉之胤也。父経任、大納言。公房、嘗為右(左)京大夫、補参議。自少壮而頭髪皆如雪。世人称之、曰白髪宰相。

百卌一　玉田隠墓

允恭天皇五年秋七月朔、地震《ナイフル》。先《サキ》是《ヨリ》命葛城《カツラキ》襲津彦《ソツヒコ》之孫《マコ》、玉田宿《スク》祢、主瑞《ミツ》歯《ハ》別《ワケ》天皇反正之殯《ミモカリ》。当地震之夕、遣《ハシ》尾張連吾襲察《ミセシム》殯宮之消息《アリサマ》。時諸人悉聚無闕《ヒマ》。唯玉田宿祢無之也。吾襲奏言、殯宮大夫玉田宿祢非殯所。則亦遣吾襲於葛城、令視。玉田宿祢是日玉田方集《ツトヘテ》男女而酒宴焉。吾襲挙状具告玉田。玉田畏有事、以馬一匹授吾襲為礼幣《ヰヤヒトス》。乃密《ヒソカ》遮《サヘキツテ》吾襲而殺于道路。因逃隠武内宿祢之墓《ハカ》域《ウチ》。天皇聞之、喚玉田。玉田疑之、甲《ヨロヒ》服襖《コロモ》中而参赴《マウケリ》。甲端自衣中出之。天皇分明欲知其状、乃令小墾田《ハリ》采女《ウネメ》賜酒《ミキ》于玉田宿祢。采女分明瞻《ミテ》衣中有鎧《ヨロヒ》、而具奏于天皇。天皇設兵将殺。玉田乃密逃出而匿《カクル》家。天皇更発卒、囲玉田家而捕之、乃誅。

百卌二　土師主葬

垂仁天皇三十二年秋七月朔、皇后日葉酢媛《ヒメ》薨。臨葬、天皇詔《ミコトノリ》群臣曰、従死之道《ミチ》、前知不可。今此行《タビ》之葬、奈之何。於是野見宿祢進曰、夫君王陵墓埋立生人、是不良《サカナシ》也。豈得伝後葉乎。願今議便事而奏之。乃喚出雲国之土師《ハシ》部壹伯人、自領土部等、取埴《ハニツチ》以造作人馬及種種物形献于天皇曰自今以後以此土物更易生人樹於陵墓為後葉之法則天皇大喜詔野見宿祢曰汝之便議寔洽朕心其土物始立于日葉酢媛之墓仍号土物謂埴輪亦名立物也仍下令曰自今以後陵墓必樹是土物無傷人焉天皇厚賞野見宿祢之功亦賜鍛地即任土部職因改本姓謂土師臣是土部連等主天皇喪葬之縁也

亘貞時巡行　亘為基雄壮

平貞時者時宗子時頼孫也追祖父時頼先蹤潜出巡見諸州体察民風時久我内府某背上皇叡旨削官籍悉没収采地擯黜城南村野結茅纔容身貞時適経其居怪之抵門訪其誰家主人又何姓氏家人出答之備叙其所以蹭蹬貞時聞之曰主人罪責甚軽盍赴鎌倉告之府君遂達叡聞以免其罪乎家人曰主人常謂臣而挙君之非者非吾志矣貞時大感拭涕去其後帰相陽審達此事於上皇上皇有慙色遂咸還賜於久我家之旧地也

長崎為基者父曰思元其志気雄壮自帥師欲扞禦新田氏於是新田衆軍囲繞於長崎之兵士其命殆危長崎父子相偕迫之攻撃及七八度新田之囲為長崎見突不能敢当而新田士卒罷戦

退去、暫休《ヤスメ》疲馬、息労卒焉。新田氏亦聚兵来攻時、父思元亦出欲接之。為基踟蹰佇立、遥見父之所軍而灑涕不能進。思元視之揚声大呼曰、汝何慕我之如此也。汝不可悲与我死別。我縦死而汝独可生乎。汝縦不死而我豈可生乎。縦使汝与我再遇、豈能得久乎。今日我命已窮。必可戦死也。為基聞之拭涙更入敵軍与衆又大戦。遂走敵軍単騎而脱身。不知其所終矣。

百五 義村争先　百六 基久恨上

建暦三年、和田左衛門尉義盛挟逆謀、与其子新左衛門尉常盛朝夷名三郎義秀四郎義直義重等、連結族党、怨襲将軍之営。事起倉卒、営中騒動。時波多野中務丞忠綱出而拒戦。身先士卒、奮撃破之。三浦平六左衛門尉義村亦率所部馳来援《タスク》之。乃激励衆士、皆争奮復討之。既而義盛戦死、朝夷名義秀新左衛門常盛等敗北而逃走。是日微《ナカリセハ》忠綱等則府営不守也。将軍実朝召軍士於柳営中、問功之高卑。波多野忠綱進曰、戦場之中先鋒陥陣者、独在于我。而義村伐功貪賞、自以為先鋒也。何偽之甚。相模守義時密招忠綱於別所、謂之曰、米町之軍、足下雖有功而政所之役、実義村之力也。然則柳営無他守、内無為者、豈非由義村之忠勲乎。

足下欲与之争功而難矣乎。唯為足下慮之、不如莫自伐功而相競焉。如此而待賞、不亦可乎。忠綱不悦曰、夫士之赴戦、莫不以先鋒效績悉為其心。我承継家業、以武事為其職。而今携弓把矢履危向敵数四于茲。安得不自以為功乎。睎一旦之賞、捨万世之名吾則不為。於是、実朝引両人於殿前、捲簾親問、以試真偽。両士各争未決。故召戦士山城判官金子某問之。金子言曰、著赤皮鎧而乗葦毛馬之士、為之先登矣。此馬義時嘗所賜也。遂知忠綱為其先登也。

基久若賀茂県主。世司鴨之神廟職者也。基久有一女子。妖姿媚態、艶麗綽約。絶代之国色也。年甫十六、紅牕之下、吟咏糸竹、靡不学焉。世人覩其貌容、聞其志情者、皆莫不動心悩神。後宇多帝之皇子尊治、呂帥官(宮)一見之、甚注意、纏綣之情、不能自禁。遣媒氏蜜(密)通書、以喩其情。女子亦心憐之。而恐其声之泄于外、不能許諾焉。後伏見帝之皇子量仁亦覩其姿色、不覚自失。慕恋之心、終無以自遣。乃遣媒妁述其款曲、濡筆副以一首倭歌。先是、尊治已詠倭歌、聊寓情懐以贈焉。至是、女子並採二王之歌、呻吟未決。尊治皇子之媒氏、独笑而帰報之、以使婢僕迓之。皇子大喜、命臣僕以牛車迎之。及夜闌、車輿婢僕、羅列門外相俟。女子之出久矣。婢僕之輦、入門使促之。女子遂出将乗其輿。時家父基久自外来、視之驚曰、今夕適何処。阿誰招汝邪。母答曰、帥宮遣人召之。故応其命也。父大怒、禁止之曰、挙世咸謂量仁皇子応為儲君也。若事此君為之妃嬪、則我齢雖既老、而猶如老樹之再得春節而発英花。今適帥宮、仮《タトヒ》使女子得其顧眄、異日於我何幸之有。母不欲違夫之意、出謂其来迎者曰、只今女子俄有恙《ヤマヒ》発、臥而在牀。不得以応命。後日有瘥、則急可令適之。於是来迎婢僕還《メクラシ》車空反。皇子不知其詐、以為実疾而屢令候焉。父母遂令女子趣量仁皇子。尊治皇子聞此、銜怨抱憤甚。故遠尊治皇子臨極、使基久悛替其職而与之貞久。是故基久以解其神職、感時世之屢移、識上情之無定、飲恨作倭歌一首、断髪逃世云。

本朝蒙求巻之中

本朝蒙求　三

本朝蒙求標題巻之下

一 光孝貴相
五 長君鬼仙
九 三守芸院
十三 仲綱木下
十七 惟高地蔵
廿一 伏翁唖態
廿五 加賀伏罘
廿九 津漁罟児
卅三 朝長投冑
卅七 信義牧馬
四十一 佐理手書
四十五 頼長抗衡
四十九 親通舎利
五十三 高時愛犬
五十七 義盛結党
六十一 眉輪刺皇
六十五 玄寿鬚髪

二 敦末光明
六 昭子弟兄
十 兼季菊庭
十四 宗盛燧廷
十八 威世観音
廿二 久米染心
廿六 侍従待宵
三十 濃民腰瓢
卅四 行平網像
卅八 信明玄象
四十二 阿礼口授
四十六 兼良博厚
五十 雅通提婆
五十四 阿新喜蛾
五十八 北條分財
六十二 武烈割胎
六十六 源信抜芸

三 継体勧農
七 助種蛇逃
十一 政子尼将
十五 成範桜町
十九 頼業学庸
廿三 香蚊殉死
廿七 県守斬虬
卅一 真根代死
卅五 頼光鬼窟
卅九 高市直言
四十三 道広立成
四十七 篆(致)賊奪妃
五十一 恵尺出記
五十五 重能詐詔
五十九 浦見慢天
六十三 重衡牡丹
六十七 仁妻覆舟

四 清和覧耕
八 重盛還城
十二 坂額童形
十六 宅嗣芸亭
二十 蝉丸琵琴
廿四 資朝羨擒
廿八 広有射妖
卅二 良秀笑焼
卅六 政頼鷹養
四十 元良高響
四十四 俊基詐謗
四十八 楠母訓幼
五十二 建雷執戈
五十六 長能没(梅)歌
六十 希世死雷
六十四 惟盛楊梅
六十八 江萱書幣

六九 源兆吟梅
七三 庶幾詠燈
七七 公宗作穽
八一 正成智謀
八五 間守叫哭
八九 高家刈麦
九三 忍坂五剋
九七 秀(季)方坐甲
百一 二帝南北
百五 良香動鬼
百九 信隆養雞
百十三 暁月蟣蝨
百十七 実澄昨薄
百二一 生馬白帽
百二五 兄媛省親

七十 菅祝折桂
七四 高徳題木
七八 義深匿櫃
八二 師直婬佚
八六 山田戦慄
九十 押坂喫芝
九四 永福四悲
九八 陽(形勝名遊失空功)
百二 両雄西東
百六 実親施囚
百十 木曽拝鳩
百十四 泰衡鼠鵄
百十八 宗高扇的
百二二 広嗣赤鏡
百二六 中将辞聘

七一 二皇互譲
七五 稲目捨家
七九 今川軌範
八三 恒明三弁
八七 忠信義勇
九一 石見偸璽
九五 真玉伏墓
九九 国樸貢魚
百三 義成博渉
百七 真(道)貞猛熊
百十一 基氏切鯉
百十五 宗繁飢餓
百十九 称光魔法
百二三 逸勢善隷
百二七 成貞倭扁

七二 六子俱誓
七六 鷲住越屋
八十 護良擒獵
八四 蝦夷八佾
八八 宗憲朴実
九二 師泰壊碑
九六 采女擲池
百 不尽祭虫
百四 顕家戦功
百八 弼高弥猴
百十二 実基返牛
百十六 河辺霹靂
百二十 光仁政績
百二四 俊成採詠
百二八 豊長鄙孟

本朝蒙求巻之下標題終

本朝蒙求巻之下

雒陽　仲徹菅亨　編輯
元樸辻慎　校訂

一　光孝貴相　　二　敦末光明

光孝天皇諱時康。別号曰小松天皇。紀伊守藤総継女沢子所産而仁明帝第二（三）皇子也。嘉祥二年、渤海国人入覲。大使王父（文）雉（矩）望見光孝天皇（親王時）在諸王中、拝起之儀、謂所親曰、公子有至貴之相。其登天位必矣。

親衛校尉野敦末常好仏事、不慳財、造堂像写経論。永長二年閏正月、染疾、至十五日、誡子孫曰、汝等莫相近。乃向仏像趺坐。晡時、一光従西南飛光（来）射胸間。人怪之、見戸外無日影。時陰雲而已。入夜合掌而気絶。後数日光明猶存。見者奇焉。

三　継体勧農　　四　清和甕耕

継体天皇諱男大迹。誉田天皇五世之孫。詔曰、朕聞士有当年而不耕者、則天下或受其飢矣。女有当年而不績者、天下或受其寒矣。故帝王躬耕而勧農業、后妃親蚕而勉桑序。況厥百寮曁万族、廃棄《ソ》農績《ヲ》而至《ル》殷富《ニ》者《ナランヤ》乎。有司普《ク》告《テ》天下《ニ》令《シメヨ》識《ラ》朕《カ》懐《ヲ》焉。

清和帝《ハ》文徳帝《ノ》太子也。母《ハ》藤原明子。染殿后也。貞観六年二月、幸《ミユキシ》藤良房《ノ》之第《ニ》、賞《ソ》遊覧《ヲ》花《ヲ》。又命《ソ》城州刺史紀今《イマ》守《モリ》引《キ》農民《ヲ》来《ラシメテ》、令《メテ》為《サ》耕耘之事《ヲ》、而親覧之。察《ストヘ》其苦艱《ヲ》也。

五　長君鬼仏

長《ヲサ》君《ハ》者藤相府晴良公《ノ》妻也。語《ニ》云、悪哉人《ノ》心。以《テ》鍮金《ヲ》同《ク》鎔鋳《シ》造《ル》鬼仏《ヲ》。視《テハ》其金仏《ヲ》則敬崇《シ》之、視《テハ》其金鬼《ヲ》則畏怖《ス》之。同《ク》出《テ》自《リ》一金《ヨリ》而其見《ル》各殊《ナリ》。人《ノ》之善悪《モ》亦如《シ》此。出《テ》於一心《ヨリ》而其分《チ》大《ニ》異《ナリ》。世間之事、一一以《テ》此《ヲ》可《シ》識得《ス》焉。可《シ》謂《フ》格言也。

六　昭子弟兄

昭子《ハ》者貞信公藤忠平《ノ》妻。清慎公実頼《ノ》母也。嘗《テ》語《テ》云、信有《スルトキハ》諸我《ニ》則衆人皆為《ル》我《カ》兄弟《ト》。我失《フトキハ》信《ヲ》於人《ニ》則兄弟親族《モ》亦為《ル》仇讎也。

七　助種蛇逃

清原助種嘗《テ》禁護《ス》左近府《ヲ》。遠《シテ》夜更《ニ》有《リ》蝮蛇来《テ》迫《セマル》其身《ニ》。将《ニ》為《ニ》之《カ》傷《ヤフラレント》、助種不《シテ》騒驚《カ》、取《テ》笛《ヲ》吹《シ》之、奏《ス》還城楽一曲《ヲ》。其音勝絶《ナリ》。蛇聴《テ》之《ヲ》走避《リヌ》矣。遂《ニ》免《ル》所《ルコヲ》傷。仍《テ》名《ケテ》此笛《ヲ》曰《フ》蛇《ジヤ》逃《ニゲシト》也。

八　重盛還城

平内大臣重盛《ハ》太師清盛《ノ》冑子也。為《リ》人《ト》慈愛《ソ》而有《リ》智勇。曽《テ》有《テ》事造《イタリ》于建礼皇后之中宮、登仁寿殿坐。有頃、官女帥典侍、出与重盛対話。時巨蛇出而入重盛右膝下。重盛視之、意我倘騒動、則帥典侍驚惶。又恐皇后有騒心。徐以左手抑蛇首、以右手押其尾、召在堂下輩。于時、六位蔵人源仲綱来、提其蛇出。使奴僕棄之道路。翌日重盛感仲綱之雄志、以黒色良馬并太刀賜与焉。仲綱答書曰、昨之事其志之所至、実可謂符合還城楽。蓋謂之還城楽者、此舞楽有為捕蛇之勢。故云爾也。

九　三守芸院　　　十　兼季菊庭

亜槐光禄大夫藤三守、鎌足之来孫也。父曰直(真)作、為阿州牧。三守以官禄之奇贏、買勝地、経営一屋、号曰総芸種智院。其中悉収入九経九流三玄三史七略七代文等書、使衆人渉猟焉。仁明帝時、拝右丞相。承和七年薨于私第。

今出河右丞相兼季、西園藤相府実兼第三子也。家于洛今出河地。仕後醍醐帝、拝右丞相。雅愛菊花、蒔之満庭。毎至時節、翫賞終日。称曰菊庭。亦造亭於其傍、号菊亭。後人以為家之佳号云。

十一　政子尼将　　　十二　坂額童形

平政《マサ》子者、遠江守北條時政之女《ムスメ》也。嫁于源頼朝、生頼家実朝。正治元年、土御門帝頼朝捐館、政子剃髪為尼。順徳帝時、授従二位。謂之二位禅尼。承久元年実朝薨。自此後、二位尼聴天下政。故世俗呼称尼将軍。後堀河帝嘉禄元年、齢六十九卒。

坂額者、越後州城資盛姨母也。建仁元年、資盛拠鳥《トリ》坂城叛時、佐佐木盛綱奉頼家命、率衆攻之。互多死傷。坂額善射。仮為童形、結髪著甲、居城上放矢。中之者皆斃《タフレヌ》。藤沢氏某在高処射之、中坂額股、即仆《タフレヌ》。因生捕之。資盛遂敗北。及坂額創愈、将軍源頼家令浅《アサ》利義遠納而為妻。額女雖形甚醜、而其雄《タケキ》如此矣。

吉　仲綱木下

古　宗盛烖廷

仲綱者、源光禄頼政之子也。仕補豆州刺史。家養駿馬。仲綱愛之、名曰木下。平宗盛欲得之、使人請之。仲綱不欲与焉。託言答曰、頃日馳駆頻数、而馬蹄甚倦。故遣之辺邑、休其疲労。宗盛聞其詐託、言於倦疲、頻令請之。源光禄謂仲綱曰、何愛一馬。於是仲綱詠倭歌一篇、而致之六波羅館。宗盛視之曰、馬是駿逸也。然而仲綱之惜甚可憎也。乃焼《ヤキ》鉄於火、焼印乎馬背、書仲綱、而羈《ホダス》之于厩。仲綱聞之大怒。光禄亦深銜《フクム》之。遂謀討平族、勧茂仁皇子。事発覚。頼政奉皇子孫于近州三井寺。頼政臣有渡辺競者。尚留其家。宗盛召之問曰、汝何為不随光禄行乎。答曰、主不使吾知之。故留而已。曰汝附吾哉、従頼政乎。曰何為従朝敵之人。且疑吾不臣、不令知之。只願仕公而夙夜竭心、致身於君耳。宗盛大嘉之。終日侍坐、及日暮謂宗盛曰、願賜一良馬。吾行討頼政矣。宗盛乃命守厩者賜良馬。其名曰煖廷。競乃乗之馳臻三井寺、献之仲綱。仲綱悦之甚矣。焼鉄書平宗盛字、印於馬背、放之六波羅。宗盛見之、大怒謂競之走已。

十一　成範桜町　一作重教　或作繁則　十二　宅嗣芸亭

藤原成範日向守通憲之子也。通憲改名信西。兄俊憲為東宮学士。成範風流閑雅、綽有餘裕。官至中納言。性甚愛桜花。毎聞吉野勝絶、慕其風致、乃其所居之傍、多植桜樹、構亭其中。毎至春日開坼、含芬吐芳郁郁菲菲、左右照映、如雲如雪。成範飲宴吟哦於其間、以為娯楽。時人呼之、為桜町中納言。本朝謂街巷為町也成範平日憂桜花之寿、不過数日。因祷之於神、求延其寿。自是其花経三七日而栄茂不衰。人以太奇之。有子曰基範。

金紫光禄大夫黄門石上宅嗣者、以文才俊邁、称揚于当時。光仁宝亀年中、撰遣唐大使、詣中華、謁諸名徳。帰営一宇居焉。傍曰芸亭。収貯群籍於其中、自作其記。天応初元六月捐館矣。

七　惟高地蔵　　六　感世観音

周州玉祖神宮司惟高者、世為神官也。而帰心仏衆。平日唱地蔵号。長徳四年四月、寝病過六日、俄爾気絶。忽赴曠野、迷而不知路。於時六沙門、儀相厳好、徐徐而来。一人持香爐、一人合掌、一人持宝珠、一人持錫杖、一人持華筥、一人持念珠。其中執爐人告曰、汝知我等不。惟高曰、不知。曰、我等六地蔵也。居在南方、並現六種身、将要救六趣衆生。汝本巫属、而久帰心我輩。是以命汝還魂本土。汝甦之後、必須造我像、以致恭敬。言畢倏然不見。惟高驚覚、遂甦。問之家人、曰、死後已経三日也。惟高深信益敬、便構一宇、刻地蔵仏六躯、安之其中、瞻礼供養、無時而懈。後年七十餘而卒。

感世者、以造仏像之工為活。波州桑田郡有宇治宮成。命世刻観音像。已而成、宮成厚償其価。世受銭帛、帰洛城。宮成忽念而言、我所償工甚過。不如殺於路奪之。則追及大江山、殺世奪財而帰。宮成後拝観自在新像、肩上有割切。従其瘡血流凝地。宮成怪怖曰、我斬工。今仏像何故如此也。便使使者馳都見世。世無恙。使者復命。宮成驚惋而急詣工家、返所奪財、備言所以。世曰、我於大江山逢賊、被掠財。潜逃帰家耳。今聞君言、大悲、尊代吾受刑也。二人執手感嘆。自此盟親友。今穴生観音者是也。

十九　頼業学庸

頼業姓清原。舎人大王之遠裔、音博士祐隆之子也。初侍読於高倉帝、補穀倉院別当。旧名顕長。更改頼業。拝中散大夫。毎読礼記、謂大学中庸両篇、後世必有広才達理人、則抽繹出之、別為二書、而為抵代之至宝矣。其言果然。蓋雖地異世殊、其意気相感如此乎。後鳥羽院文治五年閏四月十有四日、享年六十八而卒于私寝。今西峨宝寿院中車裂明神者頼業祠也

廿　蝉丸琵琶琴

蝉丸者仁明帝時人。其姓氏不詳。亦不識何人継胤。蓋古之隠逸士也。居相坂、結廬庵、幽栖焉。尤善弾琴瑟琵琶。又能吟倭歌、寓其志。施名後世。其平素所手琵琶、所謂無名也。深草帝勅良岑宗貞、使往習和琴世云。相坂関明神者、乃蝉翁也。

廿　伏翁唖態

廿　久米染心

伏見翁者不知何許《イツレノトコロノ》人。亦不審其姓名。翁臥和州菅原寺側、岡不

起三年。又遂不言。人咸呼為唖者。行基迎天竺僧菩提帰於菅原寺設供。二僧相歓、乃執箸為拍板而互舞。于時翁俄起入寺。又作舞而歌曰、時哉時哉、縁熟哉。三人倶舞、其不相怪如旧相知。蓋頃年作唖態者、為発此言也。名其臥所曰臥見岡。因而以名翁焉。

臥見後人

改曰伏見

久米仙人和州上郡人也。入深山学仙法、食松葉服薜茘。一旦騰空飛過故里、会婦人以足踏洗衣。其脛甚白、忽生染心。即時墜落。漸喫煙火、復塵寰。然郷党親旅当署其名、皆書前仙某。今旧旅之中往往猶有悉然。嘗於高市郡営精舎、鋳丈六薬師金像并二菩薩像、所謂久米寺也。後又修仙、凌空飛去云。

芸香蚊殉死　　茜資朝義擒

香蚊者安康天皇時事于大草香皇子。皇子即仁徳子也。有背安康天皇之命、一旦殺皇子於是日、香蚊父子倶傷其君無罪死之。父抱君頸、二子各執君足而唱曰、吾君無罪死。悲哉。父子三人、生事之死豈不殉。是不臣矣。即自刎死於皇尸側。衆皆流涕也。

日野黄門資朝者、真夏之後、文章博士亜相俊光之第三子也。正中年中、資朝奉後醍醐帝詔命陰謀亡鎌倉北条氏。事覚終就生擒《ニ》。継《テ》髭降左土《ニ》。後被《ル》死刑《セ》焉。初《メ》資朝路《チ》過六波羅《ヲ》時《ニ》、偶《ゝ》視冷泉為兼《カ》被生擒《セ》而往《ヲ》歎《ソ》云、嗚呼在世者《ハ》、如《ナラハ》此則足《タンヌ》矣。後《チ》果《メ》然《リ》也。

芸　加賀伏柴

加賀者《ハ》鳥羽帝皇后待賢門院之官女也。善《ニ》倭歌。嘗《テ》有宿構之吟、其心自謂《ヲモヘリ》秀作《ナリト》。而不《レモ》語人《ニ》。為俟《テ》時《ヲ》出《サント》之《ヲ》。偶《ゝ》遭花園左府源有仁之恋《フ》之。加賀与源公契情密也。経時月《ヲ》、源公稍《ヤヽ》有疏節。加賀以宿構之吟《ヲ》贈之。源公以其吟之清絶《ナルヲ》甚《タ》賞美《ス》焉。世人遂呼《テ》称《ス》伏《フシ》柴加賀《ト》。其歌云《ク》、兼底与利思之事於伏柴乃樵波加利奈留歎幾世牟登波。

共　侍従待宵

小侍従者《ハ》、姓《ハ》紀氏。武内宿祢之苗裔。石清水別当光清《カ》娘也。仕近衛皇后藤多子。多子者《ハ》、徳大寺左大将実定妹也。実定常与侍従通《ス》。情好甚厚《シ》。一夕同衾並枕接歓笑。既《ニシテ》而夜将曙《ント》、実定帰去。侍従惜《ミ》別《レヲ》詠歌一首以寄其情《ヲ》。曰《ク》、待宵仁深行鐘乃声聞計波阿加奴別乃鳥《トリ》波物加波。世人咸《ナ》称其歌、名《テ》曰待宵侍従《ト》。

艾　県守斬虬

仁徳天皇六十七年冬十月甲申、吉備中国川嶋河派《カハマタ》有《テ》大《ナル》虬《ミツチ》、令苦《マ》人《ヲ》。時《ニ》路人触《テ》其処《ニ》而行《ハ》、必被《ヲカサレテ》其毒《ニ》以《テ》多《ク》死亡《ス》。於是、笠臣《ヲミノ》祖県守

卅　広有射妖

為人勇悍而強力。即挙剣入淵、斬虬、河水変血。故号其水曰県守淵。

隠岐金吾校尉広有、事于二條藤府道平、甚有勇名。後醍醐帝建武之初元、紫宸殿上有妖鳥。飛来、其鳴声甚怪。主上暨諸卿百官聞之。無不忌畏。廷臣皆奏曰、左相之臣有隠岐広有者。力強能射。於是、命広有射之。奉詔執弓矢、遂射殺焉。叡情大悦、賞賚以因州中二邑為之食禄也。

苑津漁罟児　手濃民腰瓢

推古天皇御極二十七年秋七月、摂津国有漁父。沈罟於堀江、有物入罟。其形如児。非魚非人。不知所名也。

元正皇帝時、濃州有一樵夫。売柴養父。父嗜醇酎。樵夫毎腰一大瓢以過酒家、沽之以与父。一日又採柴於山、欲踏滑石失足而顛。乃有酒香、発於石罅。以手獲鑿之、醴泉迸出。因嘗之、其味勝於麴酒。樵夫喜而貯之於瓢以餽父。日日以為務也。帝聴之、以霊亀三年九月、臨御見之、感激甚矣。輙遣中使、降爵於樵夫、為濃州刺史。又改元養老、至今倡優之徒、作養老曲以歌之。聆者皆起孝心矣。

世　真根代死

応神天皇時、武内宿祢之弟甘美内宿祢欲廃兄、譖武内於天皇。天皇遣使以殺武内。有真根子者、其形似武内、真根惜武内無罪而空死、語武内曰、今大臣以忠事君、無私心。天下共知之。願密避之赴于朝、親弁無罪而後死不晩也。且時人毎云、僕形似大臣。今我代大臣而死、以明大臣之丹誠。乃伏剣自死焉。鉏麑代趙宣子之死、今真根有之

世　良秀笑焼

往歳有画工、名曰良秀。失火于家、屋宇悉焚焼。良秀莫有憂色、又無救火意。独立其傍、点頭喜笑数次矣。或問之曰、汝何為悦其失火乎。答曰、我年来図不動仏、而不能備獲火炎之形容。今幸得見其真。所以悦也。又曰、人之有業、精得其意、則資財自盈于家矣。何惜家財之焼失乎。

世　朝長投冑

源朝長、義朝第二子也。二條帝時、値平治之役。義朝軍不利、時朝長歳有十六。与父義朝共奔過洛北之八瀬邑、以其傷矢、脱冑投河去。俗其処曰鞠淵。

世　行平網像

橘行平、亜相好古之孫。天暦帝十有三年、行平奉勅神拝於因幡州一宮。一宮乃武内之廟也。行平拝畢、旅次館舎。少頃寝病、殆将

不救。荒服之境、無医術、左右莫奈之何。因祈効於神。行平夢、有一異僧来曰、汝可赴賀留津、以攘《ハラフテ》之除《ノソク》汝病。行平夢覚《サメテ》、急《スミヤカニ》駕輿届賀津。居久而沈網於滄溟。網羅中獲薬師之像。其長五尺計。輝光燿煜、香気普薫。行平駭喜仰之。其疾立《チトコロニ》癒。心身和悦。帰京師而烏丸之坊《チマタニ》創一宇以敬安之。今之因幡堂是也。

廿三　頼光鬼窟

摂津守源頼光者、多田満仲子也。三條帝時、洛北八瀬山中有鬼窟。一大鬼常匿其岩穴。窟中有路。径《タチニ》通丹陽大江山。而其鬼魅移大江山棲止焉。多悩殺路人。頼光奉勅行至鬼窟、遂刺殺其鬼云。

廿四　政頼鷹養

仁徳帝時、百済国遣使者米丸献奇鷹俊犬。航梯以至越前敦賀津。此時本朝昧鷹犬指呼術。独有政頼者奉勅向越州慰問呈華使者、臂鷹牽犬以帰献于帝。然後米丸欲棹百済帰船。政頼運籌粧美女、載醇酎以酒滛之。於是米光淹滞数月。政頼尽得蒼黄之術。朝廷賞之賜姓巨部。以其家為鷹養人云。

廿五　信義牧馬

廿六　信明玄象

信義信明倶源三品博雅之子也。兄弟並善音律。能弾琵琶。時人無レ弁二其之甲乙一時、有二古琵琶一双一。一ハ名二玄上一、或作玄象一ハ名二牧馬一。倶ニ本朝之名器、累世相伝以為二珍宝一。人亦不レ弁二其勝劣一矣。信義乃弾二玄象一、信明弾二牧馬一。倶度二一曲一。更無二少優劣一。少選信明亦取二玄象一、信義又取二牧馬一、同弾レ之。於レ是音調声響、霄泥相阻。時人乃知三信明超二信義一、玄象勝二牧馬一焉。

卅九　高市直言

持統帝三月三日、将レ行二幸伊勢一。時中納言三輪朝臣高市麻呂上レ表敢直言諫争曰、天皇之幸《ミユキマシマスハ》二伊勢一、此妨《サマタケリ》二於農時一。帝不レ聴。竟如《ミユキセリ》二於勢州一。於レ是高市麻呂、脱二其冠位一、擎二上於朝一、重諫曰、農作之節、車駕未レ可二以動一。帝不レ従レ諫也。

卌　元良高響

兵部主元良者、陽成帝之皇子也。嘗元日在二大極殿一朝賀。其奏言声響甚高、而聞二鳥羽之道路一云。

卌一　佐理手書

佐《サ・スケ》理《リ・マサ》者藤氏。王父曰二清慎公実頼一、父曰二敦《アツ》敏《トシ》一、母左府時平女也。佐理仕二冷泉円融之朝一、為二太宰府大弐一。素善二翰墨一。後世称二其手書一、曰二佐跡一。与二道風行成一並レ焉。是以貞元年、新営二禁闕一、其門楣往往令二佐

卌二　阿礼口授

理ヲ書焉。亦馳其名于中華。故宋史載之矣。阿礼者不詳其何世人。蓋上世之聞人也。能暗記神代之事蹟。此時本朝未有文字。阿礼口授之於人而已。故後世亦有伝述之之人。於是舎人皇子著日本記（紀）若干巻也。一説云、阿礼ハ姓稗田、名天武帝ノ時人也。為人謹恪、聞見聡慧。

四三　道広立成

蔵人《クラフト》道広、家世以儒為業。在勧学院勤励久之。後捨家為僧、趣于南都。号信救。茂仁王謀滅平族也、事覚逃而保於園城寺。檄興福寺僧徒。僧徒令信救書其回簡。其書謂清盛為平族之糟糠、武家之塵芥。清盛聞之大怒、欲執殺之。信救懼罪亡命而赴北州、改名覚明。属木曽義仲為之史臣。寿永二年義仲討平氏陣于越中羽丹生路側。有小祠。問之曰、八幡神祠。義仲拝之且命覚明為文祭之。以祈其軍。覚明援筆立成。文辞雖不美而敏捷之才也。

四四　俊基佯（佯）謬

俊基者仕于後醍醐帝官為蔵人右少弁。奕世以才称。帝潜意滅鎌倉北條氏。召俊基及五六輩臣命之軍旅事。於是俊基予謂《ヨモヘラク》如何而得罷朝潜身共為此籌策。時台嶺僧徒有訟争者。以欵牒奏上之禁庭。俊基素執行蘭台之政事。且有文才。故命俊基読其訟牒。俊基佯（佯）謬読楞厳院為慢厳院。坐中僚輩聞之互目《メクハセシ》掩口盧胡。

後基愧赧而出。終屏居私第。改其衣服、潜出赴和州河州、郡県山村、悉巡視城郭之可営、軍士之可屯之地。尋訪人民之多少、歴閲土地之要害、旦暮之所図、無非軍旅之事也。

四五　頼長抗衡

藤原頼長、知足院相公忠実之子也。兄忠通号法性寺相公、頼長崇徳近衛之際、事朝有寵。拝左大臣。後白河帝保元元年、新院崇徳密謀襲帝宮。頼長賛襄之。乃集兵白河之宮中。朝廷聞之、乃命諸将令率兵攻之。崇徳軍大敗。頼長入如意山。頼長道而中矢死。時年三十六。頼長穎悟、有才気。少而好学。兼達倭漢。嘗従信西而学焉。善政事、有謀略。容貌厳重、有台鼎之量。兄忠通寛仁愛人。文芸絶倫、好吟詩詠歌。兼善草隷、甚得世誉。頼長毎譏之曰、詩歌細芸、草隷曲技。倶非朝廷之所急。賢人君子、豈必要之乎。以故塤篪不合。常以威権相共抗衡。閲牆之咎、遂生紛乱。頼長恃才使気。時人呼曰悪左府。

四六　兼良博厚

大相国一条藤兼良者、成恩寺関白経嗣子也。博識多才、所著之書不少。亦兼通神道仏学倭歌。是故於今人皆推之称博厚。仕于後花園後土御門二朝。文明五年、齢七十二而剃髪改名覚恵。号

後成恩寺。管自負広才、有言。若使菅丞相再生、而其博洽之才、不
知与吾何如也。蓋自謂不可及己之才也。文明十有三年、歳八旬、
而薨于正寝。有子曰教房、亦為関白。次曰冬良。為内府。

四八　楠母訓幼

四九　築（筑）、賊奪妃

尊《タカ》良《ヨシ》王、後醍醐帝第一之子也。元弘元年、帝幸笠《カサ》置《ギ》。及東軍攻陥
笠置、乗輿播遷。王遂為虜、配土佐州。初尊良納今出川右相公《キン》顕《アキ》
之女為妃。姿容卓絶、綽有餘妍。以故夫妻之間、情好甚密。及至土
佐、参商相隔、魚沈雁杳、音耗不聞。尊良想念之懐、不能自制。幽愁
暗恨。時見于色。監護之士、有井某私知其意、所在告之曰、私迎妃
来何不可之有。尊良悦之。乃命侍臣秦武文逆妃於京。武文奉命
趣京。時妃避難於嵯峨深草里。武文尋求終得其居。妃見武文悲
喜交集、不出一言、唯嗚咽耳。武文因陳尊良令其来迎之意。妃甚
喜之。遂従武文将趣土州。道次尼崎《アマカサキ》、欲俟《マチテ》風波穏而自放舟。時紫
陽人松浦五郎者、将帰其国。亦過此所、窃視妃容色無双、意私悦
之、有劫奪之意。及夜乗暗、与従者三十許人、破其門戸而突入焉。
武文以為偸也。起提枕上刃、出而拒之。俄而松浦従者放火于舎。
武文欲抱妃避火、誤令之乗松浦之舟。松浦自悦妃乗其舟、速引

舟去。武文又去、欲令侍婢避難、比至火遂焼舎。及于事定武文索妃不見。望見洋中、何舟遥去。武文揚扇招之、賊等徉（佯）為不見。武文怒乗小舟而追之不及。憤恨不勝。遂自殺舟中。

楠帯刀正行、廷尉正成之子也。延元中正成及弟正季、与源尊氏暨弟直義等大戦於摂州湊川。正成軍不利、所部士卒死亡、相継無由奮撃。兄弟同自殺於軍中。尊氏梟其首於六條河原。経日還与之於其家、令葬。正行時年十三。与母倶見其首、号哭不已。俄走入別室。母怪而窺之。正行乃抽刀将自殺焉。母遽執其手、泣告之曰、汝是廷尉之子。何昧其道。嚮廷尉趣兵庫、使汝留桜井者、非所以死後令汝祈冥福。又非令汝自殺。唯願汝年長而能為君討賊、為考復仇爾。而今汝徒殺身、不能愛君、難不能継考志。忠与孝二者倶失。豈廷尉之意耶。正行乃悟、慷慨而出。後竟大建軍勲。

四九　親通舎利　　五十　雅通提婆

大江親通者、文術之士也。亦能草書。家少産業。恬淡自守。嘗閲仏書中有記渉舎利者、則悉纂録之、合及三十巻。目曰駄都抄。一日開書函、函中有舎利六顆。色光如珠、大如小豆。其平素耽嗜舎利之所致耶。仁平元年十月十五日卒矣。

羽林中郎將源雅通、性好敢猟、動事鷹犬。而直心純至、日誦法華提婆品十二遍。常以浄心信敬、不生疑惑者、不堕地獄餓鬼畜生、乃至在於仏前蓮花化生之句、為口実。臨死期乃誦之畢而卒逝。得安養云。

五一　恵尺出記

皇極帝臨御四年、蘇我臣蝦夷等臨誅、悉焼天皇記国記珍宝。船史《フヒト》恵尺即疾《トク》取所焼国記、而献之中大兄也。

五二　健雷執戈

天照神欲令天孫治豊葦原中国、遣健雷神。於是健雷執戈剣、為之先駆矣。

五三　高時愛犬

平高時北条貞時子。任相模守。嘉暦元年薙髪更名宗鑒。為人放肆。以勢軽人、居権極奢。平素聚蓄犬数百、使其相嚙闘、見以為楽。又令諸州貢献焉。群牧連率争而徴発。或十頭、或二十頭、無日而不致之。飼之以魚鳥、繋之以金鏁。是以府中狂犬充盈、及四五千数。其行路養畜之費耗、不可勝計云。

五四　阿新喜蛾

藤国光小字阿新。日野黄門資朝之子也。資朝事後醍醐帝而有寵。時北條高時執勢位、握兵權威福在己、征伐自出、而驕奢淫溢弁髦天子、不欽詔命。旨酒好色、日以耽樂。元亨二年、帝以其暴慢、密与近臣図之。資朝亦与焉。正中二年事覺。高時乃執資朝、遷之佐渡、使本間山城守幽繫焉。元德二年五月、高時命本間氏令誅殺資朝。時国光年纔十三。与母屏居于洛西矣。聞父当見殺、涕泣請母、以自往見父。母泣而止之。国光固請再三。母遂許焉。国光乃出洛、数日至佐渡。使一老僧告本間氏、以其所由来且乞矜愍一見其父。本間不允之。無何資朝竟被誅。国光竊謂、為父復讎、一夕風雨晦冥。国光乗暗直入本間寝室、以覘其便。今夜本間仮寐于外。其族子三郎者、独臥斯室。是則手親誅資朝之人也。顧眄室中、傍無侍人。唯有明燈耿耿而已。少而有飛蛾、擾擾集其西窓。国光潜開其戸。蛾便驚飛、撲滅其燈。国光大喜、乃進近、以足蹴枕三郎驚寤。国光直刺殺之、走出遂逃帰京師。

五五　重能詐詔　　五六　長能悔歌

建武二年十一月、新田義貞及弟義助、将兵六万、与相陽軍戦矢矧《ハキ》河。高師直等軍大敗績。及日暮退陣於鷺坂。義貞部将又追攻之。東軍又敗。足利直義率兵援之、陣手越河。十二月、義貞進軍与之大戰。東軍又大敗、却于鎌倉。直義欲見尊氏告其軍事。乃入営中、求尊氏不在焉。須賀某曰、將軍聞矢矧之戰、義軍不利、將入建長寺、薙髮爲僧、以謝罪朝廷。直義及諸將皆驚惋而謀無所出。時伊豆守上杉重能謂直義曰、使將軍聞達朝旨者、雖令爲僧而不得贖其罪、則將軍必止。直義曰、善。重能乃使能書者詐爲詔書、其略曰、足利尊氏直義以下族類、誇武威軽朝憲。雖使面縛降軍隱逸謝罪、不宜寛刑罰。如此者十餘紙。直義懐之至建長寺、語尊氏曰、新田義貞忌吾兄弟、讒于帝。帝乃信之。乃使義貞来討吾兄弟。其志在族滅我徒。將軍盍一戎衣以救其禍。因出詔書示之曰、是矢矧手越之戰、殺敵而所獲也。尊氏執書閲之。不悟其僞曰、実如此、雖薙髮何益。不如与義貞爭死。遂弃衲衣而著戎衣。於是散卒復集、軍亦大振。

長能者伊勢守藤原倫寧子、冬嗣公五世之裔。任伊賀守位擢從五位上。其名入于歌仙之妙撰。三條後一條之時人也。長能至三月小尽之日、裁一首歌、自謂秀傑。既而示見藤亜相公任。其吟云、心憂幾年在哉二十餘利九日登云春波来仁計里。公任詰之曰、子以春爲限三十日乎。自是長能大悔自謬、寝病不起而卒。其重倭歌如此。

五七　義盛結党

順徳帝建保元年、信陽人泉小次郎親平陰以前大樹頼家子千寿為大将叛于幕府、実朝欲亡北条氏族。事発覚、捕其与者、既加流刑。和田義盛子義直義重与焉。於是義盛請宥其子之罪。実朝以義盛功勲之旧、免二子之罪。義盛又請以其甥和田平太胤長之罪。幕府不許。命義時面縛胤長、令経過和田氏親族之門前、而竄逐于東奥、且賜其宅地於義時。因是義盛勃然大憤、聚其親族九十八人及己親知者結党叛也。

五八　北条分財

北条泰時者平義時子也。義時元仁元年頓捐館。泰時意父平素鍾愛朝時重時勝於我。故存時不分家資於我。我何不思考之志乎。悉分其貨財於二弟与之也。

五九　浦見慢天

六十　帝世死雷

仲哀天皇詔群臣曰、朕未逮弱冠、而父王既崩。乃神霊化白鳥上天。仰望之情、一日無息。願獲白鳥、養之慰朕情。乃令諸国俾貢白鳥。越州貢白鳥四翼。蘆髮浦見別王視其白鳥而問之曰、何処将来也。越人曰、天皇恋父皇而将養狎。故貢之。浦見謂越人曰、雖白烏而焼之則為黒烏。仍強之奪白烏而去。天皇悪浦見無礼於先王。乃遣兵卒而誅矣。浦見王者天皇之異母弟也。時人曰、父是天也、兄亦君也。其慢天違君、何得免誅耶。

醍醐帝延長八年、雷落於清涼殿。尚書右中丞平希世為雷震死。帝惶怖而遷常寧殿也。

六一　眉輪刺皇　　六二　武烈割胎

眉《マユ》輪《ワ》王者仁徳之孫、大草香皇子之子。安康帝因譖言《シコチコト》殺叔父大草香、納其妻中蒂姫為皇后。甚有寵。皇后初在大草香家生眉《マユ》輪。安康帝枕皇后膝昼睡。眉輪伺其熟睡而刺殺之。安康弟雄略帝大驚、分(忿)怒之甚。欲誅眉輪。索劾其所由。眉輪曰、臣元不求天位。唯復父仇而已。

武烈帝者仁賢帝太子也。日好残虐、不脩一善。割孕婦之腹而観其胎。其無道如許。

六三　重衡牡丹　　六四　惟盛楊梅

三位中将重衡、平清盛之四子也。及平族敗、重衡為虜。頼朝甚憐之、能遇之。使倡妓千寿弾鼓瑟琴而慰其愁情。重衡亦能弾琵琶、時時遣悶。一夕重衡憂鬱於邑、以不自禁。遂自謳橘相公、燈暗数行虞氏涙之句。頼朝聞之、深嘆曰、平氏甲冑弓矢之外、復有如此之風流乎。斎院次官親義侍坐曰、平氏有歌才者、不為少。曾以此族比喩百花、則比重衡於牡丹。其優閑如此。

三品羽林中郎将維盛、平重盛之長子也。幼而閑雅。及平氏敗、為僧而詣紀州熊野、那智。時又有三五輩旅僧。詣那智徘徊而見之。相語曰、彼者小松大臣之長子也。昔安元中為四位少将時、春日賀太上帝五袞之叡算。父為内大臣左大将、叔父宗盛為大納言、右大将、坐階下。維盛挿桜花於頭上而舞青海波。花粧灑露、舞袖飄風。細細腰支、艶艶顔色、照映上下。宮女見之曰、譬如深山木裏見楊梅也。豈思如今如此顦悴。可悲哉。

六五　玄寿鬚髪

玄寿字東岸。自少壮留志頓宗、以参禅為其業。而不見其首、不断其鬚、亦不披緇衲。或登高座而説法、或撃羯鼓、或執扇而舞。其平日行業、人皆無得而計。蓋風顛漢之徒也。東岸居士、師自然、自然居士師東福円爾云。

六六　源信技芸

左丞相源信者、嵯峨帝皇子、融公之兄也。清和帝時、与藤良相行天下政。信公多才多芸、能達学問書画管絃馬鷹等也。

六七　仁妻覆舟

仁田忠常妻、貞而守信。閨門之中、琴瑟好合。忠常嘗臥病。殆不可治。妻自作願書、禱之豆州三嶋神祠。請縮己齢以救夫命。如此者、数日而忠常復常。其後妻将自江尻泛扁舟、趣三島賽其神。中流而風烈浪怒、俄頃覆舟。舟中男女入水者、衆然各得免死。唯婦溺死耳。

六八　江萱書幣

赤染衛門者、大隅守赤染時望女也。一条帝時、官侍於上東皇后。時父為右衛門尉。故取其姓与父官名之、以赤染衛門。其質穎敏有姿色。嘗著栄花物語若干巻。後嫁大江氏匡衡、生挙周。挙周嘗寝疾、針薬不効、将殆。人皆謂住江神之祟。母大驚哀、縮吾身命救我子。其丹心誠実、銘鏤不可言。書一詠於幣帛、納之其神祠。其吟云、加波羅牟登禱留伊濃知波於志頗羅底佐底毛和加礼牟古登楚加那之幾。其一夕夢老翁来取此幣。甚喜笑。遂其病瘥矣。

六九　源兆吟梅　　七十　菅祝折桂

源右丞相実朝者、頼朝子、頼家弟。母曰平政子。実朝偶詣鶴岡神祠視庭下之梅花盛開有興。吟倭歌曰以氏氐以那波奴志奈岐耶登登奈利奴登我能岐波農牟咩予波留於和須留奈。人以為不祥。入夜往而拝焉。果為公暁見殺。此亦倭歌之讖。

菅原丞相年已稍長、方欲加冠。其夜丞相母咏倭歌云、久堅乃月濃桂茂折波加利家乃風於毛吹加勢底之加那。後丞相遂成儒業之名。

二二　二皇互譲

億計弘計兄弟者、市辺押磐皇子之子、履中帝之孫也。父皇子為雄略帝所殺。時兄弟猶幼。共遁身下志陽如賤者、避蹤於播州明石郡事人牧養牛馬。謹恭友愛、顕其名。清寧帝聞其為押磐之子、以無胤迎二人立億計為皇太子、以弘計為皇子。帝既崩而億計不立位、譲弘計。弘計亦不敢受、相辞久而不処。由是其姉飯豊皇女臨朝秉政十又一月而皇女崩。於是百官大会朝以天皇璽置之億計坐。強即位再拝各就臣位。億計益固辞不止。大臣皆曰、宜随兄命承統大業。弘計不得已而践帝位。此曰顕宗。世嘉兄弟互以実能譲曰宜哉。兄弟怡怡天下帰徳焉。

二三　六子倶誓

天武帝登極八年乙酉、詔草壁大津高市河嶋忍壁芝基六皇子曰、朕今日与汝等倶盟于庭、而千歳之後、欲無事奈之何。皇子等共対曰、理実灼然。則草壁皇子先進曰、吾兄弟長幼、各出于異腹、随天皇勅而相扶無忤。若自今以後、不如此盟、身命亡之、子孫絶之。五皇子以次相盟如先。

七三　庶幾詠燈　　七四　高徳題木

菅原庶幾《モロチカ》、嘗有餞別詩、得一句曰、一葉舟飛不待秋。吟誦数回、未得其対。江朝綱曰、盍詠燈乎。庶幾乃悟、足成之曰、九枝燈尽唯期暁。

三宅《ミヤケ》高徳《タカノリハ》備之前州人也。世居州之児嶋。号児嶋三郎。北条高時之恣虐也、後醍醐帝窃謀之、乃勅諸将討之。事発、帝潜幸笠置。時、高徳奉詔、以建義旗。元〔正〕慶元年、帝事未就、而出笠置、楠氏亦戦死。高時幽帝於隠岐。高徳及聞之、大喪其志。因集其門族語之曰、古曰、志士仁人、無求生以害仁、有殺身以為仁。又曰、見義不為、無勇也。今我奉詔命、事未及成、而高時犯順、致令主上播越笠置。又遥迫乗輿、将遷隠州。此誠忠臣効命之時也。我意以為、邀乗輿於路、劫其士卒、以奪主上、而後首唱勤王、以集義勇、同心協力、殲凶徒、設使事不成、而不失忠義之名於後世也。卿等於意以為何如。宗族皆壮之。遂渉険履危、赴山陽道、出備播二州之境、而伏兵舟坂山、以俟乗輿之至也。然而乗輿不歴山陽、直過播、今宿赴山陰道。高徳復要之作州杉坂。比至、乗輿已過。於是、高徳士卒皆散。高徳傷其志、不遂、潜歩至行在所、削其傍大桜樹、書詩一聯曰、天莫空句践。時非無范蠡。監護之士、皆不知字、亦莫知其意。乃献之帝。帝覧之悟意、所在感其忠義、喜見乎色。

五　稲目捨家　　六　鷲住越屋

欽明帝十三年冬十月、百済王献釈迦仏金銅像一軀、幡蓋若干、経論若干巻。帝乃歴問群臣曰、西蕃献仏像。相貌端厳、未曽看。可以礼耶否。蘇我大臣稲目奏曰、西蕃諸国一皆礼之。日本豈独背乎。物部大連尾輿中臣連鎌子同奏曰、我国家之王天下者、恒以天地社稷百八十神、四時祭拝為事。方今改拝蕃神、恐致国神之怒。帝曰、宜付情願人稲目。稲目跪受而忻悦、安置小墾田家、懃脩出世業、捨向原家為寺、名号向原寺。此時国中行疫気。民致夭残。久而愈多、不能治療。物部大連尾輿中臣連鎌子同奏曰、昔日不須臣言、致斯病死。今不遠而復、必当有慶。宜早投棄、懃求後福。帝命有司、乃以仏像流棄難波堀江。後縦火於伽藍、焼燼更無余。

鷲《ワシ》住《スミ》者、鰤《フ》魚《ナ》磯《シ》別《ワケ》王之子。履中天皇六年、喚鰤魚磯別王之女《ムスメ》大《フト》姫《ヒメ》郎《イラツ》姫《メ》高《タカ》鶴《ツル》郎《イラツメ》姫、納於后宮、並為嬪《ミメ》。二人恒歎曰、悲哉、吾兄《イロへ》何処去耶。天皇聞其歎而問之曰、汝何歎息也。対曰、妾兄鷲住王《ヲホキミ》、為人強力軽捷。由是独馳越八《ヤ》尋《ヒロ》屋《ヤ》而遊《イユキ》行。既経多日不得面言。故歎耳。天皇悦其強力、喚之。屢遂不来。

六　義深匿櫝

公宗設穽

西園寺亜相藤公宗者、実衡子也。正慶元年、逮北條氏族滅、而高時弟恵性走逃、改姓名称時興（興）、潜匿居公宗宅、依頼之有日。公宗与時興（興）合謀、欲危天下。預設陥穽於北山第中、置利刃、而後勧帝行幸北山、欲令主上陥于機穽、而遂弑之。会事発覚、詔誅公宗、令畠山国清与弟遠州牧義深、同謀叛、拠豆州城。東軍徴八州兵、令共攻之。城中糧絶、不可持久。左典廐義詮遣人告之曰、義旗所指、前無全城。今子兄弟擁区区兵、嬰龍蛇軍、成敗之勢、其理灼然。盍悔非改過、面縛而降、以自求子孫之福。国清等然之、遂降于軍。既而国清薙髪改名道誓、居豆府、夜逃出国府、潜趣藤沢、遂如京師。義深時従義詮在箱根軍。聞国清潜逃而亦自意逃去。一夕至結城某告之曰、我兄国清今逃趣洛。吾亦欲去。謀無所出。願煩子為吾謀逃亡之道。結城曰、此計固難。然子託吾。吾豈敢辞。乃出一櫃。櫃底穿穴、令少通気、容義深於其中。蓋之如納鎧櫃、別如此者数十事而使僕奴送藤沢僧舎。

七九　今川軌範

今川豫州守貞世、雑髪称了俊、以倭歌名。其長子曰仲秋。嘗自作軌範数件、以此為其家訓遺之家矣。貞世者、後光厳院時、藤将軍義詮命、為紫陽九州鎮護也。

八〇　護良擒戮

護良者、後醍醐帝之皇子。初入天台為僧、号大塔二品法親王尊雲。常好勇事武、有征相陽之志。元弘中任征夷将軍。与尊氏有隙、屢謀殺尊氏。而事未果。尊氏覚之、与弟直義賂護良継母藤廉子、譖護良於帝。帝信之、因護良貶于鎌倉。使直義守之。直義以豫有恨、縲紲于囹圄。遂遭戮也。

八一　正成智謀

楠正成者、姓橘。諸兄公之遠胤。字曰多門兵衛、居河州金剛山之西邑。後醍醐帝幸于笠置、聞正成素負武勇兼有智謀、勅藤氏藤房聘召焉。正成応勅詣行在所。帝問策所出。正成答曰、奉詔問罪。

八二　師直婬佚

鼓譟而進。有征無戦、何不為之有。然而撥乱反正之事、非智与勇、不能克済。帝大悦。正成奇計籌策、悉合機宜。軍之所向、莫不利也。

高武蔵守師直、弟越後守師泰、為将軍尊氏公之家臣、倶有寵遇。師直為人奢侈、婬佚放肆、無事而不為矣。伝聞塩冶高貞妻有容色、頻頻遣艶簡、而不応之。故師直譛高貞於柳営。高貞逃到雲州。遂使山名時氏殺之。

八三　恒明三弁　　八四　蝦夷八佾

恒明親王者、亀山帝之皇子。有言曰、行道者不知道。積徳者不知徳。積智者不知智。有能弁此三者、則可謂人也。

皇極帝時、蘇我蝦蛦為大臣、行政執権。甚侈、建己之祖廟於葛城、而為八佾之儛。遂作歌其儀礼僭于天子也。

八五　間守叫哭　　八六　山田戦慄

垂仁天皇九十年二月庚子朔、天皇命《ミコトノリシテ》田道間守、遣常世国、令求非時香菓《カクノミ》。今之橘也。九十九年秋七月、天皇崩。時年百四十歳。冬十二月葬於菅原伏見陵《ミサヽキ》。明年春三月、田道間守至。自常世国則齎物《モチマテイタルモノ》也。非時香菓八竿八縵焉。田道間守於是泣悲歎之曰、受命天朝、遠往絶域万里路浪、遥度弱水。是常世国、則神仙秘区、俗非所臻。是以往来之間、自経十年。豈期独凌峻瀾、更向本土乎。然頼聖帝之神霊、僅得還来。今天皇既崩、不得復命。臣雖生之、亦何益矣。乃向天皇之陵、叫哭而自死之。群臣聞皆流涙也。

皇極帝時、蘇我蝦夷之子鞍作、私為大臣、大振其威、侵上多。中大兄密謂倉山田麻呂曰、三韓進調之日、必使卿誦其表。及其時、可斬入鹿。山田許諾。鎌子教俳優者、令解入鹿之剣。入鹿笑而解剣。山田麻呂進而読表。鎌子命佐伯子麻呂斬入鹿。佐伯不得進。山田麻呂大恐、流汗沃身、乱声動手戦慄矣。

七　忠信義勇

佐藤忠信、陸奥信夫郡人也。鎮守府将軍藤秀衡之族士也。勇而有志節。初源義経深結秀衡。秀衡乃命忠信及兄継信、令従義経。凡忠信所向、莫有当其鋒者。義経得罪於頼朝也、亡命脱身、深匿和州吉野山。于時、僧徒囲之。義経急窘。忠信乃服其服、自詐為義経、令義経突囲逃出。遂得免矣。其義勇如此。

八　宗憲朴実

昔日城外有藤氏宗憲者。自幼読書学詩、塵俗鄙事不以置口。為人朴実、能絶彫飾。雖野豎家僮、以言欺之、則遂亦不疑焉。不蓄妻弩不治生理。弊衣朽室、処之自若。春秋五十又三。終於城西、作西原即事詩云、優優公門客。笙歌泥酔中。西原無一事。花落夕陽空。

八九　高家刈麦

延元元年、新田義貞帥軍西征、赴播州。預約令軍中、書其制禁于一木版、建之道傍曰、有叨刈採田麦、犯凌民屋者、抵罪。是以軍之所過、農不廃耕、商不止市。于時、義貞部将小山田高家、潜行田隴芟其青麦、駄之鞍馬、入其軍営。長浜某適見之、欲加高家以侵令之罪。義貞聞之曰、高家豈代其身於一青麦者乎。顧其意以其所侵之地誤為敵軍境乎。否則兵食已罄、粮糧無継。以故為士卒之饑自忘法乎。於是遣人点検其陣処、果無糧食。唯有馬与軍器而已。義貞自大愧曰、高家犯法、果為饑卒自忘其罪也。夫使士卒疲苦至於如此者、豈非将之恥耶。勇士不可失。軍法不可乱。於是以衣二襲与其田主、令謝之。又賜糧穀十石於高家以賑之。高家益感其恩情、後代義貞之命而死。

九十　押坂喫芝

皇極帝時、菟田郡人押坂直将一童子、欲遊雪上。登菟田山、便見紫菌挺雪而生。高六寸餘、満四町許。乃使童子採取。還示隣家、皆言不知。疑毒物。於是、押坂与童子煮而食之、大有気味。明日往見都《カッテ》不在焉。押坂与童子、喫菌羹無病而寿《イノチナガシ》。或曰、蓋国俗不知芝草而妄言菌耶。

九一　石見偸璽

九二　師泰壊碑

嘉吉元年、赤松満祐殺普広相府義教。於是満祐門族采地宅舎並所籍没。其家臣有石見某者。流落寓食於三条、右相実量家。石見毎嘆赤松氏之傾覆、屢以告実量。実量憐之、謂石見曰、焉得有忠功可贖嘉吉殺逆之罪乎。吾為子言之於上。石見曰、願吾赴南潜殺南帝、取神璽来、則庶幾贖之乎。実量曰、善。乃奏之上。上悦、令告武臣。武臣許諾。石見乃招致赤松属士間島中村二人、使之事南帝于吉野。二人伺其間隙、遂殺南帝、奪得神璽、来献之朝。武臣多其功、令満祐従孫政則（満祐弟義雅之孫也）嗣食邑於賀州半境。

高越後守師泰者、武蔵守師直弟也。洛東之枝《エダ》橋《ハシ》郷者、北野長者菅原三品宰相在登之管内、而営別墅之地也。師泰知其境地之勝、遣使乞此地。菅三品答之曰、足下所請枝橋之地、唯足下之所命也。然而父祖累葉死而葬此地、墳墓碑石今尚存矣。願移遷碑石於別地、而後随所請焉。使者還告此事。師泰大怒、以為吝惜其地。乃遣夫卒五六百人、一時堀（掘）壊墓碑、代（伐）掃花草茂樹、遂殺菅三品。

九三　忍坂五剋　　九四　永福四悲

忍《ヲシ》坂《サカ》大中姫者、允恭帝妃也。允恭帝兄反正帝崩而後、群臣以允恭有若仁之志、欲立之、跪上天皇之璽《ミシルシ》。允恭謝曰、我不天久離篤疾、不即其位。於是妃忍坂苦群臣之憂、而親執洗手水進于允恭前、仍啓曰、大王辞而不即位、位空而既経年月。群臣百寮愁之、不知所為。願大王従群臣望、強即帝位。然大王不欲聴、而背居不言。於是忍坂惶之、不知退而侍之、経四五剋。当于此時、季冬之節、風亦烈寒。忍坂所捧鋺《マリ》水溢《アフレテ》而腕《タヽムキ》凝《コヽリヌ》。不堪寒、以将死。皇子顧之驚遂即位。

永福門院名瑛子。三位藤原基輔女。後伏見帝之母也。菅語曰、世間当悲者四。曰、深志于道者、処貧窮也。曰、昏愚者、多得財宝也。曰、為国司者、無慈愛之心也。曰、名高乎世而不得位、却与賤者交処也。此四者可悲之甚也。

九五　真(道)玉供墓　　九六　采女擲池

光仁帝時、宝亀中、壱岐嶋壱岐郡人真(道)玉主売、年十五夫七。自誓遂不改嫁者、三十餘年。供承夫墓一、如平生。賜爵二級、并免田租、以終其身。

采女者平城帝時、宮仕宮中之女也。姿容絶麗。天皇一幸而後竟不嬖。采女心憂之、無昼夜、不能寝。竊赴猿沢之池、投擲躬於其水底。

九七　秀（季）方坐甲

堀河帝寛治中、清原武衡、暨弟家衡、拠羽州、于金沢城而叛。鎮守府将帥源義家、与弟義光、聚兵士、攻金沢城大戦。義家之軍士鎌倉景政三浦為次伴助兼藤原秀（季）方等、皆無不励軍功。義家欲令勇士益致其戦功、計定甲乙之坐、使其有功者進居甲坐、其無功者退居乙坐。秀（季）方無日而不有功。是以常居甲坐。未嘗一日居乙坐也。

九八　形名失功

舒明天皇九年、蝦夷叛不朝。即拝大仁上毛野君形名（作方）、為将軍令討。還為蝦夷見敗而走入塁。遂為賊所囲。軍衆悉漏、城空之。将軍迷不知所為。時日暮踰垣欲逃。於是形名君妻歎曰、慷哉為蝦夷将見殺。謂夫曰、汝祖等渡蒼海跨万里、平水表政、以威武伝於後葉。今汝頓屈先祖之名、失其功、必為後世見嗤。乃酌酒強之飲夫而親《ミヅカラ》佩夫之剣、張十弓、令女人数十人、交伴鳴弦。既而夫更起之、取伏仗而進之。蝦夷以為軍衆猶多、而稍《ヤウヤク》引退。於是散卒更聚亦振旅焉。撃蝦夷大敗以悉虜《トリコニス》。

九九 国樔貢魚　　百 不尽祭虫

応神帝登飛龍位十九年冬十月朔、幸吉野宮。時国樔人来、献醴酒於天皇歌。歌畢即撃口、仰笑者蓋上古之遺則也。夫国樔者、其為人甚淳朴、毎取山菓食、亦煮蝦蟇為上味。其土自京東南之、隔山而居于吉野河上。峯峻谷深、道狭嶮。故雖不遠于京師、朝来希也。自此之後、屡来以献土毛。土毛者栗《クリ》菌《タケ》及年魚《アユ》之類也。

皇極帝三年秋七月、東国不尽河辺人大生部多、勧祭虫於村里之人曰、此者常世神也。祭此神者、致富与寿。巫覡等遂詐託於神語曰、祭常世神者、貧者致富、老人還少。由是勧捨民家財宝、陳酒陳菜六畜於路側、而使呼曰、新富入来。都鄙之人、取常世虫、置於清座、歌儛求福、棄捨珍財、都無所益。其費極甚。於是葛野秦河勝悪民所惑、打大生部多。其巫覡等恐休其勧祭也。

百一 二帝南北　　百二 両雄西東

建武間、後醍醐帝潜出京師、幸《ミユキシ》南方、以吉野為皇居。既而崩。第七之皇子義良、践祚於吉野宮殿。謂之後村上天皇。天皇崩、其子寛成即位。号長慶院。寛成辞位而譲其子熙成。三品神器皆在南方云。尊氏亦以後伏見院皇子豊仁即位于京都而為北朝之帝。謂之光明院。当此時、土有二帝。称吉野曰南朝、称京都曰北朝。南北相分而各建紀元矣。

方慈照相公義政之時、右金吾山名持豊剃髪改名宗全。以其女嫁于細川右京兆勝元。勝元初無嗣、子養宗全幼子以為己子。後及勝元生子、令嚮所育宗全之子出而為僧。宗全含恨、自茲二人相悪。山名細川二氏之党各争驍雄、充盈京師。東西割拠分為両陣。諸士群卒、各吠非主、日夜攻撃、胥戦不息。其所部軍在東営者、謂之東陣、在西営者謂之西陣。洛之中外、王室民屋、神祠仏宇、悉莫不罹于兵燹。無頼姦賊多入民舎僧廬、侵掠其財貨器物衣服之類不可勝而紀。滔天之禍莫大於此矣。後世言為応仁文明之乱是也。

百三　義成博渉

百四　頭家驍雄

義成者姓源。一名惟良。順徳帝華冑也。方後小松之時、拝従一品、亜相蒙准大臣之宣。誂書通古今、有博識之才。著河海抄三十七巻。世曰物語博士。

源顕家者、其家号曰北畠。父親房。官至亜相著職原抄。顕家事後醍醐帝、官歴参議、授中納言、任鎮守府将軍、赴東奥、為其国司、率所部兵、討尊氏於摂州。摂軍不能防。尊氏敗走趣於紫陽。顕家亦発其属士攻義詮於鎌倉。義詮戦不利而遁出鎌倉、府継与高師直桃井直常等、大戦于泉州安部野。戦酣日曛、顕家力戦不已。士竭勢窮遂殁於軍。年二十一。時暦応二稔夏五月也。顕家不顧其躬、有勲功于南帝。励戦如茲。可謂勇夫矣。

百五　良香動鬼

都宿祢良香、初名言道。京兆人也。仕到著作郎、為文章博士。菅右相嘗就良香学焉。良香曽乗月過羅城門、得一聯吟曰、気霽風梳新柳髪。氷消波洗旧苔鬚。門辺有鬼歎曰、持（殊）妙也。其文章之動鬼如此。又遊江州竹生嶋、偶吟一句曰、三千世界眼中尽。未得其対偶而吟按之久。島神颺声曰、十二因縁心裏空。菅右相初従良香学焉。而右相陥爵日加、良香猶為著作、天壌相隔。良香憤其不及弃官入山、不知所終。後百餘歳、或見大峯山窟中、顔色不衰云。

百六　実親施因

実親姓平氏。為諫議大夫尚書右丞。才名文学、頭著乎当時。賦性慈仁、常以飲食恵施獄囚。近衛帝久安二年二月卒。

百七　直貞猛熊

直貞者姓平。桓武帝之遠裔直方之後、直実之父而世武州産也。其所居之邑、有猛熊、多害民人。直貞少有勇気、射中熊。熊負矢向直貞。直貞抜刀、遂斬殺之。宗族村民大驚且喜、以為党属之長。於是以熊谷為地名。又以為称号。直貞年十八而早終矣。

百八　躬高弥猴

紀氏躬高者、為越州刺史。恒好竺教、以俸餘写法華千部。領越州太守、下車不問民事、夫婦径行寺、問僧、此寺有未書終之法華経耶。有老僧。年八旬餘。謂太守曰、昔有二弥猴。日来聞誦余経。余向猴曰、汝欲読誦乎。我為汝切誦。猴振頭不受。余曰、然則欲書写乎。猴聞之垂涙、下樹頂禮而去。五六日後、二猿以諸樹柔薄皮来。蓋為写経紙也。余生希有心、取木皮、書法華、到第五巻。二猿不来。余以為獼猴倦供給也。既而出視山林深谷之間、二猴入頭於穴中而死。公問者恐是与。躬高大悦曰、然。二猿者我夫婦也。依聞師経、発菩提心而力尽而死。経王力、故今得冠帯身。思師在世受任此州。此非小縁也。

百九 信隆養鶏

藤原信隆者、文散位大丞相道隆公之曾孫、而正四品右京兆尹信輔之子也。有子曰信清親輔信定隆。有女子曰殖子。信隆願入此女於後宮。有人言之曰、人家蓄白雞千頭則家必出皇后。信隆聞之、養千頭之白鶏。已而高倉帝召其女《ムスメ》於掖庭。

百十 木曽拝鳩

木曽義仲伐平軍而屯于羽丹生之旁。見神祠曰、為何神耶。従者対曰、八幡神也。義仲悦之、使覚明記願書。倏有三箇之山鳩出白雲、差池其羽、飄飄旗上。義仲以為、昔日神功皇后討三韓時、霊鳩来臻。今又其之祥也。乃脱《ヌイテ》甲而拝之。

百十一 基氏切鯉

藤原基氏、父中納言基家。母白《シラ》拍子《ヒヤウシナリ》也。在順徳後堀河之朝任参議。其家号曰園《ソノ》。及四條帝時、上辞表剃髪。名曰円空。当時称曰無双庖丁者《ヒトヽナリ》。嘗自誓《チカツテ》切《キルコト》鯉魚及一百日矣。

百十二 実基返牛

徳大寺右府公孝、父曰実基。為相国。公孝初為庁屋大理、与同僚評議政事。職官人章兼所養之一牛、放縦走入庁中上臥于大理座牀。同僚皆謂《ヲモヘ》此蓋怪異凶災之端也。以此牛応与遣乎陰陽家。

父相国聴之曰、畜獣無知、有其脚者何処之無登哉。且鄙陋少年之官人、偶出事於朝、而今並可奪取一牛与陰陽氏乎。於是乎、返牛於章兼。其所臥之座牀、皆改換之。果無災。所謂見怪不為怪則其怪自壊、信乎言也。

百三三　暁月蟣蝨

昔日有詠倭歌者。自号暁月、尤工狂詞。有蟣蝨之百詠、並行乎世。其詠物之妙、靡不曲尽。蓋昔時滑稽之徒也。或曰、藤原俊成之孫也。未詳是否。

百三四　泰衡鼠鷁

武衛頼朝率軍到于奥州玉造郡、囲泰衡城。泰衡豫出城遁去。赴平泉、武衛亦追囲平泉城。泰衡焼城走去矣。泰衡亡命而逃奔所所。故史官書之曰、泰衡被囲数千兵、徼倖一旦之身命而隠如鼠、退如鷁。遂得其首梟之。時年三十五也。

百三五　宗繁飢餓

百三六　河辺霹靂

宗繁者、相州守北条高時之累葉恩臣也。高時以宗繁妹為妾、所産之子曰邦時。高時意使宗繁輔佐吾幼、必不弐心。因託邦時於宗繁。後及北条氏滅、源家秉権、命諸郡県令購求北条氏族、捕出者、賞以禄、隠匿者、罰以誅。宗繁俟有反覆之志。一夕謂邦時曰、吾舍匿君久矣。常願待時済克復之功。而今源氏購君甚急。船田某已知君之在此。逆旦至臣家。有人潜来密報之。臣今夜君須潜行而避之。庶幾得免。邦時以為信然、夜半微行、亡出鎌倉。宗繁乃密告之於船田。令追捕之。船田素未知邦時容貌如何。又不知其所処。故携宗繁、遮之行路。俄而邦時出于其途、将渡相模川、踟躕岸畔待舟之至。宗繁遥指曰、是邦時也。船田乃下馬、逮虜之。明日斬其首焉。時人皆曰、宗繁嘗事北條、厚蒙恩顧。一旦捨義、僥倖苟免竟殺其主、以負託孤。是可忍也、孰不可忍也。諸聞見者、莫不弾指而悪之。義貞亦悪其不義、而欲誅斬之。宗繁戦慄、不知所為。展転逃竄、無所容身。故人旧交、亦不為舍。糊口四方、無由得食。竟以飢餓転死乎路側也。

豊御食炊屋姫天皇二十六年、遣河辺臣某於安芸国、令造船。至山覓船材。便得好材。以将伐時、有人曰、霹靂木也。不可以伐。河辺臣曰、雖雷神、豈逆皇命耶。多祭幣帛、遣人夫、令伐之。則大雨雷電。河辺案剣曰、雷神無犯人夫。当傷我身。而仰待之。雖十余霹靂而不得犯河辺臣。即化小魚、以挟樹枝。即取其魚焚之。遂脩理其船也。

百七　実澄昨薄

小倉将監実澄姓源氏。清和帝二十五世、華冑。十八代祖正親、食邑江州小倉。故其氏族、以小倉為称焉。実澄為人、風流温藉而好学。嘗有斎名松牧。桃源和尚作之記。有庵名識廬。彦龍禅師亦作之記。応仁文明之際、宇内群雄争起。朝漢暮楚、変遷難測。而実澄砥立頽波、一日不覚賊。能守八尾城、帷幄決勝。領蒲生郡、絃歌伝声。故東山相府賜内書、嘉賞焉。私第架一亭、楓林裏之、榜以昨薄。取此於定家小倉山之詠也。平生所作歌詩、成巻軸、名曰昨薄残葉云。

百八　宗高扇的

那須与一宗高者、野之上州人也。父曰資高也。宗高少而能射。従源義経討平氏。到讃州、平氏驚破而浮海。義経等臨海而戦。及昏而止之。平族横船、使艶女歌舞、且挟紅扇、高擎之船上。義経望之、俾宗高射之。宗高承命、乗馬携弓、臨海。時疾風揚波、浩濤簸舟。両軍士卒、観者如堵墻。宗高心裏祈八幡神、満彀発弦。鏑矢長鳴、直中紅扇。高風吹之、飛揚空中。暫而浮波上、光映夕輝。二陣人甚感其精矣。

百十九　称光魔法

称光帝諱躬仁。後改実仁。後小松帝之子也。応永二十有一年、践皇祚。正長元年七月崩。年二十七。帝好修魔法、常潔斎、不近女色。故無皇嗣云。

百廿　光仁政績

光仁帝諱白壁。施基王之子。天智帝之孫也。施仁政於黎庶、能成其績。宝亀四年己丑、天下穀価騰貴、百姓飢。急雖加賑恤、猶未存済。於是官議奏曰、常平之義、古之善政、養民救急、莫尚於茲。望請准国大小、以正税穀、抛賤時価糶与貧民、所得価物、全納国庫。至於秋時、売成穎稲。国郡司及殷有百姓、不得買。如有違者、不論蔭贖、科《ヲホセン》違勅罪。如百姓之間、准賤時価出糶私稲満一万束者、不論有位白丁、叙位一階、毎加五千束、進一階叙。但五位已上不在此限奏可。乃遣使於七道諸国、各糶当国穀穎、兼賑飢民。又以大伴宿祢潔足、為東海道検税使。

百廿一　生駒白帽

生馬《イクマ》仙者、摂州住吉県人。入河内州高安県東山、住《スメリ》深谷中。寛平九年、沙門明達至東山、絶頂見深谷有草菴。下到菴所、有一人。顔色似黄栗、頭戴白帽、身著白衣。達近問曰、為誰。対曰、我是生馬仙也。

大宰都督司馬藤原広嗣者、式家始祖左相丞魚名公之冢《チョ》嗣也。聖武帝天平十二年秋九月、叛于西府。朝廷聞之、以大野東人為大将軍、率官兵討之。広嗣於肥前州遠珂郡構城而自帥其兵卒、出于板櫃戦而不利。遂抜刀自刎頸升空、蹴殺官軍矣。司馬七而後其霊化為赤鏡。見之者多死云。乃板櫃神是也。

百三　逸勢善隷

但馬守橘逸勢《ハヤナリ》者、尚書中大夫入居子也。賦稟放蕩、不屑細節。精入木之芸、最工於隷書。桓武帝延暦末年、随遣唐藤大使賀能赴中華肆業留二年。中華人呼曰橘秀才。帰而住于木(本)畄(邦)。而弘仁帝詔逸勢書宮門榜。其才名略見中華編簡也。

百四　俊成採詠

藤俊成、黄門俊忠之子。初金紫光禄大夫藤顕輔養以為子、名曰顕広。素嗜倭歌、後従左金吾藤基俊、探其奥義。故改名俊成。自崇徳帝至後鳥羽帝、仕朝為長秋監。文治中、奏撰千載倭歌集、或謂曰、集中何入不善人之歌耶。俊成答曰、余撰倭歌、豈取人之行乎。唯取其咏吟耳。蓋以為君子不以人廃言。土御門帝建仁二年、九十一歳而卒。

百廿五

兄嫂宥親

応神天皇幸難波、居於大隅宮。登高台而遠望時、妃兄嫂《ヒメ》侍之、望西大歎。天皇問兄嫂曰、爾何歎之甚也。対曰、近日妾有恋父母之情。故望西而歎矣。冀暫還之、得宥親。天皇感兄嫂定省之篤情、謂之曰、爾不視二親既経多年。還欲定省、於理灼然。乃聴之。喚淡路之海《アマ》人八十人、為水手、送于吉備也。

百廿六

中将辞聘

中将姫《ヒメ》者、横佩藤僕射豊成女也。姿色妙麗而性無世染。于時豪宗右族、争欲聘之。姫悉辞不納。遂薙髪為尼、専志安養云。

百廿七

成貞倭扁

成《シゲ》貞者、和気氏章親子也。奕世以医術専其業、勉審薬剤、能弁栄衛、決死生嫌疑於診脈。仕于白河堀河之両朝、治療皆有効、著于世。故人咸称曰倭之扁鵲。

百廿八

豊長鄙孟

菅豊長者、奕葉業儒、而神君十四世裔也。官授武衛、家于栗田口。学博而弗雑、気和而不同。其与人交、久而敬之。後光厳帝貞治間、以所業游于関東。鎌倉府君源公父子、皆以師道待之。縁是東人薫其道徳、及其仁義、率而化者不尠。咸謂孟軻復生也。嘗与信義堂、為儒釈之交。而方外之侶也。

本朝蒙求巻之下終

跋本朝蒙求

蒙求之作、自昉於唐李瀚、以還有事類蒙求名物蒙求左氏蒙求両漢蒙求南北蒙求十七史蒙求白延翰唐蒙求范鎮宋蒙求王範続蒙求朝鮮柳氏続蒙求李廷機新蒙求暨釈氏蒙求厄蒙求禅苑蒙求等之編。是皆俾初学蒙士知古今人物之典故。我　本朝文物之邦而豈無其人其事之可紀載耶。然未観諸述家纂録者。余因亨繫意有素。　延宝癸未歳考拠　日本紀以下国史本文参適諸家之小説　倭字之雑記践路中華蒙求之故轍群言之撼否、遺行之得失、耳目渉、自観而可以師、可以誡者、概衰之掲標其人、聯題其事、諧以音韻、撰以対偶紀姓名事蹟於各題之下、為一帙命曰　本朝蒙求。自作引弁諸其端。亨有病不果終編。晷運変更六易寒暑。今頼有病愈、俾勉為之。於是重把雌黄之筆、自孜訂修飾、析為上中下、脱稿告成於余云、噫載籍不備、采択有欠。僅存什一於千百耳。余謂漏略之嗟、祖述之謬、蓋鮮書無之。雖不可睎之於博達而亦或庶幾乎為稽古之筌蹄求蒙之啓迪矣。頃日享之同好、授刻字匠、図刊行于長安坊市。余喜痾之瘳、編之成美入梓而寿乎世、識跋語於簡末云。

貞享三丙寅歳正月日

菅謙由益甫

本朝蒙求跋終

一条通新町東江入

書林奥村太右衛門繍梓

『本朝蒙求』概要・典拠・参考覚書

以下全三巻の標題の下にその故事内容について簡略に触れた上、〈文献〉の項では当該故事の典拠並びにそれに関わる可能性のある先行文献資料を示すようつとめた。その後、更に＊（アスタリスク）を付して内容・本文上の若干の問題点や後続本との関係の一端を窺うことにも配慮した。もとよりこれらのいずれも不十分であり、今後更により適切な典拠書が見出される可能性もあるし、後の影響・享受についても、江戸期の様々な文献と照合させてゆかねばならないことは十分認識している。本書に目をとめられた方々には、本書の更なる活用をお願い申し上げたく思う。

【巻之上】

1 常立葦牙

渾沌の後に天地が定まり葦牙《あしかび》の如き神である国常立尊《くにのとこたちのみこと》誕生す。

〈文献〉日本書紀（巻一・神代上）。日本紀略（前篇一・神代上）。

＊本文一行目「未レ部」は「未レ剖」（現行活字本）に同意。

2 武尊草薙

日本武尊《やまとたけるのみこと》、下命により東征せんとする途次伊勢に詣で、倭姫命《やまとひめのみこと》より草薙の剣を受く。駿河に到り賊に欺かれ野に放たれた火に殺されかけるも、草を薙《な》ぎ攘《はら》いて危機を脱す。

〈文献〉日本書紀（巻七・景行天皇二年三月、四十年六月、七月、十月、是歳条）。日本紀略（前篇四・景行天皇）。

＊本文十行目「長霧」は「朝霧」とありたいところ。『絵本故事談』（巻五・日本武尊）といささか記述が重なる。

3 火折乗鰐

海幸山幸物語。兄の釣鉤《つりばり》を失い海辺に憂いさまよう火折尊《ほおりのみこと》の前に塩土翁現われ、その助けを得て、一尋《ひろ》の鰐に乗り海神《わたつみ》の宮に至り、口女《くちなめ》の口より鉤を得て兄に返す。

〈文献〉日本書紀（巻二・神代下）。日本紀略（前篇二・神代下）。

＊『扶桑蒙求』（巻上・6彦火乗騁）は同様の話を引く。

4 天稚射雉

天稚彦《あめわかひこ》は葦原中国に遣わされ、大己貴神《おおあなむちのかみ》の女の下照姫《したてるひめ》を娶り留住す。高皇産霊尊《たかみむすひのみこと》に復命することなく、その使者無名雉をも射殺す。

〈文献〉日本書紀（巻二・神代下）。日本紀略（前篇二・神代下）。

5 黒主田夫　大伴黒主の歌は猿丸大夫の次。頗る逸興あるも、体は田夫の花前に憩うが如し。

〈文献〉古今和歌集真名序。本朝遯史（巻上・大伴黒主）。

＊『扶桑蒙求』（巻下・47黒主神祠）にも見える。

6 匡衡介士　大江匡衡の対策文「渭浜之浪畳レ面云々」に対する菅原文時の批評。並びに、慶滋保胤が匡衡の才学を「敢死の士の数百騎、介冑を被て云々」と評すること。

〈文献〉史館茗話（33・32話）。江談抄（第五・66匡衡献策の時一日題を告ぐる事）。古今著聞集（巻四・文学第五・11大内記善(慶)滋保胤匡衡斉名以言等を評する事）。本朝一人一首（巻八・389）。

＊後半の類話が『今鏡』（昔語第九・唐歌）に見える。同話が『続本朝通鑑』（長徳三年十一月）『本朝語園』（巻四・199保胤論二文人一）『大東世語』（巻三・品藻5）『扶桑蒙求』（巻上・具平文談）『日本詩史』（巻一）『大日本史』（巻二一七・列伝一四四）などにも引用されている。

7 義尚聴講　足利義尚は小槻雅久の『論語』、卜部兼倶の『日本紀』神代紀を聴講する学問好きであった。近江甲賀の佐佐木六角高頼討伐の陣中でも『孝経』『左伝』を講ぜしむ。

〈文献〉翰林葫蘆集（第一一「常徳院殿贈太相国一品山大居士画像賛有序」）。蔭涼軒日録（長享二年六月十三日条）。

＊本文二行目「長亨元年」は「長享元年」の誤り。『続本朝通鑑』（文明十一年十一月、長享元年十二月二日条）の記事とも照応する。

8 泰時悦理　北条泰時は理義を聞くを好む。叔父時房と共に五十条の式目を定め、政事に私事を容れず。父義時は泰時の弟らを愛す。父急逝し遺言なきも父の志を重んじ遺産の多くは弟らに与え、時人に称せらる。

〈文献〉明恵上人伝（巻下所引「渋柿」）。太平記（巻三五・北野通夜物語事付青砥左衛門事）。

＊「心に偏頗なくて末代には有難き者」（五代帝王物語）「泰時といふ者なからましかば日本国の人民いかがなりなまし」（神皇正統記・人巻・後嵯峨院）などと泰時の評価は極めて高く、『続本朝通鑑』（仁治三年六月卒去記事）もその為人治績を詳述している。

9 日孁新嘗

大日孁女貴《おおひるめのむち》（天照大神《あまてらすおおみかみ》）の新嘗を行いし時、素盞鳴《すさのお》の戻（屎に同じ）を放つ乱行あり。大神怒り天の磐戸にこもる。

〈文献〉日本書紀（巻一・神代上）。日本紀略（前篇一・神代上）。

＊「日霊」「大日霊」とあるが、霊は孁に作るべきであろう。

10 乙女節舞

天武帝の吉野にて弾琴の折、神女下りて「をとめどもをとめさびすもからたまをたもとにまきてをとめさびすも」と五回歌いつつ舞う。この嘉祥により天武は五節舞を大嘗後に奏することとしたという起源説話。

〈文献〉政事要略（巻二七・年中行事十一月三辰日節会事。＊本朝月令所引）。江家次第（第十。＊本朝月令所引）。江談抄（第一・11浄御原天皇始㆓五節㆒事）。十訓抄（第十・18）。年中行事秘抄（＊本朝月令所引）。公事根源。源平盛衰記（以巻第一・五節の夜の闇打附五節の始め並周の成王臣下の事）。河海抄（巻九・乙通女。＊本朝月令所引）。

＊『扶桑蒙求』（上・14天武五節）参照。

11 宣化積穀

宣化帝は食を天下の本《もと》とし、物部麁鹿火らに命じて諸国に倉を造らしめ、凶年に備えて穀米を蓄積せしむ。

〈文献〉日本書紀（巻一八・宣化天皇元年五月一日）。

＊本文一行目に「安閑天皇母弟也」とあるが「安閑天皇同母弟也」の誤り。

12 **皇極祈雨**

皇極帝の時大旱あるも、帝の天地四方を拝する雨乞により大雨下り、百姓万歳を称し至徳天皇と称う。

〈文献〉日本書紀（巻二四・皇極天皇元年六月～八月）。日本紀略（前篇七、皇極天皇）。

13 **良藤婚狐**

賀陽良藤は妻に負かれ狂乱せる時、さる公主に誘惑され失踪す。やがて自宅の倉下に憔悴せる姿を見せ、妖狐にたばかられしこと露見す。

〈文献〉元亨釈書（巻二九・志三・拾異志・賀陽良藤）。扶桑略記（第二二・寛平八年九月二十二日条所引善家秘記）。今昔物語集（巻一六・備中国の賀陽良藤狐の夫となりて観音の助けを得たる語第一七）。

14 **膳臣殺虎**

膳臣《かしわでのおみ》巴提使《はすひ》（便が正しい）、夜百済の浜に宿し、小児を虎に食わる。報復せんと之を追い、刺殺して皮を剝ぎとり還る。

〈文献〉日本書紀（巻一九・欽明天皇六年十一月）。日本紀略（前篇六・欽明天皇）。扶桑略記（第三・欽明天皇十三年条）。

＊『絵本故事談』（巻六・巴提使《ママ》）は本書に依る。

15 **武衡涵身**

清原武衡、源義家に敗れて、城郭を焼き逃亡せる時に、身を池中に涵し、草間に顔を隠すも捕えられて殺さる。

〈文献〉奥州後三年記（巻下）。日本古今人物史（巻三・逆臣伝、四・清原武衡家衡伝）。

16 **辰爾蒸羽**

王辰爾は学者として令名あり、敏達帝にも讃えらる。時に高麗より烏羽に書かれし上表文が届くも読めず。彼は羽を蒸《む》して帛に印写し、朝廷を感動せしむ。

〈文献〉日本書紀（巻二〇・敏達天皇元年五月十五日）。日本紀略（前篇六、敏達天皇）。

＊本文二行目「勒乎」は「勤乎」の誤り。『絵本故事談』（巻一・烏羽文字）は本書に依ろう。

17景行火国　景行帝、葦北より発船し、遥かなる火光を指して八代に着岸。その国を「火の国」と名付く。
〈文献〉日本書紀（巻七・景行天皇十八年五月一日）。
＊『桑華蒙求』（巻上・17景行火見）『扶桑蒙求』（巻上・8景行火爍）に採られている。

18神武畝傍　神武帝、東征六年にしてほぼ支配を完成。畝傍山の麓の橿原に帝宅を経始す。
〈文献〉日本書紀（巻三・神武天皇即位前紀、己未年三月、辛酉年正月、七十六年三月）。
＊本文三行目下部に見える「中州之地」は「中洲之地」とありたいところ。

19神功討韓　神功皇后、夫の仲哀天皇を殺せし熊襲を破り仇を討つ。更に三韓を征せんとし橿日浦《かしひのうら》に占い、出陣して新羅を破り、高麗・百済も降る。
〈文献〉日本書紀（巻九・神功皇后摂政前紀）。
＊本文三行目「築紫」、六行目「為髺」「郡臣」は各々「筑紫」「為髻」「群臣」とありたいところ。

20推古通唐　推古帝、践祚二十二年にして犬上御田鍬・矢田部某を大唐に派遣す。翌年二人唐より帰朝。
〈文献〉日本書紀（巻二二・推古天皇即位前紀、二十二年六月十三日、二十三年九月）。日本紀略（前篇七・推古天皇）。

21野見相撲　野見宿祢、蹶速《くえはや》と力くらべをし、これを敗り殺して、蹶速の所領を下賜さる。
〈文献〉日本書紀（巻六・垂仁天皇七年）。日本紀略（前篇四・垂仁天皇）。河海抄（巻一七・椎本）。
＊『本朝語園』（巻六・324捔力）にもほぼ同内容の記事が見え、『絵本故事談』（巻七・野見相撲）は本書に依ると思われる。又、これを『見聞談叢』（巻四・312相撲起源）は本邦相撲の初としている。

22武内棟梁　武内宿祢、景行帝に見込まれ棟梁の臣となり、成務帝世には同日生れにより寵愛されて大臣となる。六朝廷に仕え三百余歳で薨ず。

〈文献〉尊卑分脈。日本書紀（巻七・景行天皇五十一年八月、成務天皇三年正月）。公卿補任。日本紀略（前篇四・景行〜成務天皇）。

＊『桑華蒙求』（巻下・67武内棟梁）は本書に依り、更に『扶桑蒙求』（巻上・66武内棟梁）に受継がれる。

23 穂彦積稲

狭穂《さほ》彦王《びこのみこ》、妹の皇后を唆し謀叛せんとするも、妹は帝に告白す。帝攻めたて、狭穂彦は稲城を築いて抵抗するも、遂に兄妹城中に死す。

〈文献〉日本書紀（巻六・垂仁天皇四年九月、五年十月）。

＊上巻目録標題は「狭穂積稲」だが、本文冒頭標題に従って記した。『桑華蒙求』（巻下・57狭穂積稲）は本書に依り、『扶桑蒙求』（巻上・11狭穂積稲）に受継がれる。

24 猪甘奪粮

猪《い》甘《あま》老人、天皇の粮（糧食）を奪うにより、飛鳥川の辺に斬罪とされ、氏族も悉く足脚の筋を切られ足萎えにされる。

〈文献〉古事記（巻下・顕宗）。

＊本文二行目「膝脚之筋」は「膝脚之筋」の誤り。猶、粮は糧の異体字。

25 宿儺二面

一体二面で多力軽捷の宿儺《すくな》は左右に剣をとり四本の手で弓矢を用い、皇命に従わず人民を掠略す。よって武振熊をして誅せしむ。

〈文献〉日本書紀（巻一一・仁徳天皇六五年）。日本紀略（前篇五・仁徳天皇）。帝王編年記（巻五）。

＊『本朝語園』（巻一〇・526宿儺）もほとんど本書に同じ。

26 廐戸八耳

廐戸皇子《うまやどのみこ》（聖徳太子。「廐」は「廏」に同じ）は耳聡く八人の奏言を一聴にして理解す。故に「八耳《やつみみ》の皇子《みこ》」と言う。

〈文献〉聖徳太子伝暦（巻上）。上宮聖徳法王帝説。本朝神仙伝（2）。日本往生極楽記（1）。法華験記（巻上・第一）。元亨釈書（巻一五・方応八）。今昔物語集（巻一一・聖徳太子この朝に於いて始めて仏法を弘めたる語第一）。

27 妹子失表　小野妹子、隋に派遣さる。帰国途上、百済にて隋の煬帝の返書を失う。その罪は流刑に相当するも、聖徳太子は修好善隣の功ありとして免罪とせんことを奏上。

〈文献〉聖徳太子伝暦（巻下）。日本書紀（巻二二・推古天皇十五年七月、十六年六月）。善隣国宝記（巻上）。

＊本文冒頭の標題「妹子失長」は誤りで、目録標題の「妹子失表」が正しい。

28 鎌足奉履　蘇我入鹿の専権に憤った中臣鎌足は中大兄皇子に接近。法興寺の打毬の会で跪いて皇子の履を奉り、共に南淵先生に学んで信頼を深めた。

〈文献〉日本書紀（巻二四・皇極天皇三年正月）。藤氏家伝（巻上・鎌足伝）。日本紀略（前篇七・皇極天皇）。

＊本文三行目「正宗之中」は「王宗之中」とありたいところ。『桑華蒙求』（巻下・115鎌足奉履）は本書に依り、『扶桑蒙求』（巻中・11鎌足奉履）に受継がれる。

29 頼政断橋　源頼政、以仁王に勧めて平氏を討たんとする密謀発覚し、宇治に兵を聚め河橋を断って平知盛らと闘うも力尽き自殺す。

〈文献〉平家物語（巻四・高倉の宮謀叛、頼政最後）。源平盛衰記（巻一三・高倉宮廻宣附源氏汰への事、一五・宇治合戦附頼政最後の事）。吾妻鏡（巻一）。保暦間記。六代勝事記。

30 清経入水　平清経、緒方維義（惟義にも作る）に敗れて大宰府を追われ、豊前国の柳が浦にて入水す。

〈文献〉平家物語（巻八・柳が浦落ち）。源平盛衰記（巻三三・平家太宰府落ち並平氏宇佐宮の歌附清経入海の事）。

31 尊氏宝剣　後光厳帝践祚の時、三種の神器悉く南朝に在って北朝に無し。二条良基が曰わく、尊氏を宝剣とし、われを神璽とせよ、と。帝遂に即位す。

32 良基神璽　〈文献〉未詳。

＊本文四行目「良基左丞相……」以下独立した一行とするも改む。『扶桑蒙求』（巻上・47良基神璽）も本書の内容と重なるが、『大日本史』（巻一七八・列伝三・藤原良基）の末尾の方の文の細字双行部分に「世伝。後光厳即レ位、無二三種神器一。議者皆患レ之。良基奏曰、以二足利尊氏一擬二宝剣一、臣擬二神璽一足矣。勿レ患レ無二神器一也。然諸書所レ不レ載、今不レ取」とあり、出処不明と記すのは注意されようか。

33 盾人射鉄　高麗国より鉄の盾と的を奉ることあってこれを射しむ。盾人宿祢射通して、高麗の客ら畏敬す。

〈文献〉日本書紀（巻一一・仁徳天皇十二年七月、八月）。日本紀略（前篇五・仁徳天皇）。扶桑略記（第二）。

34 重雅針瓜　和州の瓜が藤原道長のもとに届く。安倍晴明が毒瓜と見破るや、重雅が袖中より針を出して刺す。瓜を割き見るに毒蛇の眼をさされたるあり。

〈文献〉元亨釈書（巻四・慧解二之三・園城寺勧修）。本朝神社考（下之六）。古今著聞集（巻七・術道九・1陰陽師晴明早瓜に毒気あるを占ふ事）。撰集抄（巻八・第三三・祈二空也上人手一事）。

＊医師の名「重雅」を「忠明」（『古今著聞集』）「雅忠」（『撰集抄』）とする場合もある。『本朝語園』（巻七・340三子之精術）も本書に近い。『桑華蒙求』（巻下・137晴明占瓜）は本書に依り、『扶桑蒙

求』（巻上・44清明占瓜）に受継がれる。

35**崇峻斬猪**　崇峻帝、献上されし山猪を見て、この猪の頸を斬るが如くに自分の嫌う者を殺したいと述ぶ。蘇我馬子は己のことと思い逆に帝を弑す。

〈文献〉日本書紀（巻二一・崇峻天皇五年十月、十一月）。先代旧事本紀（巻九）。日本紀略（前篇七・崇峻天皇）。扶桑略記（第三）。

＊『桑華蒙求』（巻上・113崇峻斬猪）に採られ、『扶桑蒙求』（巻上・35崇峻斬猪）に受継がれる。

36**陽成聚蛙**　陽成帝乗馬を好み宮中に馬を飼って騎駆し朝儀を乱す。藤原基経、帝陪侍の小埜（野）清和らを退ける。また、帝に狂病あり、猿と犬を闘わせ、蛙を禁中に聚めて蛇に呑ましむに依りて、基経退位せしむ。

〈文献〉世継物語。雑々集（巻上）。日本三代実録（元慶七年十一月十六日）。扶桑略記（第二〇・元慶七年）。帝王編年記（第一四）。

＊帝の側近陪侍の小臣は「小野清如」（『三代実録』『扶桑略記』『帝王編年記』等）とするのが一般か。『百人一首一夕話』（巻二・陽成院）が「小野清和」とするのは本書と同じであり、本書の影響下にある微証になるかも知れない。

37**雄略大悪**　安康帝、眉輪王《まよわのおおきみ》に殺され、弟の雄略は眉輪を攻め誅す。雄略即位するも帝位に在りて人を殺すこと多く、天下の人「大悪天皇」と誹謗す。

〈文献〉日本書紀（巻一三・安康天皇三年八月、巻一四・雄略天皇即位前紀、二年十月）。日本紀略（前篇五・安康天皇、雄略天皇）。

＊「大悪天皇」と呼ばれたことは『水鏡』（上）『扶桑略記』（第一二）などにも見える。

38**入鹿姦邪**　蘇我入鹿大臣となり天下の政を行うも悪虐姦邪なり。自邸を宮門、諸子を太子と称して武装す。中大兄皇子、鎌足らと共に三韓進調の日に入鹿誅殺を決行。
〈文献〉日本書紀（巻二四・皇極天皇三年十一月、四年六月）。日本紀略（前篇七・皇極天皇）。

39田村恐鳥　坂上田村麻呂は征東将軍として功多し。陸奥の賊の高丸・悪路王を討つ。目は蒼鷹に似、ひげは金線の如くで、その怒るや鳥獣も恐れをなしたという。
〈文献〉日本王代一覧。田邑麻呂伝記。吾妻鏡（巻九）。神道集（巻四）。諏訪大明神絵詞。清水寺縁起。
＊本文末尾「栗栖野」は「栗栖野」の誤り。「悪路王」（『吾妻鏡』）は「悪黒王」「阿黒王」などとも記される。『本朝語園』（巻六・294田村麿躬為二軽重一）にも見える。猶、田村麿の薨伝は『日本後紀』（弘仁二年五月二十三日）に見えるが、本話との直接の関わりはない。

40胤長殺蛇　源頼家に仕えた和田胤長、伊東の洞穴中に巨蛇を発見し、剣を抜いてこれを斬り殺す。
〈文献〉吾妻鏡（巻一七・建仁三年六月一日）。
＊この逸話は『本朝語園』（巻一・16伊東崎洞并富士之人穴）にも見えている。

41石凝冶工　天照大神、素盞嗚尊《すさのおのみこと》を避けて天石窟に籠り昼夜なし。思兼神《おもいかねのかみ》、天の香具山の金を採り、もって冶工の石凝姥《いしこりどめ》に日矛を作らしむ。
〈文献〉日本書紀（巻一・神代上）。日本紀略（前篇一・神代上）。

42穂日神傑　素盞嗚尊の子の天穂日命《あまのほひのみこと》、天照大神に養育さる。高皇産霊尊《たかみむすひのみこと》や八十諸神に「神傑」として推され、葦原中国の主に任ぜらる。
〈文献〉日本書紀（巻一・神代上、巻二・神代下）。日本紀略（前篇二・神代下）。

43下照夷曲　天稚彦《あまわかひこ》死んで妻の下照姫殯し哭す。親友味耜高彦根神《あぢすきたかひこねのかみ》は丘谷に輝き、その妹下照姫は「天なるや弟織女の」「天離る夷つ女の」と夷曲を歌う。

44皇孫道別
〈文献〉日本書紀（巻二・神代下）。釈日本紀（巻二三・和歌一・神代下）。日本紀略（前篇二・神代下）。
高皇産霊尊、葦原中国の主に皇孫瓊瓊杵尊《ににぎのみこと》を遣わす。かの尊、雲をおし分け聖なる道をかきわけて高千穂に天降る。

45月読隔離
〈文献〉日本書紀（巻二・神代下）。日本紀略（前篇二・神代下）。
保食神《うけもちのかみ》の口より出す物でもてなされし月読尊《つくよみのみこと》、忿りてこれを殺す。天照大神これに怒って仲違いし、一日一夜隔て離れて住む。

46日神照徹
〈文献〉日本書紀（巻一・神代上）。日本紀略（前篇一・神代上）。
日の神は天照大神と号す。光華うるわしく、国の内に照り徹れり。伊奘諾《いざなき》・伊奘冉《いざなみ》は共に喜び高天原を治めしむ。
〈文献〉日本書紀（巻一・神代上）。日本紀略（前篇一・神代上）。
＊本文一行目「伊奘冊尊」は「伊奘冉尊」が正しい（冉の俗字体を誤り冊に綴ったもの）。

47金庫二印
北条貞顕は実時の孫、顕時の子。正和年中（一三一二―一七）に金沢文庫を造り和漢の群書を集む。金沢文庫印の黒印は儒書、朱印は仏書に押されている。
〈文献〉林羅山詩集（巻六六・「金沢文庫」）。林羅山文集（巻六一・「本朝地理志略」）。鵞峰文集（巻七九・「西風涙露」下）。日本古今人物史（巻二・名家伝・4金沢実時伝）。
＊金沢文庫印の黒印が儒書、朱印が仏書であることは、例えば『本朝語園』（巻五・229金沢文庫）『見聞談叢』（巻四・367金沢文庫）『桑華蒙求』（巻上・199実時墨印）『扶桑蒙求』（巻中・23実時黒印）等後世の諸書にも記されるところではある。

48 **雄鐘二絶**　高雄山神護寺の鐘銘は、序を橘広相、銘を菅原是善が作り、藤原敏行が書したもので、世に「三絶」と称される。
〈文献〉本朝一人一首（巻八・377）。史館茗話（2）。羅山文集（巻一五・「高雄山神護寺募縁記」）。
＊前項同様に『本朝語園』（巻九・434三絶鐘銘）に見え、『見聞談叢』（巻二・130高雄山神護寺鐘銘并序）には序文と銘が収録されて書者の敏行の名も記し留められている。

49 **真鳥太子**　平群真鳥は国政を恣にし、日本の王たらんとして太子を偽称して宮室を造り居す。
〈文献〉日本書紀（巻一六・武烈天皇即位前紀）。

50 **道臣元帥**　道臣命《みちのおみのみこと》は神武東征の時に元帥となった。これが日本の武将の始まりである。
〈文献〉林羅山文集（巻四七・「日本武将賛」）。日本書紀（巻三・神武天皇即位前紀）。
＊『絵本故事談』（巻一・道臣命）に「是日本武将の権輿なり」とする部分は本書に合致する。

51 **勝海厭像**　用明帝三宝に帰依す。国神を奉ずる物部守屋・中臣勝海は異を唱えて退けらる。勝海、家に衆人を集め守屋を助け、敏達帝の皇子の像を造り厭す（死を祈る）。
〈文献〉日本書紀（巻二一・用明天皇二年四月）。日本紀略（前篇七・用明天皇）。
＊本文四行目末尾「蜜」に作るも「密」が正しい。

52 **春王匿被**　細川清氏・楠正儀らの都攻めにより、後光厳帝は近江に逃る。春王（足利義満の幼名）時に四歳なりしは、蘭洲良芳の被中に匿され、赤松則祐の元に身を寄す。
〈文献〉弘宗定智禅師行状。扶桑禅林僧宝伝（巻七・85）。
＊本文末尾で義満の薨年を「(応永）五年」とするのは誤りで「十五年」が正しい。本文二行目「雒陽」は「洛陽」に同じ。『桑華蒙求』（巻下・47春王被底）は本書に依り、『扶桑蒙求』（巻下・14春

王被底）に受継がれる。

53実資賢府　藤原実資は祖父実頼にその非凡さを見出され、その爽明（聡明）を愛され右大臣に至る。世に「賢右府」と称せらる。

〈文献〉尊卑分脈。大鏡（巻上・太政大臣実頼）。今昔物語集（巻二七・鬼現二油瓶形一殺レ人語第一九）。十訓抄（第六・34）。

＊「賢右府」実資のことは『本朝世説』（方正・49。但し『本朝通鑑』所引）にも見える。

54大丘聖謚　膳臣大丘は入唐し、孔子廟が文宣廟と記されていることを知る。帰朝後、中華の聖謚に合わせて孔宣父の号を文宣王とすることを奏上。

〈文献〉続日本紀（神護景雲二年七月三十日）。令集解（巻一五・学令）

＊本文三行目「入唐聞」「膠序」は各々「入唐問」「膠庠」（『続日本紀』『令集解』『日本紀略』）と作るべきであろう。

55金村追遠　備後の網引金村は八歳の時父を失い、ついで母を亡くし追遠（祖先をしのびおまつりすること）の情切なれば、称徳帝その孝に感じ爵二級を賜う。

〈文献〉続日本紀（神護景雲二年二月十七日）。

56有仁絶嗣　輔仁親王の息花園左大臣源有仁は己の後嗣の絶えてしまうことを願ったというが、それは、才能無き跡継ぎはその祖先を恥ずかしめるものという理由による。

〈文献〉今鏡（御子たち第八）。徒然草（六段）。

＊「いとしもなき子」（平凡な子ども。『今鏡』）「願吾子孫永絶不レ継。無二其徳一則辱二祖先一」（『本朝儒宗伝』巻中・有仁王）「末のおくれ給へるはわろきことなり」（『徒然草』）など微妙に子孫に対す

る表現は異なるが、言わんとするところは同じ。『本朝語園』（巻七・375有仁願二曾絶一）は本書より詳細。

57**房平二戦**　鷹司房平がいうには「日々心中では善と悪の二者が戦っている。仁義礼信を前後の将とし、妄念邪志の奸敵を破れば、天下も平らかになるだろうに」と。

〈文献〉倭論語（巻四）

＊『桑華蒙求』（巻中・37房平徳帥）は本書に依る。

58**三成千当**　蘇我入鹿、巨勢徳太・土師娑婆をして山背大兄王を斑鳩に襲わしむる時、奴三成出でて大いに奮戦し、一人当千の兵と称さる。

〈文献〉日本書紀（巻二四・皇極天皇二年十一月）。

59**売輪抱屍**　雄略帝は有力な皇位継承者であった市辺押磐皇子《いちべのおしはのみこ》を怨み、遊猟に誘い出して射殺す。皇子の舎人佐伯売《うる》輪《わ》はその屍を抱き呼号す。

〈文献〉日本書紀（巻一四・雄略天皇即位前記）。

60**山辺殉亡**　天武帝崩御し、大津皇子の謀叛発覚。訳語田《をさた》の家にて死を賜い、その妃山辺は髪を振乱し素足でかけつけ殉死す。

〈文献〉日本書紀（巻二九・天武天皇下、朱鳥元年九月、巻三〇・持統天皇称制前紀）。本朝列女伝（巻二・山辺皇女）。日本古今人物史（巻六・山辺皇女伝）。日本紀略（巻八・天武天皇、持統天皇）。

＊『本朝列女伝』と『日本古今人物史』の記事は殆ど同文で、後者は前者の影響を受けていると考えて良かろう。

61**内侍嘆絵**　弁内侍、殿上の賢聖障子を見て、我が朝の忠臣・孝子を描いたならば人々に勧励できるだろうにと嘆き、帝感歎す。歌才あって亀山帝に「秋来ても露おく袖の」の七夕歌を献上。
〈文献〉倭論語（巻七）。井蛙抄（第六）。
＊賢聖障子についての所感は『倭論語』、七夕歌は『井蛙抄』『本朝列女伝』（巻八）などに見えるのだが、両者を併合した記事は本書が初めてか。猶、本文冒頭標題では「六一宿祢探湯　六二内侍嘆絵」だが、頭注に「此一聯誤倒置当如標題也」（ここに言う標題とは巻頭の標題目録に依るもの）とあるのに依り変更する。『桑華蒙求』（巻下・39内侍好賢）は本書に依り、『扶桑蒙求』（巻下・18内侍好賢）に受継がれる。『絵本故事談』（巻八・弁内侍）も文は前後するも一部本書を利用していよう。

62宿祢探湯　武内宿祢の筑紫に派遣されし時、弟の甘美内《うましうちのすくね》宿祢は兄を殺さんとして、譏言す。兄歎いて無実を訴うるに依り、帝も決し難く探湯にて弟を断罪し誅す。
〈文献〉日本書紀（巻一〇・応神天皇九年四月）。
＊『日本紀略』（前篇四・応神天皇九年）や『扶桑略記』（第二）あたりの記事ではやや不足か。

63黒丸至孝　武蔵国の矢田部黒麻呂は父母に仕えて至孝。その死後十六年間も斎食することに依り税を免ぜらる。
〈文献〉続日本紀（宝亀三年十二月六日）。
＊本文二行目「斎食十六年」は『本朝通鑑』（巻一四・光仁天皇宝亀三年十二月）『本朝孝子伝』（巻中・士庶・四、矢田部黒麻呂）も同じだが、『続日本紀』では「斎食十六月」に作る。猶、『続日本紀』の黒麻呂の記事の直後に直玉主売（巻下・95「直玉供墓」参照）のことも見えている。

64長親厚喪　藤原長親は南朝に仕え右大将を拝せる者。親の没するや喪に服すること三年。礼を尽くし、哀歌並びに小序を作す。

〈文献〉新葉和歌集（巻一九・哀傷歌一三四九）。

＊『本朝孝子伝』（巻上・公卿・一五、藤原長親）『本朝儒宗伝』（巻下・庶姓・藤長親）などにも見えている。

65 允恭定姓　允恭帝代、諸人己の姓を失い、殊更に高い氏を自称す。よって帝詔を下して氏姓を定むるにより、詐る者無し。

〈文献〉日本書紀（巻一三・允恭天皇四年九月）。

66 成務置長　成務帝詔して国郡に長を立て、県邑に首を置くこととし、それにふさわしい人を任じて王城の垣根にせんとす。

〈文献〉日本書紀（巻七・成務天皇四年二月）。日本紀略（前篇四・成務天皇）。

67 兼好徒然　卜部兼好、後宇多帝に仕えて左衛次将に至る。帝の没後隠逸の徒となり、徒然草を著す。

〈文献〉本朝遯史（巻下・吉田兼好）。扶桑隠逸伝（巻下・兼好）。

＊本文三行目「扁」は、「名」又は「篇」とあるべきか。兼好のことは『本朝語園』（巻三・143兼好作「徒然草」／『扶桑隠逸伝』巻下を利用）にも見えている。

68 長明方丈　鴨長明、和歌を好み縉紳と交わる。賀茂神社の総管司を許されず大原山に隠栖す。日野に方丈の庵を結び方丈記を著す。

〈文献〉本朝遯史（巻下・鴨長明）。扶桑隠逸伝（巻下・鴨長明）。十訓抄（第九・7鴨長明の出家）。

＊『扶桑蒙求』（巻下・75長明方丈）にも見える。

69 小町美艶　小町は近江滋賀郡小野村の出身、父は良実。美艶妙麗にして粉黛を用いず、桃靨梨腮の美は当時に抜きんでており、貴人と和歌を贈答す。後人の小野小町と玉造小町を混同するは一笑すべし。

〈文献〉徒然草（一七三段）。宝物集（巻三）。玉造小町子壮衰書。
＊小野小町壮衰の事は『十訓抄』（第二）『古今著聞集』（第五・第六和歌）『今昔物語集』（巻三〇）『古事談』（第二）『三国伝記』（巻一二）等諸書に見える。

70 衣通徹晃

衣通姫《そとおりひめ》は忍坂大中姫命《おしさかのおおなかつひめのみこと》の妹にして容姿絶妙。その艶色衣を徹りて晃る。姉は妹を帝前にて舞わせ引合わすも、妹憚り茅渟宮に住む。

〈文献〉『和歌色葉』。本朝神社考（中之三）。日本書紀（巻一三・允恭天皇七年十二月、八年二月）。女郎花物語（巻上・衣通姫の事）。本朝女鑑（巻一・衣通姫四）。雑々集（巻下）。本朝列女伝（巻一〇・衣通姫）。扶桑略記（第二）。日本紀略（前篇五・允恭天皇）。
＊『桑華蒙求』（巻中・11弟媛衣通）は本書に依る。

71 崇徳傾覆

崇徳帝の念いに反し、鳥羽上皇は雅仁親王（後白河帝）を即位せしむ。崇徳これを恨み天下を傾け覆さんと藤原頼長と共謀するも、後白河帝は源義朝・平清盛をして攻めさせ、敗れる。

〈文献〉神皇正統記（人）。愚管抄（第四）。保元物語。
＊本文五行目「源為朝防戦」は「源為義防戦」の誤りであろう。

72 尊治濫賞

後醍醐帝（尊治）、武臣の勲績を賞する時、内寵の言に惑わされて賞賜正しからず、廷臣の諫めも聴《ゆる》さず。よって武臣達には怨む者多し。

〈文献〉太平記（巻一二・公家一統政道事、一三・龍馬進奏事）。

73 安世水車

良峯安世、天長六年五月に勅を奉じて諸国の民に水車を作らしめ、農耕の資となさしむ。

〈文献〉政事要略（巻五四）。類聚三代格（巻八）。
＊この故事は『絵本故事談』（巻四）にも見え、『桑華蒙求』（巻上・73安世水車）と共に本書に依り、

74 師賢繡裳　『扶桑蒙求』（巻上・50安世水車）に受継がれる。
後醍醐帝の討幕計画発覚し、北条高時の軍に追われて笠置に移る。大納言藤原師賢は袞衣繡裳をまとい天皇になりすまして叡山に登り、敵の気を引く。

〈文献〉太平記（巻二・師賢登山事付唐崎浜合戦事）。
＊『桑華蒙求』（巻上・157師賢袞衣）は本書に依り、『扶桑蒙求』（巻上・68師賢繡裳）に受継がれる。

75 伊周射帝　藤原伊周・隆家の兄弟、鷹司の四君に通う花山院を射る。院が伊周の通う三君に通っていると誤解したための事件であったが、兄弟は流謫。
〈文献〉愚管抄（第三）。栄花物語（巻四・みはてぬゆめ）。

76 良懐僭皇　応安年間、南朝の良懐（親王）九州に在り。「関西之王」と称され明と隣好を通じ、明は良懐を日本の王とす。
〈文献〉明太祖実録（第六八〜九〇）。明史（巻三二二・日本伝）。
＊「良懐」と記すのは明国側の記録で、正しくは「懐良」。『本朝語園』（巻五・239懐良留㆓明使於筑紫㆒）では「懐良」として見える。猶、『隣交徴書』（三篇之一・明・詩文部）『善隣国宝記』（巻上）などでは「関西親王」と記す。『桑華蒙求』（巻上・85良懐僭帝）は本書に依り、『扶桑蒙求』（巻下・6良懐僭帝）に受継がれる。

77 置目示骨　顕宗帝、難に遭い命を落とした父の遺骸を求む。置目《おきめ》なる老嫗、霊骨の在処を知ればこれを示すべく共に赴き、近江の郊野にて発掘。哀号して墓陵を造り、嫗を傍に居らしむ。
〈文献〉日本書紀（巻一五・顕宗天皇元年二月）。日本紀略（前篇五・顕宗天皇）。

78 和泉恨郎　江式部、和泉守道貞に嫁し和泉式部と称す。恩愛薄きを恨みて貴船に詣出、御手洗川の飛ぶ蛍に憂いを詠歌し、神の「奥山にたぎりて落るたぎつ瀬の玉ちるばかり物な思ひそ」の歌に慰めらる。
〈文献〉世継物語。後拾遺集（巻二〇）。袋草紙。俊頼髄脳（巻上）。十訓抄（第一〇・13貴船における和泉式部の物おもへばの歌）。東斎随筆（38）。古今著聞集（巻五・和歌第六・32和泉式部貴布祢社に詣でて詠歌の事）。沙石集（五末）。三国伝記（巻一・27和泉式部貴船参籠事）。本朝神社考（上之二・貴布祢）。無名草子。女郎花物語（巻下）。
＊和歌の本文に少し異同が見られ、「たぎつ瀬に」（『俊頼髄脳』『三国伝記』『無名草子』）、「たぎつ瀬よ」（『十訓抄』）などに作る場合もある。猶、右の文献中にはとりたてて郎恩の薄きことや神が男子の声で前掲歌を詠じたことに言及しないものも含まれている。

79**長岡刑名**　大和長岡はわかくして刑名の学を好み文を属す。宝亀二年入唐して法令について学び、帰国後は権威となり、法を問う者は彼に質す。
〈文献〉続日本紀（神護景雲三年十月二十九日）。
＊現行の『続日本紀』では、本文一行目「従四位上」は「従五位上」、三行目「疑滞」は「凝滞」に作る。

80**師輔温良**　九条師輔は人となり温良寛恕にして、喜怒を顔に出さない君子の人であった。
〈文献〉栄花物語（巻一・月の宴）。大鏡（巻中）。

81**天武占雲**　天武、病と称し吉野に退く。大友皇子らの討伐を恐れ東国へ赴かんとし、大野をへて隠郡《なばりのこおり》に到り、横河に立籠める黒雲に占って、天下を手中にすと確信す。
〈文献〉日本書紀（巻二八・天武天皇即位前紀、元年六月）。日本紀略（前篇八・天武天皇）。

82**仁徳望煙**　仁徳帝、国見をして民の貧しきを知り、課役をとどめ、質素倹約に努め、宮殿の破れも繕わざること三年。炊煙の国に満つるを見て民の富めるを知り、百姓の富は朕の富と言う。
〈文献〉日本書紀（巻一一・仁徳天皇即位前紀、四年二月、三月、七年四月）。
＊『桑華蒙求』（巻上・9仁徳煙竈）に引かれ、『扶桑蒙求』（巻上・25仁徳煙竈）に受継がれている。『本朝語園』（巻一・23仁徳天皇賑ニ給民竈一）も趣旨は同じだが、和歌の引用もあり文体が少し異なる。

83時雨通医　和気時雨、医術に努め明察ありて声名甚しく、承平・天慶の間に侍御医・大医博士・尚薬局に任じ、六十一歳で卒す。
〈文献〉本朝医考（巻中）。尊卑分脈。

84道家稟禅　藤原道家は、入宋して無準範禅師に参じて心印を得た円爾（弁円）に法を問い、禅門の大戒を稟けて伽藍を営む。
〈文献〉元亨釈書（巻七・浄禅三之二・慧日山弁円）。尊卑分脈。

85称徳再帝(位)　称徳帝は聖武帝の娘。聖武に継嗣なく、即位して孝謙と称す。後に大炊王に譲位するもこれを廃して淡路に追放し、再び即位して称徳帝という。
〈文献〉水鏡（巻中、下）。神皇正統記（地）。

86檀林一挙　仁明帝母橘嘉智子、学館院・檀林寺を建つ。遺命により屍を葬らしめず、郊野に曝し鳥獣に啖わしめ一挙を残すのみ。
〈文献〉本朝列女伝（巻一・嘉智子）。本朝女鑑（巻二・檀林皇后三）。

87親房元元　源（北畠）親房学才あり。後醍醐・後村上帝に仕え、職原抄・元元集の著作あり。
〈文献〉特に必要ないか。

88 永愷玄玄 橘永愷出家して能因となり、摂津の古曾部に隠栖す。玄玄集を著して和歌の奥義を述べ、八十島記を作り、死に臨み多年の吟稿を土に埋む。

〈文献〉扶桑隠逸伝（巻中・能因）。林羅山文集（巻一五・能因法師旧跡記）。中古歌仙三十六人伝。

＊本文二行目「肥後後進」は「肥後進士」に作るべきである。

89 橘媛没海 日本武尊、相模より上総に赴く。船出し暴風に遇い没せんとす。弟橘媛《おとたちばなひめ》、己の身命を海神に捧げることにより、波静まりて渡るを得たり。

〈文献〉日本書紀（巻七・景行天皇四十年是歳条）。日本紀略（前篇四・景行天皇）。

＊『絵本故事談』（巻六・橘媛）の前半の記事に本書と重なるところあり。

90 元明開地 元明帝代の和銅五年に出羽、同六年に丹後・美作・大隅の諸国を設け、信濃と美濃国境峻嶮の地に木曾路を開く。

〈文献〉続日本紀（和銅五年九月二十二日、同六年四月三日、七月七日）。日本紀略（前篇九・元明天皇）。

91 義持辞号 鹿苑院足利義満薨ず。後小松帝の詔して「太上天皇」を贈らんとするや、義満の息義持は敢て辞退す。

〈文献〉東寺執行日記（応永十五年五月六日）。

＊太上天皇尊号宣下のことは『白石先生小品』（武家官位事）や『塩尻』（第九九）などにも見えているが、後者では、畠山基国・細川頼元が諫議して辞退させたと記している。

92 菟道譲位 菟道稚郎子、阿直岐・王仁に学ぶ。父応神帝は郎子を後継者とするも、弟は兄（後の仁徳帝）と互いに帝位を譲り合うこと三年。弟自殺し、兄慟哭す。

〈文献〉日本書紀（巻一〇・応神天皇十五年八月、十六年二月、四十年正月、巻一一・仁徳天皇即位前紀）。日本紀略（前篇四・応神天皇、五・仁徳天皇）。
＊『桑華蒙求』（巻上・177菟道反魚）は本書に依り、『扶桑蒙求』（巻中・菟道苞魚）に受継がれている。

93基氏解疑　源（足利）尊氏は嫡男義詮《よしあきら》を器にあらずとし、関東を基氏に与え、義詮をして輔佐せしむ。義詮はこれを疑うも、基氏は神に己の早死を祈り、義詮の疑を解く。
〈文献〉南方紀伝（貞治六年四月二十六日）。難太平記。

94百川不睡　藤原百川、白壁王を推戴し光仁帝とす。また、皇太子に山部親王を推し、四十余日間一睡もせず決断を迫るに依り、光仁帝遂に山部を立つ。
〈文献〉水鏡（巻下）。
＊『桑華蒙求』（巻中・99百川不睡）は本書に依る。

95山名六分　山名時氏より氏清に至る山名氏の領国は十二ヶ国に及び、天下六十六国の六分の一に達し、故に「六分一殿（衆）」と号す。
〈文献〉山名家譜。太平記（巻三九・山名京兆被レ参二御方一事）。
＊本文九行目「十有二国之守」は「十有一国之守」の誤りであろう。

96忠平三吏　藤原忠平とその子の実頼・師輔の父子三人が同時に太政大臣・左右大臣に就き三吏を占むることあり。
〈文献〉大鏡（巻上・太政大臣忠平）。公卿補任（天暦元年）。

97糠戸造鏡　天照大神、素戔嗚尊の乱行に怒り天磐戸を閉づ。諸神憂え天糠戸《あまのあらと》に鏡を造らしめ、天児屋命《あまのこやねのみこと》は神ほぎを述ぶ。
〈文献〉日本書紀（巻一・神代上）。日本紀略（前篇一・神代上）。

98 **斉名弾箏** 慶滋保胤は具平親王の質問に答え、紀斉名の文才を、瑞雪の朝に瑤台にて箏を弾ずる風情と評す。斉名は詩名ある人物なるも元稹集の加点の命を固辞したという。

〈文献〉史館茗話（32・36）。本朝一人一首（巻八389）。古今著聞集（巻四・文学第五・11大内記善滋保胤匡衡斉名以言等を評する事）。江談抄（第五・4斉名元稹集に点せざる事）。

＊本説話は『本朝語園』（巻四・199保胤論二文人一）にも継承されている。類話が『今鏡』（巻九・昔語第九・唐歌）に見え、斉名についての評は「斉名が文《ふみ》作る様は、月のさゑたるになかばふりたるひはだぶきの家の、みす所々はづれたるうちに、女のしやうのことひきすましたるやうになん侍る」とあって、前掲〈文献〉書や本書のものとは異なるが、この『今鏡』系の斉名評は、『大東世語』（巻三・品藻5）『扶桑蒙求』（巻上・具平文談）に引継がれている。

99 **菅江合符** 大江朝綱と菅原文時は才名相敵し、一双とされていた。村上帝の命で、白楽天の詩中の傑作を選ぶこととなり、共に「送二蕭処士遊一黔南一」詩を推し符節合す。

〈文献〉史館茗話（21・16・55）。江談抄（第四・72この花はこれ人間の種にあらず、54江は巴峡より初めて字を成す）。古今著聞集（巻四・文学第五・2天暦御時大江朝綱菅原文時に白氏文集第一の詩を撰ばしむる事）。本朝一人一首（巻四・209）。

＊朝綱・文時が共に「送蕭処士遊黔南」詩を選んだこと、一双の才を称されたことは『本朝語園』（巻四・160朝綱与二文時一論二楽天詩一、161菅江一双。いずれも『茗話』の孫引である）『大東世語』（巻二・識鑑4）にも継承されている。猶、文末の文時の没年に「貞元四年」とあるが「天元四年」の誤り。

100 **白野同情** 小野（原本の埜は野の異体字）篁は、嵯峨帝の自作として示した白詩改作句を評し、原作は知らぬはずなのに原作通りに改めるべきと指摘。帝驚き、白楽天と篁は異域にありながら同じ（詩）情を持つ者と称嘆。

〈文献〉史館茗話（1）。江談抄（第四・5閣を閉ぢて唯聞く朝暮の鼓）。
＊この説話は本朝の文人佳話の中でも極めてよく知られるところとなり、『本朝語園』（巻四・150嵯峨天皇与レ篁為二文字戯一）『桑華蒙求』（巻中・181嵯篁戯字）『大東世語』（巻二・文学1）『南柯廼夢』『異称日本伝』（巻上）『詩轍』（巻四）『梧窓詩話』（巻二）『作詩志彀』『作詩質的』『柳橋詩話』『百人一首一夕話』（巻二）。『皇都午睡』（初編下の巻）『大日本史』（巻二一四・列伝一四一・文学二・小野篁）等の諸書で言及されている。

101 **実方尋松**

藤原実方、奥州刺史に左遷され、赴いて阿古野の松を見んとす。老翁の曰わく、「陸奥の阿古野の松に木隠れて」と歌われたのは奥州がまだ一国であった時のもので、今は出羽国に属するものと言う。

〈文献〉平家物語（巻二・成親流罪・少将流罪）。古事談（第二・臣節・72実方と奥州あこやの松の事）。東斎随筆（草木類・13）。源平盛衰記（巻七・日本国広狭の事）。
＊本文一行目「和銅年中」云々とあるが、『続日本紀』に依れば始めて出羽国を置いたのは和銅五年九月二十三日のこと。同年十月一日には、陸奥の最上・置賜二郡を出羽国に所属せしめていることが知られる。猶、末尾の定方の没年時は『尊卑分脈』に同じ。

102 **滝守護桜**

貞観年中に紫宸殿の所謂南殿の桜枯れ朽ちる。坂上滝守、勅命に依り枝葉花蕊を護り繁茂せしむ。

〈文献〉河海抄（巻四・第五花宴）。禁秘抄（巻上）。
＊文末に「康保元年正月」「十一月又栽レ之」とあるが、〈文献〉所引二書に依れば「康保元年十一月」「正月又栽レ之」とあるべきところ。『桑華蒙求』（巻上・115瀧守護桜）『絵本故事談』（巻七・滝

守）は本書に依り、『扶桑蒙求』（巻上・80瀧守護桜）に受継がれる。

103 **茂光鳴篥**
104 **時光弄笙**

篳篥の名人市允茂光と笙の名人金田時光は共に朝廷に召されたものの、囲棋に熱中して自若たり。勅命に違うことを恐れた身内が促すも従わず、朝使空しく帰る。帝は棋局や音楽を娯しみ世栄を慕わぬ二人に嗟嘆す。また、茂光は海賊に遭遇し、一曲吹きならし賊を感動せしめ死を免る。その篳篥を海賊丸と号す。

〈文献〉源平盛衰記（巻二五・時光茂光御方違ひ盗人の事）。古今著聞集（巻一二・偸盗第一九・3篳篥師用光臨調子を吹き海賊感涙の事）。発心集（巻六・70時光茂光数寄天聴に及ぶ事）。平家物語（長門本一二、延慶本三）。今鏡（昔語第九・賢き道々）。十訓抄（第一〇・27和邇部用光の篳篥）。

*各書に記される人物名の表記に違いがある（『源平盛衰記』と本書は同じ）。二話からなる前半については、「市正時光」「茂光」（『発心集』）「市佑時光」「用光」（『今鏡』）とあり、後半については「用光」（『十訓抄』『教訓抄』『今鏡』『体源抄』）「茂光」（『拾芥抄』『続教訓抄』）の違い。『桑華蒙求』（巻中・85茂光鳴篥）は本書に依り、『大東世語』（巻四・企羨7）には類話が見える。

105 **保食吐飯**

月読命は保食神が飯を吐き備えてくれたものを穢らわしとして殺す。天照大神が天熊人を遣わしたところ、かの遺体より牛馬穀物などの化生するをみる。

〈文献〉日本書紀（巻一・神代上）。日本紀略（前篇一・神代上）。

106 **火進責鉤**

海幸・山幸の兄弟、弓箭と釣鉤を交換するも各々利なし。弟は兄の鉤を失い、新たな鉤を作りかえさんとするも、兄受取らず、もとの鉤の返却を責む。

〈文献〉日本書紀（巻二・神代下）。日本紀略（前篇二・神代下）。

107 **磐長唾泣**

瓊瓊杵尊《ににぎのみこと》、高千穂に天降り、木花開耶《このはなのさくや》姫《ひめ》に逢う。姉の磐長姫《いわながひめ》は醜女故に妹のみ寵愛され、姉は恨み唾《つば》し泣いて「この世の人は必ず衰えるであろう」と呪言す。

〈文献〉日本書紀（巻二・神代下）。日本紀略（前篇二・神代下）。

108 **鈿女俳優**
諸神は天照大神の石窟にこもれるを患え、天鈿女命《あめのうずめのみこと》に茅を巻いた矛など持たせ、窟戸の前にて巧みな俳優《わざおぎ》を行わしむ。

〈文献〉日本書紀（巻一・神代上）。日本紀略（前篇一・神代上）。

109 **粟田麟徳**
大宝三年、粟田真人入唐す。武后、麟徳殿にて宴し司膳卿の位を授く。唐人の言うに、聞くところによれば海東に君子の国ありと、今かの人を見て果してその通りだと思ったと。

〈文献〉羅山文集（巻三七・「阿倍仲麻呂伝」）。旧唐書（巻一九九上・東夷伝・倭国日本）。新唐書（巻二二〇・東夷伝・日本）。
＊『続日本紀』（巻三・文武天皇）『善隣国宝記』（巻上・慶雲元年）などには日本の「君子国」たること見ゆるも、麟徳殿の宴のことは見えず。猶、『本朝儒宗伝』（巻下・庶姓・粟田姓）はほぼ本書に近いが、入唐を「大宝五年」としている。

110 **兼明菟裘**
源兼明は聡明にして学あり。左大臣に至るも、藤原兼通にねたまれ、親王に復されて朝政より退くを余儀なくされ、亀山に隠栖し「菟裘賦」を作る。

〈文献〉本朝遯史（巻上・源兼明）。史館茗話（70・71）。本朝文粋（巻一・13）。
＊本文二行目「拝二右丞相一」は誤り。『公卿補任』に依れば、兼明は右大臣になったことはなく、天禄二年（九七一）に従二位大納言から左大臣となった。そして、貞元二年（九七七）四月に勅に依り親王となり、十二月に中務卿となって、永延元年（九八七）に薨じた。『本朝儒宗伝』（巻中・源兼明）は本書の影響下にあるようだが、貞元二年とあるべきところを天延二年としているのは不審。

又、『本朝語園』（巻四・189兼明）は出典を『公卿補任』としているが、記事内容は『本朝遯史』の抜萃抄出とみるべきであろう。

111 **持資起宇** 大田持資は和歌を嗜む風流人で、景勝の地に静勝軒・泊船亭・含雪斎の三館を建て、出家して道灌と号し諸禅僧と交わる。

〈文献〉梅花無尽蔵（第六・「静勝軒銘詩幷序」）。

＊道灌が三館を建てたことは『大田家記』（真名本と仮名本の二種あり）『望海毎談』『日本古今人物史』（巻二・名家部・太田道灌）などにも見えている。本書本文中に見える「彦村菴・沢黙雲・三横川」は村菴（希世）霊彦・黙雲（天隠）竜沢・横川景三のこと。猶、本書では、上杉顕定が上杉定正及び道灌を殺したことになっているが、実際には定正が道灌を暗殺。『桑華蒙求』（巻上・191道灌江城）『扶桑蒙求』（巻上・84道灌江城）にも類話が見える。

112 **時頼巡州** 北条（平）時頼、微服して諸国を巡行し、治国の可否を検察す。

〈文献〉太平記（巻三五・北野通夜物語事付青砥左衛門事）。増鏡（巻九・草枕）。鎌倉北条九代記。弘長記。謡曲（鉢の木・藤栄）。天文雑説（巻六・最明寺時頼事（50））。倭論語（巻六）。

＊『桑華蒙求』（巻上・77時頼旅宿）『扶桑蒙求』（巻下・13時頼旅宿）にも類話が見える。

113 **喜山銀閣** 足利義政、文明十一（五か）年東山に後の銀閣寺となる東求堂を建て、古器・名画・茶茗を楽しむ。同十七年出家して喜山と号し、延徳二年に五六歳で薨ず。

〈文献〉華頂要略。蔭涼軒日録（文明十七年十二月など）。

＊銀閣・東求堂のことは『本朝語園』（巻一・18東山銀閣）『見聞談叢』（巻四・372東山殿・銀閣）などにも見える。

114 **道長金堂**

藤原道長、長徳元年に右大臣となり朝権を掌握。寛仁四年法成寺を営み金堂を建て、金彩雕琢す。人呼んで御堂関白という。

〈文献〉栄花物語（巻一五・うたがひ、巻一七・おむがく）。大鏡（巻下・太政大臣道長）。

115 **十市魚書**

十市皇女は天武帝女にして大友皇子に嫁ぐ。大友、吉野の天武を討たんとせし時、十市は悲しみてひそかに魚腹中に書を入れ父に送る。

〈文献〉宇治拾遺物語（巻一五・1清見原天皇与㆓大友皇子㆒合戦ノ事）。

＊魚腹中の書の事は『四条流庖丁書』（巻一・包焼ノ事）等に見えるが、『水鏡』（巻中）『扶桑略記』（第五）あたりには見えない。范蠡が勾践に投じた故事（『太平記』巻四所引）なども喚起されるところ。

116 **栲幡虹光**

阿《あ》閉国見《へのくにみ》、栲幡皇女《たくはたのひめみこ》と廬城《いおき》部武彦《べのたけひこ》の仲を帝に訴う。武彦は父に殺され、皇女は自殺。帝、皇女を捜し求むるに、虹光現われて皇女の屍を得。

〈文献〉日本書紀（巻一四・雄略天皇元年三月、三年四月）。日本紀略（前篇五・雄略天皇）。本朝列女伝（巻一〇・栲幡皇女）。

117 **鳥部動竹**

捕鳥部万、主人物部守屋の滅ぶを聞きて山中に逃亡し、竹を動かしゆるがせて皇軍を欺くも敗死す。その愛犬、首を銜えて墓処にて飢死す。

〈文献〉日本書紀（巻二一・崇峻天皇即位前紀）。

118 **公忠達香**

源公忠はよく薫香を製す。延喜・天慶の御代に、大和常生と共に合香の妙術をもって声名高し。

〈文献〉河海抄（巻一二・梅枝）。薫集類抄（巻上）。

＊公忠没年を本書は「天暦三年」とするが、『三十六人歌仙伝』『二十一代集才子伝』では「天暦二

年」とし、『尊卑分脈』では「天慶九年」とする。

119 **浜主長寿**

尾張浜主は齢百十三歳に至る。仁明帝に召され、御前で長寿楽の舞を舞う。その姿は少壮の者の如し。帝御感あって御衣を下賜す。

〈文献〉続日本後紀（承和十二年正月八日、十日、同十三年正月二十六日）。教訓抄（巻二）。続教訓抄（巻四）。日本古今人物史（巻七・芸流部・尾張浜主）。

120 **以言陵王**

慶滋保胤、大江以言の詩を評し、白沙庭前、翠松陰下に陵王の曲を奏するが如しと言う。大江匡房も評して、斉名に比して思いのままに詠じて新興ありと言う。

〈文献〉史館茗話（32・41）。江談抄（巻五・62匡衡以言斉名の文体各異なる事）。古今著聞集（巻四・文学第五・118大内記善滋保胤、匡衡・斉名・以言等を評する事）。本朝一人一首（巻八・389）。

＊本文三行目「採摭」と「反之」の間に脱文「古詞一、有二風騒之体一。然至二其不レ得之日一、忽不レ驚レ目。以レ無二新意一故也。以言」があると考えるべきで、このままでは解し難いのではあるまいか。

121 **思兼聚鳥**

天照大神の磐戸に籠りし時、思兼神は常世の長鳴鳥を聚めて長鳴せしめ、手力雄神・天児屋命・太玉命らと八咫鏡等を捧ぐ。

〈文献〉日本書紀（巻一・神代上）。日本紀略（前篇一・神代上）。

122 **酒君臂鷹**

依網《よさみ》屯倉《みやけ》阿弭古《あびこ》が異鳥を献上。酒君これを倶知《くち》（鷹）と言う。百舌鳥野《もずの》に鷹を放ちて猟し、鷹飼の役所・養戸を定む。

〈文献〉日本書紀（巻一一・仁徳天皇四十三年九月）。紫明抄（巻六・御幸）。河海抄（巻一一・御幸）。日本紀略（前篇五・仁徳天皇）。

＊本文六行目「獲二数千雉一」は「獲二数十雉一」の誤りである。亦、六、七行目の「鷹井部」「鷹井

邑」は「鷹甘部」「鷹甘邑」に作るべきであろう。末尾を除き『見聞談叢』（巻一・1鷹の名称）と記述が重なり、『絵本故事談』（巻七・酒君）は本書に依る。

123 **晴明浴瀑**

安倍晴明、那智の瀑布で浴水千日の行を修す。また、花山帝の頭痛については、前生の髑髏の岩穴に堕つる為と説く。清明は賀茂保憲に天文道を授けられし者なり。

〈文献〉古事談（第六・亭宅諸道・64清明花山院の前生を見顕はして病因を語る事）。続古事談（第五・諸道・13晴明と光栄の事）。帝王編年記（巻一七・永延元年）。

124 **額田献氷**

額田大中彦皇子、都祁《つけ》に猟し氷室なるものを知る。氷をおさめ夏に酒・水にひたし用うと聞き、帝に献上し歓ばる。氷室の濫觴なり。

〈文献〉日本書紀（巻一一・仁徳天皇六十二年）。日本紀略（前篇五・仁徳天皇）。

＊氷室の濫觴の事は『扶桑略記』（第二・仁徳天皇）『帝王編年記』（巻五・仁徳天皇）『塵添壒嚢鈔』（巻一〇・二三「氷室事」）などにも言及あり。

125 **薬子惑帝**

藤原薬子は平城上皇に寵愛さる。上皇、薬子の言に惑わされ帝位に復さんことを謀り、遷都にかこつけ変を為さんとするも発覚。仲成・薬子は死を賜う。

〈文献〉水鏡（巻下・嵯峨天皇）。日本後紀（巻二〇・嵯峨天皇）。日本紀略（前篇一四・嵯峨天皇）。類聚国史（巻二五）。

126 **光明浴僧**

光明皇后は悲田・施薬二院を設置。温室を作り貴賤をして浴せしめ、誓って千人の垢を除かんとし、最後の一僧の疥癩の瘡を吸い膿を吐く。

〈文献〉元亨釈書（巻一八・願雑三・尼女）。本朝列女伝（巻一・光明子）。宝物集（巻六）。三宝絵（巻下・法華寺の花厳会）。膾餘雑録（巻五）。本朝女鑑（巻三・光明皇后五）。

＊本文四～五行目「竟二九十九人一最後有二一僧一」とあるが、前半は「竟二九百九十九人一」でなければならず、後半については「最後有二一人一」（『元亨釈書』）「最後有二一癩人一」（『本朝列女伝』）「後有二一癩人一」（『膾餘雑録』）などと見えるのみで「僧」とは記されていない。だが、前掲三書ともその癩人が実は「阿閦仏」であると後に告白する記述を載せており、これを「僧」体として本書は書替えたものであろう。

127 在衡戴笠

藤原在衡は村上帝の殊恩を受く。常に省中に赴くに書一帙を携え、帝の質疑に備えていた。恪勤を称され烈風暴雨にも笠を戴き出仕すと言う。

〈文献〉古事談（第六・亭宅諸道・33在衡精励の事）。続古事談（第二・臣節・10在衡大臣常に滞ることなく帝の問に答ふる事）。十訓抄（第六・可存忠信廉直旨事・28粟田左大臣在衡の恪勤及び信心）。三国伝記（巻九・12粟田左大臣在衡事）。壒嚢抄（巻一一・15）

＊在衡は「笠」をさして出仕（『古事談』『続古事談』。『壒嚢抄』は「傘」に作る）したのか、「蓑」を着て出仕（『十訓抄』『三国伝記』）したのか二分できるようだ。本書は前者になるが、『本朝儒宗伝』（巻中・大臣）もこれを継承している。在衡の恪勤ぶりは『本朝語園』（巻四・191在衡信二鞍馬寺一）にも記される。

128 将門現燈

平将門、藤原純友と約して謀叛するも、藤原秀郷・平貞盛に敗れる。楞厳院にて浄蔵が将門を呪詛せし時、弓矢を携えた将門が燈火の油皿に出現。

〈文献〉古事談（第四・勇士・5浄蔵将門を調伏しける事～7将門下総国にて討たれし事）。拾遺往生伝（巻中・1）。元亨釈書（巻一〇・感進二）。扶桑略記（第二八）。日本高僧伝要文抄（第一）。将門記。

129 **蘇民綰茅**

＊『絵本故事談』（巻五・俵藤太秀郷）の一部に本書が利用されているか。

素戔雄尊、蘇民宅に宿りもてなしを受ける。尊喜んで報いんとし、茅を綰ねた輪《わが》と「蘇民将来子孫」の簡を門戸に懸ければ災殃を免ると告ぐ。

〈文献〉本朝神社考（上之二・祇園）。二十二社註式（祇園社）。釈日本紀（巻七・述義三・神代上。備後国風土記逸文）。榻鴫暁筆（追加）。神道集（祇園大明神事）。雍州府志（巻二・神社門愛宕郡）。

＊『桑華蒙求』（巻上・89蘇民綰茅）は本書に依る。

130 **彦瀲裹草**

山幸彦は海神の女の豊玉姫を妻とす。妻の竜と化し出産する様を、夫は禁忌を犯して見、妻は児を草で裹んで捨つ。子の名は彦波瀲《ひこなぎさ》武《たけ》うがやふきあえずの尊。

〈文献〉日本書紀（巻二・神代下）。日本紀略（前篇二・神代下）。

＊標題並びに本文四行目の「褁」は「裹」に作るべきである。

131 **天国造剣**

大和国宇太の天国は文武帝大宝年間に勅命に依り宝剣を模造。大同年間に豊前宇佐の沙門神息は利剣を分けて刀と為す。

〈文献〉諸国鍛冶寄（諸国鍛冶上寄）。

132 **大田守宝**

倭姫命、諸州を巡り祠廟を建てんとす。霊宝を守れる大田命の指示をえ、伊勢渡会郡五十鈴川の辺に定む。

〈文献〉本朝神社考（上之一・伊勢）。神皇正統記（天・垂仁天皇）。

＊目録題と本文冒頭題（太田守宝）が異なるが、本文中の表記「大田命」に従う。また、本文四行目「吾八百歳之間」とあるが〈文献〉所引二書に依れば「八万」とあるべきところである。

133 **巴女従軍**

木曾義仲の妾巴御前は清絶麗艶にして気は勇なり。義仲の軍陣に従い、御田師重の軍を破り、これを捕えて刎す。

〈文献〉平家物語（巻九・兼平）

134 **仲子止禱**
藤原仲子（崇賢皇后）病臥するも薬医の効無し。公卿大臣は諸神奉幣・恩赦・泰山府君祈禱等を奏するも、仲子は己一人の為に政事を擾乱するものとして止めしむ。

〈文献〉倭論語（巻七・貴女部）。
＊『桑華蒙求』（巻上・155仲子罹疾）は本書に依り、『扶桑蒙求』（巻下・4仲子罹疾）に受継がれる。

135 **有馬結松**
有馬皇子、蘇我赤兄に騙され謀叛を企つも、密告に依り露見し、紀州にて絞殺さる。皇子紀州に赴く途次に岩代の松枝を結び和歌を詠む。

〈文献〉日本書紀（巻二六・斉明天皇四年十一月三日）。万葉集（巻二・141 142）。
＊『桑華蒙求』（巻中・51有馬不軌）は本書に依る。

136 **宗信蔽藻**
以仁王・源頼政相次ぎ平氏に討たる。藤原宗信（以仁王の乳母の子）逃亡して新野の池の水藻に身を隠し敵の目を逃るることはできたものの、後に都に入りて人々に冷笑さる。

〈文献〉平家物語（巻四・高倉の宮最後）。源平盛衰記（巻一五・南都騒動始めの事）。
＊『桑華蒙求』（巻中・141宗信水藻）は本書に依る。

【巻之中】

1 **応神肉高**
応神帝は神功皇后が新羅を討った年の生まれである。生まれし時、贅肉が腕の上に鞆のように高く盛上って付いていたので、誉田天皇と称す。

〈文献〉日本書紀（巻一〇・応神天皇・即位前紀、四十一年二月）。日本紀略（前篇四・応神天皇）。

2 **猿田鼻長**

天孫降臨の時、天の八衢に鼻の長さ七咫の一神あり。天鈿女に問うに降臨の出迎えをする猿田彦神であった。

〈文献〉日本書紀（巻二・神代下）。本朝神社考（上之一・伊勢）。日本紀略（前篇二・神代下）。

＊『本朝語園』（巻一〇・473猿田彦奉レ迎二天神一）の記事は『本朝神社考』からの引用かと思われる。

3 **常則団雪**

飛鳥部常則は天暦中に名声を恣にした絵師である。某年大雪にあい、雪をころがして団にしたものを献じ、蓬萊山と名付く。

〈文献〉河海抄（巻九・槿）。

4 **道風書廂**

延長七年、醍醐帝は小野道風を宮中に召し、その廂に漢の君臣の賢徳ある者の名を書かしむ。

〈文献〉日本紀略（後篇一・醍醐天皇・延長七年九月一七日）。古今著聞集（巻一一・画図第一六・1紫宸殿の賢聖障子幷に清涼殿等の障子画の事）。

＊本書に「廂」とあるが、『古今著聞集』のように紫宸殿の母屋と北廂とを隔てる衝立障子のこととするのが実態に近いだろう（但し、本書の話が賢聖障子の故事を指しているかどうか不明確）。『太平記』（巻一二・大内裏造営付北野天神事）や『考古画譜』（四・計部「賢聖障子」）などにも同様の話が見えている。『桑華蒙求』（巻上・187道風筆病）にも本書が生かされており、『絵本故事談』（巻六・道風）の前半は本書を利用したものか。

5 **兼直誦祓**

卜部兼直、勅命に依り大神宮に赴く。途中雨に遇い参拝が遅れると思い、中臣祓の降臨の章を誦するに、天忽かに晴れたり。

6 **為憲入嚢**

源為憲は文章生で広識博聞。作文の会毎に一嚢を携え、良き詩句あれば、頭を嚢中に入れやや久しく吟ず。

〈文献〉史館茗話（38）。江談抄（第四・92嵩に帰る鶴舞うて日高けて見ゆ）。古今著聞集（巻四・文学第五・7源為憲が書嚢の事）。本朝一人一首（巻五・230）。

＊本文一行目「光恒」とあるが『尊卑分脈』『本朝皇胤紹運録』では「是恒」。また、四行目「但州刺史」となったという典拠未詳。猶、『本朝語園』（巻四・165為憲詩嚢）の記事は『史館茗話』よりの引用とみて良いが、『桑華蒙求』（巻中・6為憲吟嚢）『絵本故事談』（巻八・為憲）は本書に依る。

7盛遠斬婦

滝口の武士遠藤盛遠、おばの娘（夫あり）に一目惚れす。女は苦悩し、夫を殺せと言う。盛遠は夜の臥処に夫の首を斬るも、帰りて見れば実は婦《おんな》自身なり。盛遠驚駭し悵恨にたえず。出家して文覚という。

〈文献〉源平盛衰記（巻一九・文覚発心附東帰節女の事）。

＊本文一行目「新衛校尉」は「親衛校尉」とあるべき。文覚の父については持遠（『吾妻鏡』『元亨釈書』や本書）の他に、盛光（『源平盛衰記』）為長（『遠藤系図』）茂遠（『平家物語』）などの諸伝がある。この逸話はよく知られて、『膾餘雑録』（巻一）『本朝女鑑』（巻五・源渡妻）『恋塚物語』（御伽草子や浄瑠璃の作品がある）『本朝美人鑑』（巻三・袈裟御前之事）など諸書に記されたり（林梅洞による恋塚の碑文もある）、物語化されている。『絵本故事談』（巻四・西行法師）は本書に依るだろう。

8範清蹴娘

鳥羽上皇の北面の武士佐藤範清、保延三年八月妻子を捨て出家す。幼娘泣いて父の衣を引くも、範清これを牀下に蹴り落として去る。僧となり西行と言う。

〈文献〉西行物語。本朝遯史（巻下・佐藤西行）。扶桑隠逸伝（巻下・西行）。

＊本文一行目「範清」に作るが、『本朝遯史』『扶桑隠逸伝』では「憲清」とし、「義清」（『台記』）

「則清」（『勅撰作者部類』）などとも記される。猶、娘を蹴落すこと（『西行物語』『沙石集』）は『本朝遯史』『扶桑隠逸伝』には見えない。

9 花山動星　花山帝出塵の志ありて潜かに宮門を出で、扈従の沙門厳久・藤原道兼を連れ安倍晴明宅を通り過ぐ。晴明、天文の異変を呈すにより天子の避位を知る。

〈文献〉元亨釈書（巻一七・願雑二・王臣）。大鏡（巻上・花山天皇）。『古事談』（第一・王道后宮・19花山天皇御出家事）。扶桑略記（寛和二年六月二十二日）。本朝神社考（下之六・安部《ママ》晴明）。林羅山文集（巻三九）。

＊『本朝語園』（巻七・339晴明看㆓天変㆒）は殆ど同内容だが、晴明の退位をあやしむ占察を聞き帝が笑うという部分は異なる。『大東世語』（巻四・術解4）にも類話見ゆ。

10 孝徳名年　孝徳帝は柔仁にして儒仏を好む。皇極帝の禅譲に依り即位し、初めて年号を大化と名付け、後に白雉の献上に因み改元す。

〈文献〉日本書紀（巻二五・孝徳天皇即位前紀、白雉元年二月、五年十月）。日本紀略（前篇七・孝徳天皇）。

＊『桑華蒙求』（巻上・41孝徳大化）に採られ、『扶桑蒙求』（巻下・54孝徳大化）に受継がれる。

11 清彦袍刀　垂仁帝、天日《あめのひ》槍《ほこ》の神宝を求む。天日槍の曾孫清彦、小刀の出石《いづし》と袍中の刀子《かたな》を献ず。後、帝の宝庫より出石は失せ、清彦のもとに還るも、後に淡路島の祠中に祀《まつ》らる。

〈文献〉日本書紀（巻六・垂仁天皇八十八年七月）。

12 蛭児葦船　伊奘諾・伊奘冉の二神、約して天柱を巡り蛭児《ひるこ》を生むも、葦船に乗せて流す。

〈文献〉日本書紀（巻一・神代上）。日本紀略（前篇一・神代上）。

13清紫才女　清少納言の才敏速なることで名高い香炉峯の雪の故事。才芸人に過ぐる紫式部の名は『源氏物語』若紫の巻に依る、或は藤原氏の藤の花は紫故に称さるとも。

〈文献〉十訓抄（第一・21清少納言香炉峯の雪）。『本朝女鑑』（巻九・紫式部五／清少納言九）。本朝列女伝（巻三・紫式部）。枕草子。林羅山文集（巻六三・紫式部事跡考）。

＊「香炉峯の雪は」と問うたのが本書では帝となっている（中宮定子ではないのに注目）が、それは『本朝語園』（巻四・216清少納言捲簾）も同じ。ところが、この故事を清少納言ではなく紫式部のものとする『艪餘雑録』（巻三）『本朝列女伝』（巻三）のような記事もある。井沢蟠竜（『広益俗説弁』巻一四・婦女）が殊更に批判したのもいわれのあることなのである。猶、紫式部の父を「堤中納言為時」とするは誤り。母を常陸介源為信の女堅子と名迄記すは存疑。又、清少納言が仕えたのは「上東皇后」（彰子）ではない。『絵本故事談』（巻八・清少納言）は本書に依る。清少納言の故事は『桑華蒙求』（巻下・185清女雪簾）『扶桑蒙求』（巻中・62清女褰簾）にも見える。

14山柿歌仙　柿本人麻呂・山辺赤人は共に和歌の仙である。人麻呂は持統・文武朝、赤人は聖武朝の人。初瀬には人麻呂の墓があり歌墳という。

〈文献〉古今和歌集（真名序）。無名抄（巻上・人丸墓事）。柿本朝臣人麿勘文。本朝神社考（下之六・人丸）。林羅山文集（巻三七・柿本人麻呂伝）。

＊本文三行目「進二従三位一」とあるが『古今集』仮名序には「正三位柿本人麿なむ歌の聖なりける」となっている。

15博雅三曲　源博雅、木幡山の盲人に琵琶を学ぶ。三秘曲の伝授を許されず、百夜潜かに通い、遂に風月清朗下にこれを聴き喜ぶ。

〈文献〉世継物語。扶桑隠逸伝（巻上・木幡山盲僧）。江談抄（第三・63博雅の三位琵琶を習ふ事）。今昔物語集（巻二四・23源博雅朝臣逢坂の盲の許に行きし語）。和歌童蒙抄（巻五）・文机談（巻二）。雑々集（巻上）。

＊盲人の居処を逢坂とするもの（前掲〈文献〉の『江談抄』以下）や、三秘曲とあるところを具体的な曲名を挙げ流泉・啄木の二曲とするもの（『江談抄』『今昔物語』『和歌童蒙抄』『榻鴫暁筆』〈巻一八〉『源平盛衰記』〈巻三一・「青山の琵琶流泉啄木の事」〉）等、この説話に微妙な違いがあるのは周知の通り。『本朝語園』（巻七・361博雅琵琶）は本書に近く、『桑華蒙求』（巻上・59博雅琵琶）『絵本故事談』（巻八・博雅）は本書に依り、『大東世語』（巻四・棲逸2）にも類話所収。

16青砥十銭

青砥藤綱は倹素慈仁の人なり。夜に滑川を渡り十銭を失す。藤綱は周辺の民を五十銭で雇い松火を照らして捜し出し、都合六十銭が世の中に生きて有効に使われたことを説く。

〈文献〉太平記（巻三五・北野通夜物語事付青砥左衛門事）。倭論語（巻六）。

＊『桑華蒙求』（巻中・109藤綱買炬）『絵本故事談』（巻八・青砥左衛門）は本書に依り、『扶桑蒙求』（巻上・71青砥渉水）『大東世語』（巻一・政事9）にも見える。

17道鏡赤眼

大宰府主神の阿曾、宇佐大神の託を曲げ、道鏡の即位を進言。和気清麻呂がこれを皇緒の継統を移す暴論として宇佐の神言を奏上したところ、道鏡忿怒し眼赤きこと血の如し。

〈文献〉本朝神社考（上之一・八幡）。和気清麻呂伝。続日本紀（神護景雲三年九月二十五日）。水鏡（巻下・称徳天皇）。

＊『水鏡』では道鏡の即位を進言したのは「和気清麿が姉の尼」ということになっている。猶、故事の標題に詠込まれている赤眼のことは諸説話にもなかなか見えないようだ。

18 **清寧白髪**　雄略帝の皇子清寧帝は生まれながらの白髪により、白髪天皇と号された。長じて民を愛し、父帝に認めらる。
〈文献〉日本書紀（巻一五・清寧天皇即位前紀）。先代旧事本紀（巻八・清寧天皇）。水鏡（巻上・清寧天皇）。神皇正統記（天）。愚管抄（第一）。日本紀略（前篇五・清寧天皇）。

19 **持統賜稲**　持統帝、京畿の老男女五〇三一人の人毎に稲二十束を下賜す。後に困窮する百姓の男に三束、女に二束を賜うなどして老人の窮乏者を救わしむ。
〈文献〉日本書紀（巻三〇・持統天皇称制前紀、四年四月七日、六年三月二十九日、七年正月七日、十六日）。

20 **元正把笏**　元正帝、勅して諸僚に笏をとらしむ。本朝で官人が笏をとるようになった起源。
〈文献〉続日本紀（養老三年二月三日、六月十四日、十九日）。扶桑略記（第六・元正天皇）。帝王編年記（巻一〇・元正天皇）。水鏡（巻中・元正天皇）。神皇正統記（地・元正天皇）。日本紀略（前篇九・元正天皇）。
＊本文一行目「文武帝妹也」は誤りで姉とあるべきところ。

21 **忠光魚鱗**　上総五郎兵衛忠光、永福寺新堂を建立す。源頼朝の検覧の折、忠光は魚鱗で左眼を蔽って片目を装い、剣を懐中にして頼朝を刺さんとするも見破らる。
〈文献〉吾妻鏡（建久三年正月二十一日、二月二十四日）。
＊『桑華蒙求』（巻下・87忠光報讎）『絵本故事談』（巻五・上総忠光）は本書に依り、『扶桑蒙求』（巻中・6忠光報讎）に受継がれる。

22 **山背馬骨**　蘇我入鹿、斑鳩の山背大兄を攻め囲ましむ。大兄、馬の骨を寝所に置き生駒に脱出す。巨勢徳太らは斑鳩宮を焼き、大兄の死を信じたのであった。
〈文献〉日本書紀（巻二四・皇極天皇二年十月）。日本紀略（前篇七・皇極天皇）。

23 竹沢穴舟 畠山道誓、新田義興の挙兵を恐る。配下の竹沢某（良衡）は刺客となり、矢口渡で舟中に二穴をあけて、義興軍を淪没せしむ。
〈文献〉太平記（巻三三・新田左兵衛佐義興自害事）。
＊『桑華蒙求』（巻下・37義興駆雷）『扶桑蒙求』（巻下・93義興沈水）にも見える。

24 顕基慕月 源顕基、配所の月を罪無くして見んことを念願とす。後に出家し大原に隠栖す。
〈文献〉江談抄（第三・15入道中納言顕基談らるる事）。袋草紙（雑談・92）。古事談（第一・王道后宮・47寵臣中納言顕基出家の事）。発心集（巻五・55中納言顕基出家籠居の事）。撰集抄（巻四・第五中納言顕基発心事）。十訓抄（第九・可レ停二怨望一事・4誠信朝臣の恨死）。東斎随筆（人類・25）。徒然草（五段）。本朝遯史（巻下・源顕基）。扶桑隠逸伝（巻中・源顕基）。
＊本文二行目「児稚好レ字」は或は「児稚好レ学」か。『本朝語園』（巻九・447顕家出家）にも見える逸話だが、そこでは前部は『古事談』、中程は『十訓抄』、後部は『元亨釈書』（巻一七・願雑二・王臣）の記事を用いているようである。『絵本故事談』（巻七・顕基）は本書に依り、『大東世語』（巻一・言語15）『扶桑蒙求』（巻上・33顕基賞月）にも見える。

25 范藤自合 藤原良相、延命・崇親二院を建て貧窮者に恵む。范文正公（「義田記」の范仲淹）の故事と合する者あるを虎関師錬喜ぶ。
〈文献〉元亨釈書（巻一七・願雑二・王臣）。

26 裴菅奇遇 元慶年間に道真と渤海使裴頲、詩を酬和す。ついで延喜年間に互いの子淳茂・裴璆対面して詩を贈答。

二代の邂逅は奇遇なり。
〈文献〉史館茗話（43）。江談抄（第四・71裴文籍が後と君を聞きしこと久し）。

27誉津問鵠　垂仁帝の子誉津別皇子、三十歳迄言語することできず。鵠鳥の飛鳴するを見、「何か」と問うてより言葉を言い始む。
〈文献〉日本書紀（巻六・垂仁天皇二年二月九日、二三年九月二日、十月八日）。日本紀略（前篇四・垂仁天皇）。帝王編年記（巻四・垂仁天皇）。
＊『桑華蒙求』（巻下・145誉津問鵠）は本書に依り、『扶桑蒙求』（巻上・27誉津鵠鳥）に受継がれる。

28延喜爵鷺　神泉苑の一鷺を侍中に捕えしむ。侍中、君命故に飛去ってはならぬ、と言うや鷺これに従う。延喜帝感歎し、鷺の羽に鳥王と記す。後に備州（備中）の森に死し、その地を鷺森と呼び、爵五位を賜う。
〈文献〉源平盛衰記（巻一七・蔵人鷺を取る事）。平家物語（巻五・五位鷺）。
＊『桑華蒙求』（巻下・155延喜鷺位）は本書に依り、『扶桑蒙求』（巻上・15延喜鷺位）に受継がれる。『本朝語園』（巻一・25延喜帝盛徳）にもこの逸話を所収するがこちらは『平家』からの引用。

29康頼流歌　鹿谷の密謀発覚。清盛怒り、平康頼らを鬼界島に配流。康頼望郷の和歌を片木に記して流すに、旧知の僧拾い老母に届く。
〈文献〉源平盛衰記（巻七・信俊下向の事、康頼卒堵婆を造る事）。平家物語（巻二・三人鬼界が島に流さるる事）。
＊この逸話は『本朝語園』（巻二・77康頼流㆓卒都婆㆒）『扶桑蒙求』（巻上・49康頼木塔）にも見えている。

30滋藤吟句　征東将軍藤原忠文配下の清原滋藤、清見関より海を眺望し、杜荀鶴の「漁舟火影寒焼浪」云々の名句を吟ず。
〈文献〉史館茗話（15）。江談抄（第四・115漁舟の火の影は寒くして浪を焼く）。袋草紙（雑説・83）。平家物語（巻五・五節沙汰の事）。源平盛衰記（巻二三・朝敵追討の例付駅路の鈴の事）。十訓抄（第一〇・可レ庶二幾才能芸業一事・54漁舟火影寒焼レ浪の詩）。東関紀行。
＊「清原滋藤」を「清原重藤」（『続本朝通鑑』巻八・朱雀天皇下・天慶三年二月）「藤原滋藤」（『本朝一人一首』巻八・376）「藤原重藤」（『本朝世説』巻下・品藻13）に作るものもある。『絵本故事談』（巻七・滋藤）は本書に依るか。

31明子択侍 染殿后藤原明子曰わく、人の君たる者は賢なる侍臣を択ぶべし。耳に逆う者を近侍せしむれば、忠言日々あって身も自と修まると。
〈文献〉倭論語（巻七・貴女部）。

32貞子無妬 大内義隆の妻貞子は貞順にして妬まず。夫の愛妾に物を贈与し、心曲を尽くして憐れみ、妾の落飾せんとする折も泣いて止めた。
〈文献〉倭論語（巻七・貴女部）。

33美材墨妙 小野美材は翰墨にすぐれ、勅により白詩を屛風に書し、後に「大原居易古詩聖、小野美材今草神」と自負。臨池の妙、時人推す。
〈文献〉史館茗話（45）。江談抄（第五・40美材文集の屛風を書ける事）。
＊『桑華蒙求』（巻中・157美材写屛）は本書と全くの同文。『本朝世説』（巻下・巧芸6）は『続本朝通鑑』（巻二一・醍醐天皇二一・延喜元年）の記事の抄出と思われる。

34巨勢画工 巨勢金岡は宇多帝代の名声ある画人。勅命により聖賢の像を東西の障子に描く。菅原道真は金岡に画図を乞う。子の相覧父の業を継ぐ。

〈文献〉扶桑略記（巻二一・仁和四年九月十五日）。帝王編年記（巻一四・同上）。日本紀略（前編二〇・同上）。太平記（巻一二・大内裏造営事付聖廟御事）。菅家文草（巻一・「寄㆓巨先生㆒乞㆓画図㆒」詩）。花鳥余情（巻一〇・絵合）。河海抄（巻八・絵合）。
＊『古今著聞集』（巻一一・画図第一六・1紫宸殿の賢聖障子幷に清涼殿等の障子画の事）では、巨勢金岡が描いたとは記されていない。『平家物語』（巻一・二代后）には「昔金岡が書きたりし遠山のありあけの月」、『源平盛衰記』（巻二・二代后附則天武皇后）にも「金岡が書きける荒海の障子の北なる御障子には遠山の有明の月」とはあるが、聖賢像のことは記されない。猶、『本朝画史』（巻上）に金岡の資料がまとめられていて参考になる。

35 **河勝舞曲**
推古帝代に天神地祇に安国利民を祈り、六十六番の木偶面を作りて、秦河勝をして紫宸殿前にて伎楽せしむ。

〈文献〉本朝神社考（下之五・大荒明神）。翰林葫蘆集（巻一一・「観世小次郎画像」）。

36 **小松燈籠**
小松内大臣平重盛、仏教を崇信し、東山の麓に梵宇を建つ。四十八間の一間毎に一燈を掲げ、燈籠大臣と呼ばれる。

〈文献〉源平盛衰記（巻一一・燈籠大臣の事）。

37 **式部紀局**
紫式部は和歌・和文にすぐれ、儒仏や本朝の事蹟にも通じて、「日本紀局」と称さる。その墳墓は雲林院白毫院の南にあり。

〈文献〉紫式部日記。河海抄（巻一・料簡）。本朝神社考（下之六・小野篁）。本朝女鑑（巻九）。

38 **倭姫斎宮**
垂仁帝皇女倭姫、斎王をつとめて五百野姫につなぐ。聡明貞潔にして姿容神明なり。斎宮卜定から伊勢迄の概略も併記。

〈文献〉倭姫命世紀。日本書紀（巻六・垂仁天皇二十五年三月）。延喜式（巻五・神祇五・斎宮、巻一一・太政官・定斎王）。

39**佐国化蝶**　大江佐国、花を愛す。長楽寺・雲林院林下・庭前の桜の詠吟や晩年の「他生定作愛レ花人」の句に言及。没後、子の夢に現れて、胡蝶に化したることを告ぐ。子は追慕にたえず衆花を植え、花房毎に蜜を塗って供す。

〈文献〉史館茗話（94）。発心集（巻一・8佐国花を愛し蝶と成る事）。

＊『本朝一人一首』（巻六・281）に「佐国者朝綱曾孫也」とあるが、本書が「未レ詳二其所一レ出」とするのは、恐らく『一人一首』を見ずに『史館茗話』を利用したからであろう。『本朝語園』（巻四・164佐国愛花）も『茗話』に依っていることは明らか。『桑華蒙求』（巻中・27佐国化蝶）や『絵本故事談』（巻八・佐国）は本書の影響下にあるものと思われる。

40**秀郷射蚣**　藤原秀郷、平貞盛と共に平将門の乱を鎮めたり。近江の勢多橋を通り、神人の願いにより大箭を発して巨大な蜈蚣をしとむ。

〈文献〉本朝神社考（下之五・俵藤太）。太平記（巻一五・三井寺合戦幷当寺撞鐘事付俵藤太事）。俵藤太物語。今昔物語集（巻二五・平将門謀反を発して誅せられし語第一）。

＊類話は『古事談』（第四・勇士308～312）『源平盛衰記』（巻二三・貞盛将門合戦附勧賞の事）などにも見えている。猶、本文三行目「辛嶋」（『盛衰記』も同じ）は本来は「幸嶋」が正しい。『絵本故事談』（巻五・俵藤太秀郷）には本書の一部が利用されているか。

41**振根木刀**　崇神帝、武日照命の出雲神社の神宝を献ぜしむ。出雲飯入根貢上す。兄の振根忿り、謀計をめぐらし、木刀を執る弟を真刀で撃殺。
〈文献〉日本書紀（巻五・崇神天皇六十年七月十四日）。

42**石雄革鎧**　弘仁四年に奥州の夷賊蜂起す。小野石雄、牛羊の革で鎧を作り用いて平定す。
〈文献〉日本三代実録（貞観十二年三月二十九日）。

43**源順博識**　源能州刺史順は博聞強記。詩文・和歌を詠じ、進士となり奨学院に直す。天暦五年に『後撰集』を撰し、『倭名抄』を著す。
〈文献〉新刻倭名類聚鈔（「題二倭名鈔一」元和三年十一月作。『林羅山文集』巻三七所収）。
＊本文二行目で順の父を「攀」とするのは恐らく羅山の記事に従ったものだが、「挙」とするのが正しい。『桑華蒙求』（巻中・57源順和名）は本書に依る。

44**惟康倒載**　惟康親王、将軍を廃され帰洛す。車輿は、行先を背にする後ろ向きにかつぎ乗せられ（倒載）、時の人は将軍都に流さると語る。
〈文献〉増鏡（巻下・第一一「さしぐし」）。

45**政顕二恥**　藤原政顕の曰わく、その地位に非ざるに顔出しする、要請なきに勝手に出向く、この二つの恥がわかれば恥ずかしいものはない、と。
〈文献〉倭論語（巻四・公卿部下）。
＊『桑華蒙求』（巻中・203政顕二恥）は本書に依る。

46**肖柏三愛**　肖柏は宗祇・東常縁に和歌（連歌）を学ぶ。摂津の池田に夢庵を設け、花・香・酒を愛し、常菴龍崇に「三愛記」を作らしむ。
〈文献〉本朝遯史（巻下・肖柏）。扶桑隠逸伝（巻下・牡丹花）。三愛記（仮名文は肖柏作、漢文体は常菴龍崇作)。

＊『桑華蒙求』(巻下・63肖柏夢菴)は本書に依り、『扶桑蒙求』(巻下・89肖柏夢庵)はそれを受く。『絵本故事談』(巻七・肖柏)は本書をもとに発句そのものを加えて構成しているか。

47 祐成報讎 工藤祐経、源頼朝の富士野の狩に従う。曾我祐成、父の仇である祐経への夜襲に成功するも、仁田忠常に殺さる。

〈文献〉曾我物語。吾妻鏡(建久四年五月二十八、二十九日)。日本古今人物史(巻四・義士伝)。

＊『本朝孝子伝』(巻中・曾我兄弟)『扶桑蒙求』(巻中・37曾我張弓)にも見え、『絵本故事談』(巻五・曾我兄弟)には本書の一部が利用されている。

48 為頼死内 正応三年三月、紫宸殿の獅子狛犬の破裂する怪事あり。浅原為頼父子、宮中に武装して侵入し、内裏の紫宸殿前にて自殺す。

〈文献〉増鏡(巻下・第一一「さしぐし」)。

49 児屋占卜 天児《あまのこ》屋命《やねのみこと》は神事の宗源を司り、太占の卜事にて仕え、高皇《たかみ》産霊尊《むすひのみこと》の命により天忍穂《あまのおしほ》耳尊《みみのみこと》に従って降臨す。

〈文献〉日本書紀(巻二・神代下)。日本紀略(前篇二・神代下)。

50 文武釈奠 文武天皇大宝元年二月に始めて大学寮にて釈奠の礼を修す。

〈文献〉続日本紀(大宝元年二月十四日、慶雲四年六月十五日)。扶桑略記(第五・同上)。帝王編年記(巻一〇・文武天皇)。日本紀略(前篇九・同上)。年中行事秘抄(二月)。

51 常磐中臣 常磐大連、欽明帝に中臣祓を授く。帝詔して卜部姓を改め中臣姓を賜う。

〈文献〉尊卑分脈。

52白河北面　白河帝始めて北面の士を置く。後鳥羽院の時には更に西面の武士の制も起こった。
〈文献〉愚管抄（第二・白河十四年、後鳥羽十五年）。神皇正統記（地・人）。
＊本文一行目「延元四年」は「延久四年」の誤り。また、八行目「鳥羽上皇」は「後鳥羽上皇」とあるべきところ。

53醍醐薬署　醍醐帝、延喜年中に尚薬署の式を定む。
〈文献〉延喜式（巻三七）。

54嵯峨花宴　弘仁三年二月神泉苑に幸し芳花を賞して賦詩ありしは花宴の始め。帝しばしば勝地に幸して賦詩。康保二年三月南殿に花宴あり。
〈文献〉日本後紀（弘仁三年二月十二日）。類聚国史（巻三一）。日本紀略（前篇一四・弘仁三年二月十二日、後篇四・康保二年三月五日）。河海抄（第五・花宴）。花鳥余情（花宴）。

55讃岐生日　二条院讃岐は源頼政の女で和歌をよく詠む。曰わく、世人の生日を慶賀するは誤りなり。我は誕生日毎に悲泣し、母の労苦を思い食事もできぬほどだ、と。
〈文献〉倭論語（巻七・貴女部）。
＊『扶桑蒙求』（巻下・3讃岐悲誕）にも見える。

56有智斎院　有智子内親王、史漢に渉り作詩す。賀茂斎院となりし初めの人なり。春日山荘詩を賦し、父嵯峨帝は感歎のあまり三品を授く。
〈文献〉本朝神社考（上之一・斎院司）。続日本後紀（承和一四年一〇月二六日）。本朝一人一首（巻三・145）。本朝列女伝（巻八）。日本古今人物史（巻六・列女伝）。
＊本文四行目「各探二勤韻一」は「各探勒レ韻」とありたいところ。また、本文四行目からの内親王

「春日山荘」詩の本文についても若干問題があり、「迷㆓樹裏㆒」「新雷響」「旧両行」（『神社考』）『列女伝』『古今人物史』『本朝語園』巻四・173有智子詩才）「山樹裏」（『大東世語』巻四・賢媛1『扶桑蒙求』巻上・29有智三品、中71有智斎院）などとあるのは、各々「水樹裏」「初雷響」「暮雨行」（『続日本後紀』『一人一首』）とあるべきところである。更に七行目「恭以」も「忝以」とありたい。

57 **重家光将**

藤原重家は左大臣顕光の子。秀美にして顔容に光輝あり。左少将に至り、時の人は「光少将」と呼ぶ。

〈文献〉発心集（第五・56「成信重家同時に出家する事」）。今鏡（藤波の中・第五・苔の衣）。愚管抄（第四）。榻鴫暁筆（第一一・成信重家発光）。

＊『本朝語園』（巻九・448「成信重家発心」）は『発心集』をもとにした『榻鴫暁筆』を利用している。

58 **時尚金侍**

平治の乱で誅された藤原信頼の子の時尚（信親が正しい）は奥州に逃れ、治承の恩赦で黄金を手に帰洛し、金侍従と呼ばれる。居処に金を埋め福地と号す。

〈文献〉済北集（巻一〇・外紀「文応皇帝外紀」）。

＊『尊卑分脈』では信頼の子に時尚の名はなく、信親の誤りか。前掲の虎関師錬の記述に依ると「文応皇帝者（中略）在位十六年、天下康寧。弘安間建㆓離宮于城東㆒。其地元号㆓福地㆒。山木殷森、水石明媚。始平治之元、金吾将軍信頼伏㆑誅。其子某時尚幼。雖㆑不㆑干㆓軍事㆒、以㆓逆蔭㆒竄㆓奥州㆒。州人憐㆓其簪纓之族㆒、多与㆓黄金㆒。治承之赦回㆑都、帰橐多㆑金。都人号㆓金侍従㆒。（下略）」とある部分は、本来は「其《そ》の子の某《なにがし》、時《とき》に尚《なほ》幼く」と訓《よ》むべきところなのに、「其の子、時尚《ときひさ》幼く」と誤読した為にこのようなことになってしまったと臆測される。

59 **大友初詩**

天智帝の子大友皇子は才芸卓絶であり、好んで書を読み、文を属《つづ》る。本朝の詩は大友に始まる。また、大津皇子は天武天皇の第三子、天智帝に愛され才学あって文筆を愛し、詩賦の興りは大津に始まるとも。

或は別の説も挙げ、大友は大津に先立って卒するに依り、詩は大友に始まると言う。

〈文献〉本朝一人一首（巻一・1、3）。日本書紀（巻三〇・持統天皇称制前記）。懐風藻。

＊本文八行目「金烏」とあるが「金鳥」の誤り。猶、詩賦の興りは大津皇子とするのが諸書の一般的見解（『日本書紀』巻三〇、「古今集真名序」、『年中行事秘抄』等）で、これに疑問を呈したのが「大友好レ学有レ才、本朝言レ詩無レ先二於此一」「日本紀曰、詩賦之興、自二大津一始也。紀淑望古今倭歌集序曰、大津皇子始作二詩賦一。何不レ言二大友一乎」（『本朝一人一首』）などと記した林家で、鵞峰は壬申の乱がらみで大友が叛逆者の寃を蒙ることとなったことに起因するかと臆測する（『日本紀』主編者の舎人親王は天武天皇の子である）。猶、『本朝語園』（巻四・149本朝詩始）も『本朝一人一首』に依っている（「但シ大友ハ本朝五言ノ祖ニシテ大津皇子ノ〈「ハ七」とあるのが正しい〉言ノ祖ナリ」などという翻刻ミスもあるが）。

60 直幹得意

橘直幹、天暦三年に大江朝綱・維時・菅原文時らと屏風絵の詩を撰す。奝然入宋し、直幹「石山寺詩」の佳句の二字を改め己の詩として宋人に示すも、原作の如くに訂すれば佳なりと評せらる。猶、直幹「隣家詩」は彼自身意を得た句だったという。

〈文献〉日本紀略（後篇三・天暦三年十二月）。史館茗話（29・30）。本朝一人一首（巻八・378）。江談抄（第四・19五嶺蒼々として雲往来す、85蒼波路遠し雲千里）。古今著聞集（巻四・文学第五・111橘直幹が秀句を奝然上人偽りて自作と称し披露したる事）。和漢朗詠集（巻下・行旅646・576、殊に古注と関わる）。

＊本文三行目「白雲山深」は「白霧山深」の誤り。この改作逸話は非常に有名で、他にも『続本朝通鑑』（康保二年一二月条）・『大東世語』（巻二・文学13）・『南柯廼夢』（巻二）・『扶桑蒙求』（巻上・

75直幹雲鳥）・『仕学斎先生文集』（巻一）・『日本詩史』（巻一）・『作詩質的』・『詩轍』（巻四）・『夜航詩話』（巻二）・『梧窓詩話』（巻二）・『皇都午睡』（三編中の巻）・『笈埃随筆』（巻一二・癖案）・『老牛餘喘』（初編下）等諸書に採挙げられることとなった。

61貞敏音楽　藤原貞敏、遣唐大使常嗣に従い入唐し、廉妾夫（承武に作るのが正しい）より音楽を学び、精妙を極めて帰国し、大楽署を授けらる。

〈文献〉三代実録（巻一四・貞観九年十月四日条）。古事談（巻六・22貞敏廉承武より琵琶を習ふ事）。十訓抄（第一〇・19村上帝と大唐の琵琶の博士廉承武）。源平盛衰記（巻一一・師長熱田の社琵琶の事）。東斎随筆（音楽類）。教訓抄（巻八）。文机談（巻二）。

＊文末尾の「大楽署」は雅楽頭の唐名。貞敏が廉承武（劉二郎とも称す）から授けられた琵琶の伝承については、前掲書の他に『禁秘抄』（巻上）・『榻鴫暁筆』（巻一八）・『本朝語園』（巻七・357貞敏琵琶、358玄上）等諸書に採られている。

62高子宝器　高階成忠の女高内侍（藤原伊周の母）は、書冊・墨のすり残し・四五寸紙の切端・禿筆・三銭のおあしを世の至宝とす。

〈文献〉倭論語（巻七・貴女部）。

63親元陰徳　安房守源親元は廷尉となり獄を司ることがあったが、陰徳を行い刑罰の法を緩くし、仏事に勤め光堂を建立した他、安房守在任中にも俸禄をさいて寺を建て念仏を唱え、庶民に修法を勧めて慕われた。

〈文献〉元亨釈書（巻一七・願雑二王臣・房州刺史源親元）。後拾遺往生伝（巻上・21前安房守源親元）。

＊本文一行目「白河帝潜藩時」とあるが、恐らく「延久帝潜藩時」（『元亨釈書』）「後三条天皇在藩之

初」（『後拾遺往生伝』）とあるように後三条天皇の御世とするのが正しかろう。『後拾遺往生伝』の記事から『元亨釈書』の叙述が生まれ、『釈書』から本書の記事が執筆された。『桑華蒙求』（巻下・95親元減杖）は本書に依り、『扶桑蒙求』（巻中・65親元減杖）はそれを受継ぐ。

64清行封事　三善清行は博洽にして文辞をよくする。延喜十四年に意見封事を奉った。
〈文献〉本朝文粋（巻二・67）。

65内丸紫服　藤原内麿、平城朝の大同四年に紫色の朝服の着用を許さる。
〈文献〉日本後紀（大同四年二月十一日、弘仁三年十月六日）。日本紀略（前篇一三・大同四年二月十一日）。

66鎌子錦冠　中臣鎌子病み、天皇は東宮を遣わし大織冠・大臣位を授け、藤原氏の姓を賜う。また、行幸されて詔旨あり。五十六歳で薨ずる時に金の香鑪を贈らる。
〈文献〉日本書紀（巻二七・天智天皇八年十月十〜十九日）。
＊本文八行目「辛酉年」、一〇行目「不整遺者嗚呼」とあるのは各々「辛酉日」（十六日に当たる）、「不㆓慭遺㆑者嗚呼」とあるべきところ。また、末尾に「其碑云」以下に二十字あるが、『日本書紀』に依れば「辛酉、藤原内大臣薨〈日本世記曰、内大臣、春秋五十、薨㆓于私第㆒。遷殯㆓於山南㆒。天何不㆑淑、不㆓慭遺㆑者。嗚呼哀哉。碑曰、春秋五十有六而薨〉」とあって、薨年のみにかかることになり、「天何〜哀哉」十二字分は『日本世記』なるものの逸文ということになる。『桑華蒙求』（巻下・107鎌子錦冠）は本書に依り、『扶桑蒙求』（巻上・67鎌子錦冠）もそれを受く。

67貞観蔬膳　貞観帝清和天皇、水尾山に仏宇を営む。帝の風貌は神仙の如くであり、経史釈書を読み、真雅宗睿を友とし、御膳はただ菜蔬のみの質素なものであった。

〈文献〉元亨釈書（巻一七・願雑一〇之二・王臣二・貞観皇帝）。
＊清和天皇については『後拾遺往生伝』（巻下・1清和天皇）・『日本三代実録』（元慶四年十二月四日）『扶桑略記』（同上）の記事も知られるが、『釈書』に依るとみて良い。

68 開別木丸

百済の臣福信、斉明天皇の時に援軍を求む。天皇は開別皇子《ひらかすわけのみこ》（後の天智天皇）を土佐（筑前が正しい。当時としては筑紫でも可）朝倉に派遣して軍令を行わせるが、彼は、山中に黒木の殿を建てて倹につとめて民に慕われ、殿は「木丸殿」と呼ばれた。

〈文献〉俊頼随脳（巻下）。十訓抄（第一・2天智天皇の木の丸殿）。
＊『日本書紀』（巻二六・斉明天皇）には勿論「本丸殿」のことは見えない。『桑華蒙求』（巻中・169天智倹素）は本書に依り、『百人一首一夕話』（巻一・天智天皇）は『書紀』と『十訓抄』（又は『俊頼随脳』）の内容を合綴させたような内容で、本書とも関わるか。

69 源融乗輦

源融は遊楽を好み塩釜を模して河原院を造営。潮水を摂津の浦より運ばせ娯しむ。又、棲霞観を建つ。寛平元年許されて輦に乗りて宮中に出入する。

〈文献〉伊勢物語（八一段）。顕注密勘（一六）。花鳥餘情（巻一〇・松風）。
＊本文一行目に「授儀同三司」とあるのは誤り。周知のようにこの称は寛弘二年（一〇〇五）に前大宰権帥藤原伊周が宣下を受けて自称したことに始まる。猶、融の薨年は七十四歳（『公卿補任』『日本紀略』『扶桑略記』等）とするのが一般で、七十三歳（『帝王編年記』）とするのは稀か。棲霞観の事は『花鳥餘情』の他に『三代実録』（天慶四年八月二十三日）にも見える。本書の記述の内容とかなり近いのは『二十一代集才子伝』（但し、薨年は「七十四」）だが、気になるのは『百人一首一夕話』（巻二）に「性質遊楽を好み鳥獣虫魚花木等を愛せられ」他ごく一部ながらも本書とよ

く似る記述のあることか。猶、宮中乗輦の許可が寛平元年十一月に出たとする（『公卿補任』）本書に対し、十月（十九日。『日本紀略』）とするものや、寛平六年（『公卿補任』に「勅許車」とあるのに依るか。『一夕話』）とするものなどある。『絵本故事談』（巻七・融公）や『桑華蒙求』（巻上・185源融塩竈）は本書に依り、『扶桑蒙求』（巻上・57源融塩竈）はそれを受けている。

70 藤房棄官

後醍醐帝は塩冶高貞の献ぜし良馬を馬寮にて養わしめ、祥瑞として悦ぶが、藤房は古書を検し祥に非ずとし、しばしば帝を忠諫するも聴き入れられず。依って出家して授翁宗弼という。

〈文献〉太平記（巻一三・龍馬進奏事、藤房卿遁世事）。扶桑隠逸伝（巻下・藤藤房）。本朝遯史（巻下・藤原藤房）。林羅山文集（巻三八・藤原藤房伝）。

＊『本朝語園』（巻七・377藤房隠遁）は本書より詳細。『桑華蒙求』（巻上・37藤房掛冠）『扶桑蒙求』（巻中・66藤房掛冠）にも見える。

71 顕宗曲水

顕宗帝元年三月上巳に初めて曲水の宴を開く。

〈文献〉日本書紀（巻一五・顕宗即位前紀、元年三月上巳、二年三月上巳、三年三月上巳、四月庚辰）。日本紀略（前篇五・顕宗天皇）。

＊『年中行事秘抄』（三月）には「雄略天皇元年三月上巳、幸㆓後苑㆒曲水宴云々」とあるが「弘計（又は顕宗）」の誤り。この起源説については『公事根源』（三月・曲水宴）『鄒遊の記』（巻上）等諸書に見える。『桑華蒙求』（巻上・125顕宗曲水）は本書に依り、『扶桑蒙求』（巻上・4顕宗曲水）はそれを受ける。

72 桓武平安

桓武帝の延暦十三年、長岡京より葛野郡宇多新城に遷都して平安城と謂い、東山山上に西面して将軍の土偶像を埋む。

〈文献〉平家物語（巻五・都遷し）。源平盛衰記（巻一六・遷都附将軍塚附司天台の事）。

*将軍塚のことは『本朝神社考』（下之五・将軍塚）にも見え、『本朝語園』（巻一・13将軍塚）はこれを引用する。

73 **手力（力雄）引手**

天照大神、天岩戸に籠る。戸の傍に手力雄立ち、天鈿女をして舞わしむ。大いに笑い楽しむ声を聞き、大神の岩戸を細く開けた時、手力雄は大神の手をとり引き出し申し上げた。

〈文献〉日本書紀（巻一・神代上）。日本紀略（巻篇一・神代上）。

*猶、関連記事は『本朝神社考』（中之三・手力雄）にも見えている。猶、巻頭の目録標題と本文の冒頭標題が不一致。

74 **正行療疵**

楠正行は、細川・山名軍と闘うも退却す。安倍野の合戦の折、厳寒の中、渡辺橋にて敵の士卒の溺れる者を救助して介抱す。この時に恩を受けし者、四条縄手の合戦で正行の為に討死す。

〈文献〉太平記（巻二五・藤井寺合戦事、住吉合戦事、巻二六・正行参二吉野一事）。

*『桑華蒙求』（巻上・39正行療創）に採られ、『扶桑蒙求』（巻中・69正行療瘡）もそれを受ける。

75 **兼平含刃**

木曾義仲の乳母子今井四郎兼平は、義仲の討死するを知るや、剛の者の手本たらんと太刀を口に含み自ら死す。「刄」は「刃」に同じ。

〈文献〉平家物語（巻九・兼平）。源平盛衰記（巻三五・粟津合戦の事）。

76 **義経拝旗**

義経十六歳で鞍馬寺を出、金商人の吉次信高と奥州藤原氏に赴き、藤原秀衡に接す。帰洛し、法眼鬼一に伝えられし家伝の兵書を見んことを願い、その娘と通じ偸みて学ぶ。平家討伐に参加し、赤間関合戦にて、白旗の雲の如くに彼の船を覆うを喜び、冑を脱いで拝したという。

〈文献〉義経記（巻一・吉次が奥州物語の事）。源平盛衰記（巻四三・源平侍遠矢附成良返忠の事）。

＊金商人「吉次信高」とあるのは謡曲・幸若舞曲「烏帽子折」も同じであるが、他にも「吉次宗高」「橘次末春」「橘次季春」などとする文献もある。後半は『桑華蒙求』（巻上・21義経白旗）に採られ、『扶桑蒙求』（巻中・44義経白旗）もそれを受ける。猶、『絵本故事談』（巻五・源義経）とも重なるところがある。

77豊玉化龍　彦火々出見命の妻豊玉姫出産す。彼が出産時を見てはならぬとのタブーを犯して見たために、姫は龍と化してしまい、夫は甚だ恥じたのであった。

〈文献〉日本書紀（巻二・神代下）。日本紀略（前篇二・神代下）

78浦嶋得亀　丹波の水江浦島子、釣して大亀を得たり。亀の化して女となれば妻とす。共に海に入り、蓬莱山に到り仙家を歴見す。

〈文献〉日本書紀（巻一四・雄略天皇二十二年七月）。本朝神社考（下之五・浦嶋子）。日本紀略（前篇五・雄略天皇二十二年七月）。扶桑略記（第二・雄略天皇二十二年七月）。古事談（第一・王道后宮・2浦島子伝）。

＊「丹波」は『日本書紀』と同じ。『本朝神社考』『日本紀略』『扶桑略記』『古事談』は「丹後」に作る（『和名抄』でも与謝郡は丹後とする）。『釈日本紀』（巻一二）所引の水江浦嶼子譚も『丹後国風土記』逸文であり、「浦嶋子伝」や『本朝神仙伝』（第四・浦嶋子）等でも丹後国としていてこちらの方が一般。又、「水江」は『日本書紀』『日本紀略』では「瑞江」に作る。所謂浦島太郎の話は『御伽草子』や謡曲「浦島」等でも親しまれているところである。『桑華蒙求』（巻下・15浦島垂釣）は本書に依り、『扶桑蒙求』（巻中・2浦島垂釣）はそれを受ける。又、『絵本故事談』（巻三・浦島子）の前半は本書に依るだろうし、『本朝世説』（巻下・方術1）にも見えている。

79 **経信多藝**

桂大納言源経信は、藤原公任三船の故事を意識して、白河帝大井河行幸の折、管絃の舟に乗り詩歌を献ず。時の人、その多芸におそれ入る。

〈文献〉史館茗話（83）。古今著聞集（巻五・和歌第六・26御堂関白道長大井河遊覧の時詩歌の事、27帥民部卿経信三船にのる事）。十訓抄（第一〇・可レ庶二幾才能芸業一事）。袋草紙（雑談）。東斎随筆（興遊・76 78）。

＊公任の故事だけなら他に『大鏡』（巻上・頼忠伝）『拾遺抄注』『古事談』（巻一・王道后宮・16円融院大井河御逍遥ノ事）にも見える。本書は公任の故事を「円融上皇遊二幸大井河一」する時とする点で『古事談』に同じだが、これを「御堂関白（道長）大井河遊覧」の時とするものもある（『大鏡』『袋草紙』。猶、『古今著聞集』『十訓抄』『東斎随筆』などは末尾に「円融院大井川逍遙」の時との説も付す）。これらの故事は他にも『本朝一人一首』（巻六・262）『二十一代集才子伝』（巻五）『本朝世説』（巻下・品藻19、巧芸19）『桑華蒙求』（巻上・171経信多芸）『本朝語園』（巻三・108御堂関白分二詩歌船一、109経信乗二三船一）『大東世語』（巻二・文学21）『扶桑蒙求』（巻中・4経信三舟）『百人一首一夕話』（巻五、六）『皇都午睡』（初編下の巻）などにも記され喧伝されていたことが知られよう。猶、本文七行目「嘉保九年六日」とあるのは「嘉保元年六月」の誤り。

80 **文時老詩**

源英明の「池冷水無二三伏夏一」云々の句につき、菅原文時は改めるべき四字（池・水・松・風）を指摘し、満座の人々は詩に老（たけ）たる人と歎ず。

〈文献〉史館茗話（25）。江談抄（第五・67源英明の作文時卿難ずる事）。

＊末尾の「満座……老レ詩人也」は『茗話』が創作した文言であり、『江談抄』には無いもの。この説話は『詩轍』（巻五）『夜航詩話』（巻二）『作詩質的』等にも採挙げられている。

81 昭宣拝孔　藤原基経、仁和二年八月大学寮釈奠に来りて孔子像を礼拝す。その謚を昭宣公という。

〈文献〉三代実録（仁和二年八月一日）。日本紀略（前篇二〇・仁和二年八月一日。寛平三年正月十三日、十五日）。公卿補任（貞観六年、寛平三年）。

82 菅相愛温　菅原道真十一歳にて初めて作詩す。温庭筠の詩体は優長なので常に愛吟しているという。渤海使裴頲は道真詩に白居易の風ありと評す。

〈文献〉史館茗話（6・8）

＊本文二行目に「賦㆓寒夜即事㆒」と詩題を記すのは『太平記』（巻一二・大内裏造営事付聖廟御事）に同じ（一般的には「月夜見㆓梅花㆒」詩〈『菅家文草』巻一〉として知られる）。温庭筠のことは『江談抄』（第五・17菅家御草の事）をもとに『茗話』が「予常愛㆑之」を加筆したものである。猶、道真の履歴などは『本朝神社考』（上之二・北野。殆ど同文が『林羅山文集』巻三七「菅丞相伝」）『公卿補任』『尊卑分脈』等に見える他、道真の伝（「菅家伝」や天神縁起諸本、『北野事蹟』『梅城録』等でも）にも記され材料は豊富。

83 公経聚石　藤原（西園寺）公経は西園寺を造営す。また、北山に仮山を築き、奇樹芳草を植え、怪石を聚め池をしつらえ、亭を作り、遊び慰む地とす。一条入道と呼ばる。

〈文献〉増鏡（巻五・内野の雪）。

84 秋津吟門　宗岡秋津、奉試に登第（合格）す。帝より書を賜い感激して興に乗ずるまま、建礼門で忽かに二句を得て高吟し、衛士に咎められて謝す。

〈文献〉史館茗話（13）。

＊『茗話』は『江談抄』（第四・75今宵詔を奉じて歓び極まりなし）に依っているが、『茗話』や本書

が「秋津久……云云」迄を天皇からの賜書の内容とするのに対し、実は『江談抄』は『外記日記』からの引用ということになっているのである。猶、この逸話は佳話として名高かったようで、『本朝一人一首』（巻八・400）『桑華蒙求』（巻中・105秋津到門）『本朝語園』（巻四・169秋津至二建礼門一）『大東世語』（巻二・文学4）『本朝世説』（巻下・品藻11）『扶桑蒙求』（巻下・59秋津舞踏）など諸書で言及される。

85**豊鍬直心**　崇神帝は豊鍬入姫命に命じて天照大神を大和国笠縫村に祭らしむ。

〈文献〉日本書紀（巻五・崇神天皇元年二月、六年）。日本紀略（前篇三・崇神天皇）。帝王編年記（巻四・崇神天皇）。本朝神社考（上之一・伊勢）。倭論語（巻七・貴女部）。

＊前半は『日本書紀』などでカバーできるが、肝心の「直心」の故事に関わる部分については『倭論語』以外には見えない記事かと思われる。

86**小督正言**　小督の曰わく、妖怪を語る者は心正しからず、ただ平常の正言をもって語れば間違いなく、それが身を保つ道である、と。

〈文献〉倭論語（巻七・貴女部）。

＊小督局については周知の通り例えば『平家物語』（巻六・小督）『源平盛衰記』（巻二五・小督局の事）などでよく知られるが、前掲の如くに教訓を垂れる所はない。

87**意美賜大**　中臣意美麿は鎌足女を妻とす。神事亀卜を以て事う。称徳帝の神護景雲三年、中臣氏は大字を賜い、大中臣と号す。

〈文献〉続日本紀（巻一・文武天皇二年八月十九日、巻二九・称徳天皇神護景雲三年六月十九日）。日本紀略（前篇九・文武天皇、前篇一一・称徳天皇）。尊卑分脈。

88 仲太感恩

仲太は大納言藤原時朝の家士。主人の家に伝来する古硯を割るや、主人の若君が罪をかぶり首を斬られるに至る。よって仲太は若君の後世を弔うために出家し、性空となる。

〈文献〉撰集抄（巻六・第一〇性空上人発心幷遊女拝事）。

＊御伽草子「硯破」には大別して二種あり、一は『今昔物語』（巻一九・第九・依二小児破一レ硯侍出家語。主人公を師尹家に仕える若い字の書き手の男としている）、もう一つは『撰集抄』の話柄のもの。従って後者は本話の素林源の可能性もあることになるが、『法華経験記』（巻中・第四五播州書写山性空上人）「書写山上人伝」（花園法皇作、『朝野群載』巻二）『明匠略伝』（日本下・性空上人）『元亨釈書』（巻一一・感進三・性空）等の伝記では、出家のいわれに硯破の如き事由のあったことは記されていない。猶、『絵本故事談』（巻二・仲太）の本文（漢字仮名交り文）は本書に近いのではないかと思われる。

89 安仲留唐

安倍仲麻呂は十六歳で渡唐。三年して帰朝し、聖武朝に再び留学するも帰らず。朝衡と改名し秘書監・検校となる。安史の乱に遭い本国に帰らんとして没す。王維・包佶・李白・徐凝の送る詩あり。

〈文献〉林羅山文集（巻三七・阿倍仲麻呂伝。二篇あるうちの、元和年間の作で、菅玄同の求めに応じて成したもの）。

＊本文三行目「低レ唐」は「抵レ唐」の誤り。猶、本文中の「居三年而帰、聖武朝再低《(抵)》レ唐」「将レ帰二日本一而没」などとあるのは周知の通り誤りであり、その原因は林羅山が玄同（『本朝蒙求』の著者仲徹の祖父）に送った前掲の「阿《(安)》倍仲麻呂伝」に依っているためにあるだろう。猶、『本朝語園』（巻四・185仲麿留二学于唐一）『見聞談叢』（巻一・3阿倍仲麻呂）『百人一首一夕話』（巻一）は『今昔物語集』（巻二四・44）等の世界も取込んでいる。

90 **和清竄隅**　道鏡が政柄を執る。大宰府の主神阿曾は道鏡の登極を勧むるも、和気清麿は宇佐の神旨により反対す。道鏡、彼の官爵を奪い大隈国に流竄とす。

〈文献〉続日本紀（巻三〇・称徳天皇神護景雲三年九月二十五日）。日本後紀（巻八・延暦一八年二月二十一日）。日本紀略（前篇一三・桓武天皇）。尊卑分脈。

91 **敦光文篋**　＊本文二行目「封賜五千戸」は恐らく「封賜五十戸」が正しい。

式家の儒者藤原敦光、大学頭・文章博士となる。平生作るところの詩文は二十の篋笥に盈つる程であったという。有光が家業を継ぎ大学頭となった。

〈文献〉元亨釈書（巻一七・願雑二・王臣）。本朝新修往生伝（30）。尊卑分脈。

92 **男依赤符**　天武配下の村国男依は、近江攻撃の時に、敵味方の区別をする為に目印として衣に赤色を付け自ら長として活躍。境部薬・秦友足・土師千島・智尊らを破り、粟津で大友を自縊せしむ。

〈文献〉日本書紀（巻二八・天武天皇元年七月二日、七日、九日、十三日、二十二日、二十三日、二十六日）。日本紀略（前篇八・天武天皇）。扶桑略記（第五・天武天皇）。

93 **通憲埋土**　藤原通憲は広く事物に通じて諸道にすぐれていたが、儒業に就かず出家して信西と改む。平治の乱の時に奈良に逃げ、土中に身を埋めて隠れたものの、発見されて斬らる。

〈文献〉平治物語（巻上・信西頼信不快の事、信西出家の由来幷びに南都落ちの事付けたり最後の事、信西の首実検の事付けたり大路を渡し獄門に梟けらるる事）。

＊通憲が土中に隠れていたことは他に『源平盛衰記』（巻五・小松殿教訓の事）『尊卑分脈』等にも記されている。

94 **高国隠壺**　細川澄元の死により細川高国が威を擅にす。三好長基・細川晴元（澄元の子）兵をもって高国を尼崎に攻む。高国大敗して民家の大壺中に隠れたるも誅せらる。

〈文献〉未詳。
＊本文三行目「三好長基」は恐らく「三好元長」の誤りであろう。

95 島村化蟹

細川高国配下の島村某は勇にして膂力あり。敵方二人を左右に手挟み入水して死す。その霊の化して蟹となるにより、俗に島村蟹と言う。

〈文献〉足利季世記。
＊島村蟹のことは『本朝故事因縁集』（巻一・8宇治川蛍戦、巻二・42平家蟹）『狗張子』（巻一・5島村蟹）『見聞談叢』（巻四・374島村蟹）『物類称呼』（巻二・動物）『本朝食鑑』（巻一〇・亀蟹・蟹）『重修本草綱目啓蒙』（巻三一・亀鼈・蟹）『毛吹草』（巻三・摂津）等の諸書にも見えている。殊に『見聞談叢』『本朝食鑑』の記事は本書と類似する点があり、本書の影響下にあるのではないかと臆測される。

96 清盛得鱸

平清盛は安芸守であった時、伊勢より熊野に航った。その折、大なる鱸魚舟中に入り来り、清盛は吉祥として庖人に命じて煮しめ、これを食う。

〈文献〉平家物語（巻一・三台上禄）。
＊本文二行目「古周武王……亦此祥歟」を本書は清盛自身の言とするが、『平家物語』では先達（案内役の修験者）の言葉である。『絵本故事談』（巻五・清盛）は本書に依る。

97 己貴訪児

武甕槌・経津主の両神来りて、葦原中国を天神に奉るかと問う。大己貴命は子の事代主に問うてから奉ると返事をする。

98 瓊杵代親

すると、天照大神は自分の代わりに子の瓊瓊杵尊をして、八坂瓊の曲玉、八咫の鏡・草薙の剣の三種の宝物をもって天降らしむ。

〈文献〉日本書記（巻二・神代下）。日本紀略（前篇二・神代下）。

99 **輪《（掄）》子達経**

*『本朝語園』（巻一〇・470大己貴命避二去葦原中国一）と類似する部分がある。

宗尊親王女輪《（掄）》子は常に十三経を読み、次のように語られた。道徳や仁義は人にとって飲食物のようなもの。これさえあれば、山中海畔にても身を養えるが、これを失えば金殿にても安からず、と。

〈文献〉倭論語（巻七・貴女部）。

*輪子ではなく掄子（『倭論語』『本朝皇胤紹運録』）か棆子（『尊卑分脈』）に作りたいところ。

100 **佐用振巾**

大伴狭手彦、兵を率いて高麗に渡る。妻佐用姫、松浦山に登り領巾を振り、夫の船を招く。かの山を領《ひ》巾《れ》振《ふり》山と呼ぶ。

〈文献〉万葉集（巻五・871〜875）。肥前国風土記（松浦郡褶振峯）。林羅山文集（巻六一所収「本朝地理志略」の肥前国条）。釈日本紀（巻二七・和歌五・欽明天皇）。日本書紀（巻一九・欽明天皇二十三年七月）。古今著聞集（巻五・和歌第六・38松浦佐夜姫の事）。十訓抄（第六・可レ存二忠信廉直旨一事・22松浦佐夜姫）。

*右の他にも佐用姫の領巾振伝説は『奥義抄』（巻中・古歌万葉集）『和歌色葉』（巻中）等の歌学書や『本朝女鑑』（巻五・狭夜姫）『本朝列女伝』（巻三・佐用姫）といった先行叢伝物にも見えている。猶、本書の記事の後半は『日本書紀』に依るもの。『桑華蒙求』（巻中・145佐用振巾）は本書に依る。

101 **頼之輔佐**

細川頼之、足利尊氏・義詮に仕え、幼君義満を輔佐教育す。法を制し、政道の是非を正し、義満にひそかに善言を教えて諸士を畏服せしむ。

〈文献〉塵塚物語（巻五・細川武蔵入道事）。細川頼之記。

＊『桑華蒙求』（巻上・23頼之童坊）に採られる。『本朝語園』（巻二・70頼之置二同朋一）でも佞坊に言及している。

102 **良相慈仁** 藤原良相、延命院を建て藤原氏の貧窮者を収養し、また、崇親院を置いて同族の恵まれぬ女子を保育す。常に文学の士を招き、寒苦の人を助くという。
〈文献〉元亨釈書（巻一七・願雑二・王臣）。拾遺往生伝（巻中・13）。三代実録（巻一四・清和天皇貞観九年十月十日）。
＊本文冒頭「左僕射良相」とあるのは「右僕射良相」の誤り。『扶桑蒙求』（巻下・7良相施財）にも見える。

103 **仁山祈聖** 足利尊氏は仁山居士と号す。官軍に破れて西国に赴く。多々良浜の役で東方の野州足利を望んで学校の孔聖像に祈り、大勝して帰洛す。
〈文献〉未詳。

104 **兼倶乱神** 卜部兼倶は兼延以来十七代の吉田神社を守り、神祇亀卜を業とするも、神仏混淆して一致するとし、日域の神を乱す。
〈文献〉未詳。

105 **小角騰空** 役小角、三十二歳にして棄家し仙府に優遊す。葛木・金峯二山の間に石橋を造る時、一言主神《ひとことぬしのかみ》を責めて讒訴さる。文武帝に召さるるも、空に騰り飛去す。
〈文献〉元亨釈書（巻一五・方応）。本朝神社考（中之四・葛城神）。
＊役小角のこの故事は他に『日本霊異記』（巻上・孔雀王の呪法を修持し異しき験力を得もちて現に仙となりて天に飛ぶ縁第二八）『本朝神仙伝』（5）『今昔物語集』（巻一一・役の優婆塞呪を誦持し

て鬼神をつかひたる語第三）『三宝絵』（巻中・2役の行者）『扶桑略記』（巻五・文武天皇三年五月二十四日）『帝王編年記』（巻一〇・文武天皇三年五月、大宝元年）『水鏡』（巻中・文武天皇）『奥義抄』（第三）『袖中抄』（第六）『和歌色葉』（巻下）『雑々集』（巻下・24）『真言伝』（巻四・役優婆塞付葛城事）『源平盛衰記』（巻二八・役の行者の事）『類聚既験抄』（葛木一言主明神石橋事）などの諸書に見えている。『桑華蒙求』（巻下・113言主架橋）は本書に依り、『扶桑蒙求』（巻上・12言言架橋）はそれを受ける。『本朝語園』（巻九・426小角密呪）は『扶桑隠逸伝』（巻一・役小角）の影響下にある。

106 **進雄跋雲**

進雄尊《すさのおのみこと》、根の国から追放される前に天照大神に見《まみ》えんとす。大神は進雄の暴悪を知ればこそ国を奪おうかと思っていたところ、彼は雲霧を跋渉し別れの挨拶に参上した旨を述べる。

〈文献〉日本書紀（巻一・神代上）。日本紀略（前篇一・神代上）。

107 **保胤殷声**

慶滋保胤は儒学を業とし詩文をよくす。その才を具平親王に問われて、己の才は、旧上達部の毛車に乗り殷（ママ）声あるのにも似ていると答う。

〈文献〉史館茗話（32）。本朝一人一首（巻八・389）。古今著聞集（巻四・文学第五・11大内記善滋保胤匡衡斉名以言等を評する事）。

＊標題と本文末尾に「殷声」（さかんなこえ）とあるが、『著聞集』『茗話』『一人一首』は「隠声」（ひそひそ声、うれう声）に作っており、『茗話』を受ける『本朝語園』（巻四・199保胤論二文人一）も同様。本書で「殷」に作るのは誤植の可能性も残しつつ、著者の意図的な変更と今はみておく。猶、本説話の類話（批評の表現の仕方が多少異なる）は『今鏡』（巻九・昔語り・唐歌）にもあり、『大東世語』（巻三・品藻5）はこちらを典拠とし、『扶桑蒙求』（巻上・具平文談）は『大東世語』

に倣っている。

108 **有章逸群**　菅原文時、学生藤原有章の讃を作り、その辞に「姓藤の生れにして逸群の駿と謂ふべき者なり」と評す。

〈文献〉本朝文粋（巻一二・358）。

＊本文二行目より三行目にかけて「況翰藻瀏淵、英声卓犖」とあるが、「況翰藻淵英、声華卓犖」とあるべきところ。『扶桑蒙求』（巻下・73有章藤群）にも見える。

109 **弘仁乏肉**

110 **天長軟筋**　弘仁（嵯峨）・天長（淳和）両帝は草隷をよくし二妙と称せらる。論者のいわく、弘仁帝は勁筋にして肉に乏しく、天長帝は豊肉にして筋軟らかである。そして、肥瘦適宜なるは亭子皇子（恒貞親王）であると。

〈文献〉元亨釈書（巻一四・檀興・恒寂法師）。後拾遺往生伝（巻上・13亭子親王諱恒貞）。

＊嵯峨天皇は周知のように三筆として知られる書人。その書評は『日本紀略』（天長三年三月十日）『日本高僧伝要文抄』（巻二・伝教大師）『性霊集』（巻三・16奉レ謝二恩賜百屯兼七言詩一詩幷序、巻六・45奉二為桓武皇帝一講二太上御書金字法華一達嚫）あたりにも見えているが、淳和天皇と並べて採挙げるのは『後拾遺往生伝』からか。「嵯峨淳和之二妙兮、或勁筋復豊肉、東亭子之中隷兮、見二肥瘦之相適一」（「倭賦」『林羅山文集』巻一）や『能書事蹟』（上・釈恒寂）も『釈書』からの引用。「顔筋柳骨」（顔真卿の筋、柳公権の骨を体得した筆法の意。范仲淹「祭二石曼卿一文」に依る）などは五山の詩文にも引用される書評語であるが、こうした中国風の書評に倣った表現とみてよい。猶、淳和天皇の手蹟（伝とされるものの書も含む）や存命時に近い頃の書評の言は殆ど残っていない。

111 **守屋焼仏**　蘇我馬子、仏教を信じ仏殿を造る。疫疾の流行はその為であると物部守屋らが訴え、敏達天皇は信仰なきにより、守屋に仏像仏殿を焼かしむ。

〈文献〉日本書紀（巻二〇・敏達天皇十三年九月、十四年二月二十四日、三月一日、三十日）。日本紀略（前篇六・敏達天皇）。水鏡（巻中・敏達天皇）。

112 **馬子弑君**　蘇我馬子、上宮皇子と共に物部守屋を破る。崇峻帝即位するや馬子の国政掌握を憎み、猪の首を斬るが如くに我が嫌う者を殺さんと言い、逆に馬子に弑虐さる。

〈文献〉日本書紀（巻二一・崇峻天皇即位前紀、五年十月四日、十日）。水鏡（巻中・崇峻天皇）。

＊「山猪」の故事そのものは『日本紀略』（前篇七・崇峻天皇）『扶桑略記』（第三・崇峻天皇）『元亨釈書』（巻二〇・資治表・崇峻天皇）などにも見える。

113 **狭知（智）作盾**　高皇産霊尊、大物主神《おおものぬしのかみ》に娘の三穂津姫を娶らせる。また、国神の彦狭知神《ひこさちのかみ》を盾を作る者と定む。

〈文献〉日本書紀（巻二・神代下）。日本紀略（前篇二・神代下）。

114 **塩土投櫛**　弟（山幸）、兄の鉤を失って苦悩する時に、塩土翁《しおつつのおぢ》は玄櫛を投じて竹林を出し、竹籠を作り成して弟を入れ、海に投じて海神豊玉彦の宮に到らしむ。

〈文献〉日本書紀（巻二・神代下）。日本紀略（前篇二・神代下）。

115 **履中賞桜**　履中帝、宴を設けたりし時、桜花の盃中に落ちたることあって大いに悦び賞し、その宮を名付けて稚桜宮という。又、諸国に文墨の士を遣わし、各地の国情を記さしむ。

〈文献〉日本書紀（巻一二・履中天皇三年十一月六日、四年八月八日）。日本紀略』（篇篇五・履中天皇）。

＊本文末尾「崩年六十」とあるが、『日本書紀』『帝王編年記』『愚管抄』などでは「七十」とし、『水鏡』『神皇正統記』のように「六十七」とするものもある。

116 **諸兄献橘**　葛城王、聖武帝自らより橘を賜い、勅命により橘姓となり名を諸兄と改む。左大臣に至り、井手左大臣と号す。

〈文献〉尊卑分脈。公卿補任（天平三年初出、天平八年）。本朝皇胤紹運録。続日本紀（巻一二・天平八年十一月十一日、十七日）。

＊本文三行目「天平元年」とあるのは「天平八年」の誤りと思われる。猶、故事内容からすると、「諸兄献橘」より「諸兄賜レ橘」の方がふさわしく、『桑華蒙求』（巻中・116）ではその標題になっており、『扶桑蒙求』（巻上・43諸兄賜橘）はそれを受けている。

117 吉備軍制

吉備真備入唐し、唐礼百余巻を将来す。中に軍制のことあり。春日部三関・土師関成ら十六人大宰府に派遣され、真備より「諸葛八陣」「孫子九地」や結営向背についての講習を受く。

〈文献〉続日本紀（巻二三・天平宝字四年十一月十日）。公卿補任（天平宝字八年初出）。

＊本文四行目「孝謙天平宝字四年」五行目「十六人」「諸葛八陣」は、『続日本紀』に依れば各々「淳仁天平宝字四年」「六人」「諸葛亮八陣」とあるべきところ。『桑華蒙求』（巻中・171真備励業）は本書に依る。

118 匡房兵術

大江匡房は八歳にしてよく史漢の書を読み、大宰権帥となって博洽強記。世人は才能論弁ある者を「江帥」と称したという。祖先大江維時より張良一巻の兵書を伝え来り、匡房は国字にてこれを源義家に授け、義家も家珍（家宝に同じ）とす。

〈文献〉羅山文集（巻四九・「兵法伝授序」）。兵法霊瑞書。

＊猶、義家が匡房に兵法を学んだことは『古今著聞集』（巻九・武勇第一二・4源義家兵法を大江匡房に学ぶ事）『奥州後三年記』（巻上）『本朝武林原始』（巻八・兵事）『玉露証話』（巻一四・軍法兵道之次第）等諸書に見え、大江維時のことも『武芸小伝』（巻一・兵法）などに見えている。

119
忠常人穴

建仁三年六月、源頼家は富士山麓に狩をして洞穴を発見。仁田忠常が宝剣を賜わり探険するが、奔浪・怪火などに遭い、従者四人の死をへて生還す。

〈文献〉吾妻鏡（建仁三年六月三日、四日）。本朝神社考（中之四・富士山）。

＊本文二行目「空谷」を前掲二書は「大谷」とする。また、忠常に従った従者は皆死んで、彼独りだけが帰還したと記すものもある（『日本古今人物史』巻四・勇士・6）。猶、「富士草紙」（御伽草子）のように、地獄めぐり譚と化したものもあり、後に『広益俗説弁』（巻二三・士庶）でも聊か言及されるが、よく語られたものらしい。『桑華蒙求』（巻上・151忠常窮穴）は本書に依り、『扶桑蒙求』（巻下・94忠常窮穴）はこれに従う。また、『本朝語園』（巻一・16伊東崎洞弁富士之人穴）は『吾妻鏡』を引用する『本朝神社考』を採用するが、本書と記事が少し異なる。猶、人穴譚と祐成譚（中47祐成報讎）は『絵本故事談』（巻五・新田忠常）でも言及する。

120
義仲朝日

頼朝の蜂起を聞き、木曾義仲挙兵す。元暦元年正月征夷大将軍となり「朝日将軍」を自称するも、瀬田の戦で範家・義経に討たれる。

〈文献〉源平盛衰記（巻二六・木曾謀叛の事～巻三五・東使木曾と戦ふ事）。平家物語（巻六・義仲謀叛～巻九・義仲最期）。吾妻鏡（巻三・寿永三年正月十日、二十日）。

121
淡海律令

淡海公藤原不比等、文武帝四年に律令を撰す。女を文武妃に入れ右大臣に至る。元正帝の養老二年に律令を重修す。謚は文忠公。孝謙天皇天平宝字四年、近江国十二郡を以て追封し淡海公と為す。

〈文献〉公卿補任（大宝元年初出、養老四年薨去）。続日本紀（巻二三・天平宝字四年八月七日）。

＊「弘仁格序」（『本朝文粋』巻八・198）には、不比等が大宝元年に律六巻令十一巻を撰し、養老二年にも重修して律令各十巻を為したと記されているが、『公卿補任』には「作二律令十四巻一、謚曰二淡

海公二」とあるのみ。猶、『本朝語園』（巻五・219淡海公律令）でもこの故事が採挙げられている。

122 **冬嗣格式**　藤原冬嗣は器度寛弘にして英才あり。学を好み弘仁十一年に弘仁格式を奉勅撰。亦、勧学院を立て藤原氏の年少者に書を読ましむ。

〈文献〉公卿補任（弘仁二年初出、天長三年薨去）。弘仁格序（本朝文粋・巻八198）。

＊『本朝儒宗伝』（巻中・大臣）の冬嗣の記事も本書の用字と共通するところがある。『桑華蒙求』（巻下・177冬嗣学院）は本書本文のままで、一部略したのが『扶桑蒙求』（巻上・69冬嗣学院）。

123 **玉子口眼**　藤原道綱母の玉子曰わく、人は平生眼を口につけるべきで、眼を口頭につければ過ちなく良きこと日々に益す、と。本朝第一の美人にして和歌をよくす。

〈文献〉倭論語（巻七・貴女）。

124 **開耶国色**　瓊瓊杵尊、大山祇神女の木花開耶姫と姉磐長姫を娶る。尊は姉の醜きを好まず、妹の国色（顔良きこと）あるを愛す。

〈文献〉日本書紀（巻二・神代下）。日本紀略（前篇二・神代下）。先代旧事本紀（巻六）。

125 **淳茂神妙**　菅原淳茂に亭子院十五夜の「月影満二秋池一」題の詩句あり。上皇感嘆して、神也妙也、父道真公に見せられないのが残念、という。

〈文献〉史館茗話（14）。本朝一人一首（巻四・204）。

＊もとは『江談抄』（第四・38瑶池は便ちこれ尋常の号なり）に依る。

126 **義秀勇力**　和田義盛は北条義時を怨み謀叛す。子の義秀三十八歳、勇力無双にして手で義時の居門を破る。が、戦不利なれば房州へ赴き、又対州（対馬）から高麗に行くとも伝えられる。

〈文献〉吾妻鏡（建保元年三月八日、九日、四月二日、十五日、十六日、五月二日、三日）。

＊義秀の活躍は「あさいなしまめぐり」（古浄瑠璃）や『朝夷巡島記』（曲亭馬琴）等参照。本書末尾は『本朝神社考』（下之五・朝夷名）に依るか（『本朝語園』〈巻一〇・488朝夷奈祠〉も同様）。『絵本故事談』（巻五・朝夷名三郎）は本書に依るか。

127 **賀安天文**

賀茂保憲、暦を作り陰陽博士・陰陽頭となる。安倍晴明に天文道を授け、息男の光栄に暦術を伝う。

〈文献〉続古事談（第五・諸道・13晴明と光栄の事）。本朝神社考（下之六・安倍晴明、泰親）。尊卑分脈。

＊本文四行目吉備真備は「宝亀三年年八十二而薨」とあるが、『続日本紀』では「宝亀六年八十三歳」で、『公卿補任』では「宝亀六年八十二歳」で、『尊卑分脈』では「宝亀元年八十三歳」で薨じたことになっている。『本朝語園』（巻七・338天文道暦道）や『桑華蒙求』（巻上・197保憲暦道）『扶桑蒙求』（巻下・87保憲暦道）も本書の影響下にあるだろう。

128 **呉漢機織**

何知使主・都加使主、帰化す。後に呉に派遣されて縫衣工女を求む。高麗の久礼波・久礼志を案内に呉王より工女兄媛・弟媛・呉織・穴織四女を得たり。

〈文献〉日本書紀（巻一〇・応神天皇二十年九月、三十七年二月）。

＊本文二行目「三十二年」は恐らく「三十七年」の誤り。

129 **季仲黒帥**

藤原季仲、中納言を拝し、康和四年大宰帥となる。顔面黒き故に「黒帥」と呼ばれた。

〈文献〉源平盛衰記（巻一・兼家季仲基高家継忠雅等拍子付忠盛卒する事）。本朝一人一首（巻八・394）。平家物語（巻一・殿上闇打）。

＊『公卿補任』『尊卑分脈』等を検するに、季仲が任じたのは「権中納言」「大宰権帥」であって、本書の記事には誤りがある。『桑華蒙求』（巻中・15季仲黒帥）は本書に依る。

130 **公房白相** 藤原公房は少壮にして頭髪は雪の如く、世人は「白髪の宰相」と呼んだ。
〈文献〉尊卑分脈。
＊『公卿補任』では公房（一〇三〇―一一〇二）は参議資房の二男とある。本文一行目末尾「右京大夫」は「左京大夫」の誤り。

131 **玉田隠墓** 反正帝の殯を怠り、玉田宿祢酒宴す。帝の使の尾張吾襲《あそ》を殺し、武内宿祢の墓に隠る。後に帝の召喚に応ずるも、邸を囲まれ誅さる。
〈文献〉日本書紀（巻一三・允恭天皇五年七月十四日）。

132 **土師主葬** 日《ひ》葉《ば》酢《す》媛《ひめ》を葬る時、野見宿祢は土物（埴輪）を作り、生きている人を埋めることに代えんことを願う。これは帝の心にかない、功を賞され土師臣を授けられ、天皇の喪葬を主《つかさど》ることとなる。
〈文献〉日本書紀（巻六・垂仁天皇三十二年七月六日）。

133 **貞時巡行** 祖父時頼にならって、平（北条）貞時諸国を巡見す。後宇多上皇の叡旨に背き家財を没収された久我内府に理由を尋ねたところ、「臣として君の非を言うは吾が志に非ず」と返答され、貞時感嘆す。
〈文献〉太平記（巻三五・北野通夜物語付青砥左衛門事）。
＊『大東世語』（巻一・徳行17）にも見える。

134 **為基雄荘** 長崎思元とその子為基は志気雄壮の者にして、新田軍に奮戦す。冥途への旅を親子共にせんと約し戦場にて別る。
〈文献〉太平記（巻一〇・鎌倉兵火事付長崎父子武勇事）。

135 **義村争先** 建暦三年和田義盛の乱鎮圧さる。波多野忠綱・三浦義村の両者が戦場先鋒の功を争い紛糾するも、忠綱の先功が認められる。

136
基久恨上
〈文献〉吾妻鏡（建保元年五月二日～四日）。
＊『扶桑蒙求』（巻下・46忠綱厲色）にも見える。
賀茂神主基久の女は美貌であった。尊治（後醍醐天皇）・量仁（光厳天皇）の両親王より求愛あり。父基久は利を考え皇太子の呼声高い量仁に入れるが、後年遺恨を持つ後醍醐即位により、神職を解任さる。基久恨みをのみ遁世す。

〈文献〉太平記（巻一五・賀茂神主改補事）。

【巻之下】

1
光孝貴相
光孝帝の即位以前、時康親王であられた時、諸王中の彼を望見した渤海大使王父雉の曰わく、公子に至貴の相あり、必ずや天位に登らん、と。
〈文献〉三代実録（巻四五・光孝天皇即位前紀）。日本紀略（前篇二〇・光孝天皇）。
＊本文二行目「仁明帝第二皇子」とするのは『神皇正統記』（地・光孝天皇）と同じだが、『三代実録』『日本紀略』は「第三子」とする。『扶桑略記』（巻二一・元慶八年二月二十八日）では至貴の相云々と称えたのは「唐使」「唐客」と記される。亦、二行目末尾「王父雉」は『実録』『紀略』により「王文矩」に改めるべきところ。猶、『百人一首一夕話』（巻二・光孝天皇）もこの逸話を採入れているが、嘉祥三年のこととしている。

2
敦末光明
下野敦末は仏事を好み堂像を造る。臨終の趺坐に一条の光が西南より来り、胸間を射て気絶ゆ。堂中に光明猶存して、人々これを奇とす。

〈文献〉元亨釈書（巻一七・願雑二・士庶）。

＊『釈書』は恐らく『拾遺往生伝』（巻中・18右近将監敦末）、更には『三外往生記』（42左近将曹敦季）あたりを参考に執筆されたと思われる。本文三行目「飛光」は「飛来」の誤植であろう。

3 **継体勧農**

継体帝は躬ら耕作して農業を勧め、后妃も蚕に親しみ之を養う。その詔に、耕さざれば飢を受け、績《つむ》ぐことなければ寒を受く云々と、農・養蚕を廃すれば殷富ならぬことを説き、天下に知らしむ。

〈文献〉日本書紀（巻一七・継体天皇元年三月九日）。

4 **清和覧耕**

清和帝、藤原良房邸に行幸して花を賞美せし折、紀今守に命じて農民に耕耘（たがやし草を刈る）せしめ、親しくご覧になり、民の労苦を察せられた。

〈文献〉三代実録（貞観六年二月二十五日）。日本紀略（前篇一七・清和天皇）。

＊猶、貞観八年閏三月一日にも、染殿行幸の観桜並びに耕田農夫田婦御覧の会が行われている。巻下巻頭の標題目録に「覧畊」とあり、本文冒頭題に「覧耕」とあるが畊は耕の古字。

5 **長君鬼仏**

藤原晴良の妻の長君《おさぎみ》の曰わく、愚かなるは人の心、金をとかして鬼仏を作り、仏は崇め鬼は怖る。もとは金を同じくするも、その末の異なるは、さながら人の善悪も一心より出づるがごとし、と。

〈文献〉倭論語（巻七・貴女部）。

＊本文二行目「畏悕」は「畏怖」の誤り。「悕」は、おもう・ねがう・かなしむ意。

6 **昭子弟兄**

藤原忠平の妻の昭子《てるこ》の語るには、我に信《まこと》あれば衆人皆わが兄弟となるも、信を失わば兄弟親族といえど仇敵となるもの、と。

〈文献〉倭論語（巻七・貴女部）。

＊本文一行目源昭子を「実頼母」（源能有女）とするのは『尊卑分脈』。『公卿補任』では実頼母は

「源順子」、『大鏡』では「寛平法皇の御女」と記すのみ。

7助種蛇逃

清原助種、迫りくる蝮蛇に驚き騒がず、還城楽の曲を笛吹く。その音声勝絶なれば、蛇も避けて身の全きをえたり。故にその笛を「蛇逃《じゃにがれ》」という。

〈文献〉十訓抄（第十・26伶人助元の笛）・古今著聞集（巻二〇・第三〇・54伶人助元笛を吹きて大蛇の難を遁るる事）。続教訓抄（巻一一下・吹物〈横笛名物等物語〉）。古事談（第六・亭宅諸道・11助元の吹く笛を大蛇の聞く事）。

＊『十訓抄』『古今著聞集』『続教訓抄』『古事談』も主人公は助種ではなく、助元（『続教訓抄』では助種の弟子、『古事談』では助種の父）であり、『日本古今人物史』（巻七・5助元伝）『本朝語園』（巻七・363助元遁㆓蛇之害㆒）もこれに依り、『音律具類抄』（笛）では「清原助種先祖失㆓其名㆒」と記される。猶、『桑華蒙求』（巻中・73助種退蝮）『絵本故事談』（巻四・助種）は本書の影響の為か、助種が主人公になっている。

8重盛還城

平重盛が宮中にて官女と対話していると巨蛇が目に入る。騒ぎたて驚かしめず、捕えて源仲綱に処分せしむ。重盛は仲綱に馬と太刀を褒賜するが、その御礼の書に、先般の御振舞は還城楽の故事にも符合すと申し上ぐ。

〈文献〉源平盛衰記（巻一四・小松の大臣情の事）。平家物語（巻四・競）。

＊『絵本故事談』（巻六・重盛）は本書に依る。

9三守藝院

藤原三守は官禄の蓄えを抛って勝地を購入し、綜藝種智院を建てて万般の書籍や七代の文書を収め、衆人に利用せしめた。

〈文献〉性霊集（巻一〇・綜藝種智院式）。

＊三守の薨伝は『続日本後紀』（承和七年七月七日）に見えるが綜藝種智院のことは見えない。『本朝儒宗伝』（巻中・大臣）も本書同様の趣旨。本文二行目「総芸」は今日通常「綜芸」とする。

10 **兼季菊亭**　藤原（今出川）兼季、雅にして菊花を愛し、庭中に蒔き植え終日賞翫す。称して菊庭といい、亭を造るにより、後人「菊亭」を家号とす。

〈文献〉尊卑分脈。

＊『桑華蒙求』（巻下・35兼季菊亭）『絵本故事談』（巻三・兼季）『扶桑蒙求』（巻中・10兼季菊亭）は本書の影響下にあろう。

11 **政子尼将**　北条時政女政子、剃髪して尼となり、従二位を授けられ「二位の禅尼」と呼ばる。実朝が殺されて天下の政を聴くこととなり、世人「尼将軍」と称す。

〈文献〉樵談治要（一・簾中より政務をこなはるる事）。小夜のねざめ。吾妻鏡（巻二五）。保暦間記。増鏡（巻上・新島もり）。

＊『桑華蒙求』（巻中・31政子尼将）は本書に依る。

12 **坂額童形**　城資盛叛し、姨母の坂額共に戦う。童形にて城上で善射奮戦するも股を射らる。傷癒えて後に浅利義遠の妻となる。容貌醜きも雄なる者であった。

〈文献〉吾妻鏡（建仁元年五月一四日、六月二八日、二九日）。

13 **仲綱木下**　源仲綱、「木下」なる駿馬を養う。平宗盛その馬を得んとするも、仲綱承知せず。父頼政献ぜしめ、宗盛得たるも仲綱憎しとて馬に「仲綱」と名付け焼印し厩舎につなぐ。また、頼政の臣の渡辺競は宗盛に

14 **宗盛煖廷**　とり入り良馬「煖廷」を賜う。その後、競は宗盛を欺き頼政の三井寺の陣に至り、仲綱に馬を献ず。仲綱は馬に「平宗盛」と焼印す。

15成範桜町

〈文献〉源平盛衰記（巻一四・木の下馬の事、三位入道入寺の事）。平家物語（巻四・競）。
＊『絵本故事談』（巻五・源仲綱）は本書に依る。

藤原成範は桜を酷愛し、吉野の地に模して植え、時節に吟歌宴飲す。故に人は「桜町中納言」と呼ぶ。花のはかなきことを憂え、神に延寿を祈るに三七日衰えず。

〈文献〉源平盛衰記（巻二・清盛息女の事）。平家物語（巻一・三台上禄）。尊卑分脈。
＊『桑華蒙求』（巻上・129成範祈禱桜）『絵本故事談』（巻七・成範）『扶桑蒙求』（巻上・61成範禱桜）は本書に従う。

16宅嗣芸亭

石上宅嗣は学問にすぐれ、遣唐大使となり渡唐（後述参照）。かつて「芸亭《うん》」なる一宇を建て、群籍を収め、その記を自作す。

〈文献〉元亨釈書（巻二三・資治表四・光仁）。日本高僧伝要文抄（第三・石上宅嗣／延暦僧録〈第五・芸亭居士〉の引用）。続日本紀（天応元年六月二十四日薨伝）。公卿補任（天平神護二年初出、宝亀十二年薨）。
＊本文二行目に宅嗣が遣唐大使となり渡唐したように記されるのは『元亨釈書』（恐らく『延暦僧録』の記事を誤解したか）に従ったため。宅嗣は天平宝字五年十月二十二日に遣唐副使（大使は仲石伴）に任じられている（『続日本紀』。猶、『公卿補任』は同年八月のこととする）が、翌年三月一日には罷めており渡唐はしていない。芸亭のことは前掲薨伝や「小山賦」（『経国集』巻一。宅嗣邸内の芸亭や林泉の描写とされている）参照。

17惟高地蔵

玉祖《たまおや》神宮司惟高は日頃から地蔵の号を唱う。臥病し気絶えたるも、六地蔵の加護により甦る。よって六体の地蔵仏を造り、堂に安置供養す。

〈文献〉元亨釈書（巻一七・願雑二・士庶）。地蔵菩薩霊験記（巻二）。今昔物語集（巻一七・地蔵の助けによりてよみがへりし人六地蔵を造りたる語・第二三）。

18感世観音

宇治宮成、仏像造の名人感世に観音像を作らしめ、その支払いを惜しんだ挙げ句に彼を殺して財を奪う。すると観音像より流血あり。驚きその財を返却すれば、何と感世は生存す。

〈文献〉元亨釈書（巻一七・願雑二・士庶）。大日本国法華経験記（巻下・第八五仏師感世法師）。扶桑略記（第二六・応和二年〈穴穂寺縁起所引〉）。

＊この説話の生成展開については中前正志「揺らぐ檀那―丹波国穴太寺縁起小考―」（『女子大国文』第一三六号、平成十六年十二月）に詳しい。

19頼業学庸

清原頼業は常日頃『礼記』を読み、『大学』『中庸』は後世の広才達理の者が、抽出して二書と成したものと言う。

〈文献〉古鈔本中庸抄。承応遺事。清原家伝。

＊一般的には『康富記』（享徳三年二月十八日）の記事が誤解されて、『大学』『中庸』標出説が流布したとされる。『本朝語園』（巻四・209頼業標二出大学中庸一）『見聞談叢』（巻一・89清原頼業）も本書と同じ考え方に立っている。猶、本書は『本朝儒宗伝』（巻下・庶姓）の記事ともほぼ重なるようであり、『桑華蒙求』（巻上・173頼業学庸）は本書に依る。

20蟬丸琵琴

蟬丸は古の隠逸の士。相坂に幽栖し、琴瑟琵琶や倭歌をよくし、手にする琵琶の銘は「無名」という。深草帝、良岑宗貞に命じて和琴を習わしむ。

〈文献〉無名抄（巻上・関明神）。神社考詳節（関明神）。扶桑隠逸伝（巻上・蟬丸）。

＊蟬丸のことは多くの説話集に見えるが、その殆どが博雅三位が流泉・啄木の曲調を学ぼうとした話

柄のもの。猶、「無名」の琵琶の称は『教訓抄』（巻八・管絃物語・絃類・琵琶）『拾芥抄』（楽器部）などにも見え、後の『本朝語園』（巻三・87蟬丸非二盲人一／『扶桑隠逸伝』による）『百人一首一夕話』（巻二・蟬丸）はそれらの蟬丸逸話をコンパクトにまとめたものとなっている。『桑華蒙求』（巻中・5蟬丸藁屋）は本書に依り、『絵本故事談』（巻七・蟬丸）の前半は本書に依るだろう。

21伏翁唖態　菅原寺の側に臥して三年起たず言わずの翁あり。行基法師、菅原寺に帰り天竺僧を迎えもてなして舞えば、かの翁起ちて寺に入り、「時なるかな、縁熟するかな」と舞い歌い旧知のごとくであった。その唖態（生まれつき口のきけないふり）もかの言葉を発する為のものであったという。その翁の側臥の処を臥見岡と呼び、後人伏見と改めて翁の名とす。

〈文献〉元亨釈書（巻一五・方応）。扶桑隠逸伝（巻上・伏見翁）。本朝神社考（下之六・伏見翁）。

＊『本朝列仙伝』（巻二・伏見翁／『元亨釈書』『本朝神社考』『扶桑隠逸伝』を出典とす）や『本朝語園』（巻九・428伏見翁）もほぼ同じ内容で、『桑華蒙求』（巻上・43伏翁如唖）『扶桑蒙求』（巻中・30伏翁如唖）にも見える。

22久米染心　久米仙人、洗濯する婦人の脛を見て染心（けがれた心）を生じ、空より墜落す。それより世俗に復し、仲間うちの契約書にも「前仙某」と署名したものが残っている。高市郡に久米寺を建て、後にまた仙を修し飛去った。

〈文献〉元亨釈書（巻一八・神仙）。本朝神社考（下之五・久米）。今昔物語集（巻一一・久米仙人始めて久米寺を造る語第二四）。和州久米寺流記（久米仙人経行事）。

＊久米仙人が女の脛を見て墜落したことは『発心集』（巻四・42）や『徒然草』（八段）等諸書に見え、久米寺創建のことも『扶桑略記』（延喜元年八月条）に見えていることではある。『本朝列仙伝』

（巻二）『本朝語園』（巻九・425久米仙人）なども『元亨釈書』を典拠に挙げているが、『桑華蒙求』（巻上・57久米染心）『絵本故事談』（巻三・久米仙人）『扶桑蒙求』（巻中・25久米染心）は本書の影響下にあろう。

23香蚊殉死　安康帝、大草香皇子を殺す。難波日香蚊父子は、罪なくして死せる主人に殉じ、自刎して死す。

〈文献〉日本書紀（巻一三・安康天皇元年二月一日）。

24資朝羨擒　日野資朝、後醍醐帝を奉じて北条氏を討たんとするも発覚し、佐渡に流された後に刑死す。資朝は嘗て六波羅に生擒《いけど》られた冷泉（正しくは京極）為兼を見て羨んだ。

〈文献〉太平記（巻一・資朝俊基関東下向事付御告文事）。増鏡（第一四・春の別れ）。徒然草（一五三段）。

＊『本朝語園』（巻六・317資朝勇健）でも「徒然草抄」所引としてこの故事を冒頭に挙げている。

25加賀伏柴　待賢門院加賀、秀歌を作りおき、源有仁に見染められし折にその歌「かねてより思ひしことを伏柴のこるばかりなる歎きせむとは」を披露し甚だ賞美さる。人呼んで「伏柴の加賀」という。

〈文献〉十訓抄（第一〇・ふししばの加賀のかねてよりの歌）。古今著聞集（巻五・和歌第六・30待賢門院の女房加賀伏柴の秀歌を詠む事）。今物語（22伏柴の加賀）。東斎随筆（詩歌類五・37）。今鏡（御子たち第八・伏し柴）。女郎花物語（〈写本〉巻上・13〈版本〉巻中・26）。本朝女鑑（弁通下・待賢門院加賀）。雑々集（一八・伏柴の加賀の事）。

＊加賀の和歌は『千載集』（799）に所収され「……思ひしことぞ……」とあり、他にも「思ひしことに」（『古今著聞集』）「思ひしことよ」（『女郎花物語』〈版本〉『本朝女鑑』）「思ひしものを」（『今鏡』『雑々集』『女郎花物語』〈写本〉）などの異同も見え、『桑華蒙求』（巻中・39加賀伏柴）『絵本

故事談』（巻二・伏柴加賀）は全体を本書に依りながらも「思ひしことよ」に作り一字のみ異にする。

26 侍従待宵　紀光清の娘の小侍従、藤原実定と同衾して、夜明けの実定の帰りぎわ、「待つ宵にふけゆく鐘の声聞けばあかぬ別れの鳥は物かは」の歌にて別れを惜しみ、「待宵の侍従」と呼ばる。

〈文献〉林羅山文集（巻一五・小侍従旧跡記）。平家物語（巻五・月見）。源平盛衰記（巻一七・待宵侍従附優蔵人の事）。榻鴫暁筆（巻二〇・異名・七小侍従）。本朝女鑑（巻一〇・待宵侍従）。

＊『本朝美人鑑』（巻三）『和歌威徳物語』（下四・人愛上）『本朝語園』（巻三・127待宵侍従幷艶蔵人）等にも見える。猶、前掲歌は『新古今集』（1191）にも所収されるが、「待宵の」（『平家物語』『源平盛衰記』『榻鴫暁筆』）「……声きけばかへるあしたの」（『榻鴫暁筆』）の本文の相違がみられる。『絵本故事談』（巻二・待宵侍従）は本書に依る。また、『扶桑蒙求』（巻中・61侍従待宵）は和歌を省略している。

27 県守斬虬　吉備国の大なる虬《みづち》、人を苦しめ、その毒に死する者多し。笠県守は勇強にして剣もて虬を斬る。河水は血と変じ、その川を後に県守の淵と言う。

〈文献〉日本書紀（巻一一）・仁徳天皇六十七年）。

＊断片的には『扶桑略記』や『日本紀略』に重なる部分もあるが、『桑華蒙求』（巻中・25県守斬虬）は本書と全くの同文。

28 広有射妖　隠岐広有、紫宸殿上の妖鳥を射る。後醍醐帝大いに悦び、因州中の二邑を食禄として与う。

〈文献〉太平記（巻一二・広有射二怪鳥一事）。

29 津漁罟児　摂津の漁師、罟《あみ》を堀江に沈むるに物の入ることあり。形は児の如くなるも、魚に非ず、人にも非ず、その名も知らず。

30 **濃民腰瓢**

濃州の樵夫、柴を売り父を養う。父に飲ます為に大瓢を腰にさげ酒を買っていた。ある日、山中で柴を採るに足を滑らせ倒れ、酒のわく石を発見し、父に捧げることを常とす。帝感じて刺史に任じ、年号を養老とす。

〈文献〉日本書紀（巻二二・推古天皇二十七年七月）。日本紀略（前篇七・推古天皇）。十訓抄（第六・18養老の孝子）。古今著聞集（巻八・孝行恩愛第一〇・10美濃国の養老孝子の事）。寝覚記（巻下）。謡曲「養老」。養老寺縁起。

＊『本朝孝子伝』（巻中・士庶・養老孝子）『本朝語園』（巻一・4養老之瀧）『治聞集』（巻二・14）『絵本故事談』（巻一・養老瀧）などにも見えている。

31 **真根代死**

甘美内宿祢、兄の武内宿祢を廃せんとして讒言す。応神帝はこれを信じ武内を殺さんとするも、武内と生き写しの壱伎真根子が身代わりとなり死す。

〈文献〉日本書紀（巻一〇・応神天皇九年四月）。日本紀略（前篇四・応神天皇）。

32 **良秀笑焼**

画工良秀、己の家の焼けることも憂えず、眺め笑うことしばしばであった。それを怪しむ人の問いに答えた理由に曰わく、長年不動仏の火炎の表現を求めてきたが、今幸いにその真を会得したと。

〈文献〉宇治拾遺物語（巻三・6絵仏師良秀家の焼くるを見て悦ぶ事）。十訓抄（第六・35絵仏師良秀のよぢり不動）。

＊『本朝語園』（巻五・263良秀之不動）にも引かれる話で、『桑華蒙求』（巻上・135良秀笑焚）は本書と同文。

33 **朝長投冑**

源義朝と子の朝長、平治の戦《いくさ》に敗れて、洛北の八瀬村を通り逃ぐ。矢に傷つき、冑を川に投じ去ったが、その処を軸《かぶとの》淵《ふち》という。
〈文献〉林羅山詩集（巻三五・「軸淵」詩の題下注）。
＊本書と同年に刊行された『雍州府志』（巻一・山川門・愛宕郡）の記事にも羅山詩の題下注と殆ど同文が見える。『絵本故事談』（巻五・源朝長）は本書に依る。

34行平網像
橘行平、天暦十三年に勅命により因幡の一宮神拝の後、帰途に病む。異僧夢に現われ、賀留の津に赴き攘《はら》えと言うに目覚《さ》む。かの地に行き、網を海に沈めて薬師仏を得、病も癒ゆ。後に帰洛し因幡堂を建つ。
〈文献〉因幡堂縁起（因幡薬師来由略縁記などにも類話あり）。

35頼光鬼窟
八瀬山中に大鬼の窟ありて丹後の大江山に通ず。鬼の大江山に移り路人を悩ますにより、源頼光は勅を奉じてこの鬼を刺殺す。
〈文献〉林羅山詩集（巻三五・「題二酒顛童子洞一序」）。
＊八瀬の鬼が洞《ほら》のことは『雍州府志』（巻一・山川門・愛宕郡）でも言及されている。また、酒顛童子のことは御伽草子や『大江山絵詞』、或は能・古浄瑠璃・義太夫節でもよく知られるところ。

36政頼鷹養
百済の使者米光、鷹犬を献ず。勅を奉じて政頼なる者が使者を慰問して米光の帰国を留め、また、政頼は女装して酒を勧め、指呼の術を学ぶことができた。
〈文献〉養鷹記（仁徳天皇四十六年のこととする）。
＊政頼が酒と女装で米光を籠絡することなどは「養鷹記」に見えない。また、鷹狩の事は仁徳天皇四十三年九月条（『日本書紀』巻一一）が有名で、本書上巻（122酒君臂鷹）参照。

37信義牧馬
源博雅の子の信義と信明は、共に琵琶を弾いて優劣なく一双の存在。玄象・牧馬の名器を用いて奏するに、時の人は、信明の信義を越え、玄象の牧馬に勝るを知る。

38信明玄象

〈文献〉拾芥抄（巻上末・楽器・名物）。音律具類抄（琵琶）。文机談（巻二）。古今著聞集（巻六・管絃歌舞第七・23琵琶牧馬玄象勝劣の事）。

＊『本朝語園』（巻七・360信明与二信義一勝劣）にもこの故事見え、更に『見聞談叢』（巻一・18名琵琶玄上・牧馬と名弾奏者信明・信義）は『本朝語園』（出典を『古事談』とするは誤り）の文を漢文化しているように思われる。『大東世語』（巻三・品藻2）『扶桑蒙求』（巻中・45信義双調）にも見える。

39 高市直言

三輪高市麻呂、持統帝に上表し、三月の伊勢行幸は農事を妨ぐものになると直言諫争す。だが、行幸おこなわれて、職を賭しての諫めもかなわなかった。

〈文献〉日本書紀（巻三〇・持統天皇六年二月十一日～三月六日）。日本紀略（前篇八・持統天皇）。

40 元良高響

元良親王、元日に大極殿にて朝賀す。その奏言の響きは高く、鳥羽の道にまで聞こえたという。

〈文献〉徒然草（一三二段）。吉野拾遺（巻三）。

41 佐理手書

藤原佐理、翰墨をよくし「佐跡」といい、道風・行成と並ぶ。宮中の門楣等を書し、その名は中華にも知られ、『宋史』にも載せられていると。

〈文献〉入木抄。愚秘抄（巻上）。宋史（巻四九一・列伝二五〇・外国七・日本国）。尊卑分脈。

＊特に出典を要するような内容ではないかも知れない。

42 阿礼口授

阿礼はいづれの世の人なるか知らぬが、上世の聞人で、神代の事蹟を暗記して人に口授した。一説に姓は稗田、天武帝の時の人とも。

〈文献〉釈日本紀（巻一・開題所引「弘仁私記序」）。古事記序。

＊前掲二書に依れば、何時《いつ》の人であるか、姓も稗田であることは明白なはず。従って本書本文の記述

はやや不審に思われなくもない。末尾の細字双行注は恐らく『釈日本紀』に依るか。

43道広立成　蔵人道広、出家して信救と号す。清盛を糟糠・塵芥と誥《なじ》る檄文を作す。後に覚明と改名し、義仲に仕え、羽丹生八幡の祭文をたちどころに成す。

〈文献〉平家物語（巻七・木曾の願書・覚明素生）。源平盛衰記（巻二九・新八幡願書の事）。

44俊基詐（佯）謬　藤原俊基、後醍醐の下命で北条氏討伐の軍旅を案ず。詐りて籠居を装い、密かに軍営屯所の適地を求めて巡視す。

〈文献〉太平記（巻一・中宮御産御祈之事付俊基偽籠居事）。

＊本文冒頭標題は「俊基佯謬」であるが、正しくは「俊基佯謬」に作るべき。

45頼長抗衡　藤原頼長、保元の乱で敗死す。和漢の才ありて政事をよくし、容貌厳にして器量あり。兄忠通の寛仁にして文芸を愛するを譏《そし》り、これと抗衡す。才を恃み悪左府と呼ばる。

〈文献〉保元物語（巻上）。愚管抄（第四）。神皇正統記（人）。

46兼良博厚　一条兼良は博識多才にして著書多く、人は皆博厚と称した。己の才を自負し、菅丞相を再生せしめ、その博洽の才学を比べてみても自分には及ばないと言う。

〈文献〉未詳。

＊兼良評には「日本無双之才人」（『十輪院内府記』）「和漢御才学無二比類一」（『宣胤卿記』）「天下才人、近代無双名誉御事也……本朝五百年以来此殿程之才人、不レ可レ有二御座一之由」（『長興宿祢記』）などもある。菅公道真に勝ること三つありと広言した逸話は『本朝一人一首』（巻七・348）「西風涙露」（下『鵞峰林学士文集』巻七九）『続本朝通鑑』（巻一七四・土御門天皇五）や『本朝語園』（巻四・210兼良三勝）にも見えるが、本書のような話柄で同文を載せるものに『桑華蒙求』（巻上・159

兼良驕矜）『扶桑蒙求』（巻上・65兼良驕矜）がある。

47築（筑）賊奪妃　尊良親王は、愛妃公顕女を謫所の土佐に迎えるべく、秦武文を使者として遣わす。土佐への旅途、その容色無双なるにより、筑紫の賊松浦五郎の略奪に遇い、奪還できず武文自殺す。

〈文献〉太平記（第一八・春宮還御事付一宮御息所事）。

＊『桑華蒙求』（巻上・119武文努浪）『扶桑蒙求』（中・86武文怒浪）も内容的には類似するが表現にやや違いが見える。

48楠母訓幼　楠正行は六条河原に梟された父正成の首を見、自殺せんとするも、母とどめ訓《おし》えさとして言う。父のお前を残せしは、弔う為でも殉死の為でもなく、志を継ぎ一族を扶持し仇を討たんが為なり、と。

〈文献〉太平記（巻一六・正成兄弟討死事、正成首送二故郷一事）。

＊本文四行目「時年十三」とあるが、『太平記』に依れば「十一」歳と見える。

49親通舎利　大江親通は文術にすぐれた能書家であり、仏書中の舎利の記事を集成して『駄都抄』三〇巻を編纂す。一日書函を開くに、中に舎利六顆あり、平素耽嗜するものなり。

〈文献〉元亨釈書（巻一七・願雑二一・士庶）。本朝新修往生伝（41入道学生江親通）。

50雅通提婆　源雅通は鷹狩を好む直心純至の人なり。毎日『法華経』提婆品の句を誦すること十二遍。死期に臨み安養を得たりという。

〈文献〉元亨釈書（巻一七・願雑二一・王臣）。法華験記（巻下・102左近中将源雅通）。拾遺往生伝（巻中・15中将雅通）。今昔物語集（巻一五・丹波中将雅通往生の語第四三）。発心集（巻七・78中将雅通法華経を持ち往生の事）。普通唱導集（巻下）。

51恵尺出記　蘇我蝦夷誅殺されんとして、天皇記・国記・珍宝を悉く焼かんとす。船《ふねのえ》恵尺《さか》は焼かれるうちよりすみやかに国記を取出し、中大兄皇子に献ず。

〈文献〉日本書紀（巻二四・皇極天皇四年六月十三日）。扶桑略記（第四・皇極天皇）。

52 **健**（建）**雷執戈**　天照大神、豊葦原の中つ国を治めんとし、健雷神《たけみかづちのかみ》を遣わす。かの神、戈剣を執って先駆けをなす。
〈文献〉日本書紀（巻二・神代下）。先代旧事本紀（巻三）。神皇正統記（天）。古事記（巻上）。
＊本文冒頭標題は「健雷執戈」であるが、下巻目録標題は「建雷執戈」に作る。また、「健（建）雷神」は「武甕槌神」（『日本書紀』『先代旧事本紀』『神皇正統記』）とも記される。

53 **高時愛犬**　平高時は人を軽んじ奢を極む。犬数百匹を飼い、闘犬を楽しみとす。府中に狂犬も充ちて四五千にも及ぶ。
〈文献〉太平記（巻五・相模入道弄二田楽一幷闘犬事）。
＊『桑華蒙求』（巻中・151高時聚犬）は本書に依る。

54 **阿新喜蛾**　阿新《くまわか》《あにい》とは藤原国光のこと。その父は佐渡にて北条氏に誅殺さる。国光、仇の本間氏宅に侵入せる時、室中の灯火に群がる蛾、驚いて灯火を撲ち消す。これに喜び乗じて本間三郎を刺殺す。
〈文献〉太平記（巻二・長崎新左衛門尉意見付阿新殿事）。

55 **重能詐詔**　新田義貞、矢矧《やはぎ》・鷺坂などにて足利軍を撃破す。尊氏は建長寺にて僧となり朝廷に謝罪せんとするも、弟直義は上杉重能の献言に依り、詔書を詐《いつわ》り作って出家を思いとどめしむ。
〈文献〉太平記（巻一四・矢矧鷺坂手超河原闘事）。

56 **長能悔歌**　藤原長能は三月尽詠の自信作「心憂き年にもあるかな二十《はつか》余《あまり》九日《ここぬか》といふに春は来にけり」を公任に示すに、公任に詰られ、大いに自らの誤りを悔い、病を得て卒した。
〈文献〉古今著聞集（巻五・和歌第六・50四条大納言公任三月尽の夜長能が歌を難ずる事）。十訓抄

（第四・17長能の心うきの歌）。俊頼髄脳。袋草紙（上・雑談）。沙石集（五末・6歌ユヘニ命ヲウシナフ事）。和歌童蒙抄（巻一）。兼載雑談。

＊本書の所収和歌末句「春は来にけり」ではこの話は意味不明になる。当然諸書が記す本文のように「春の暮れぬる」とあるべき。また、下巻目録標題に「長能没歌」とあるのも適切でない。

57 義盛結党　建保元年、泉親平は頼家の子千寿を擁し鎌倉の実朝に謀叛す。これに組した和田義盛の二子（義直・義重）、父の願いに依り罪を免るるも、甥の胤長迄は救えず。その宅地の北条義時に与えらるるに及び、義盛憤怒し親族と党を結んで叛す。

〈文献〉吾妻鏡（建保元年三月二日、八日、九日、十七日、四月二日、二十七日、五月二日、三日）。保暦間記。

58 北条分財　北条義時、元仁元年に頓死す。子の泰時は父が生前に弟達を愛したことを思い、朝時・重時二弟に家の貨財を悉く分与す。

＊泰時が弟達に財産を譲ったことは『本朝孝子伝』（巻上）『大東世語』（巻一・徳行14）にも見える。

〈文献〉太平記（巻三五・北野通夜物語事付青砥左衛門事）。倭論語（巻五・武家部上）。

59 浦見慢天　仲哀帝、父の死して白鳥と化し天に上るに依り、白鳥を養育せんとし、諸国に献ぜしむ。越州の貢上せる四羽を強奪せる浦見別王、天を慢《あなど》るものとして誅殺さる。

〈文献〉日本書紀（巻八・仲哀天皇元年十一月一日～閏十一月四日）。

＊本書では「浦見別王」とするが、「蒲見別王」（『日本書紀』『先代旧事本紀』『日本紀略』）が正しかろう。

60 希世死雷　延長八年、雷が清涼殿に落ち、平希世震死す。醍醐帝恐怖して常寧殿に遷り給う。

〈文献〉扶桑略記（延長八年六月二十六日）。日本紀略（延長八年六月二十六日、七月二日）。太平記（巻一二・大内裏造営事付聖廟御事）。十訓抄（第六・23延長八年清涼殿の落雷）。大鏡（巻上・太政大臣忠平条裏書）。北野天神縁起。

61 眉輪刺皇

安康帝、大草香皇《おおくさかのみ》子《こ》を殺し、その妾中蒂《なかし》姫《ひめ》を皇后とす。帝、皇后の膝枕に眠る時、眉輪王（大草香と中蒂姫の間の子）は天皇を刺殺し、父の仇を討つ。

〈文献〉日本書紀（巻一三・安康天皇元年二月一日、巻一四・雄略天皇即位前紀）。扶桑略記（第二・安康天皇元年二月～三年八月）。愚管抄（第一・安康、第三）。水鏡（巻上・安康天皇）。帝王編年記（巻六・安康天皇）。先代旧事本紀（巻八・安康天皇～雄略天皇）。日本紀略（前篇五・安康天皇、雄略天皇）。

62 武烈割胎

武烈帝は残虐を好んで一善も修せず。妊婦の腹を割き、その胎児を見んとす。

＊本文四行目「分怒」は「忿怒」とあるべきところ。

〈文献〉日本書紀（巻一六・武烈天皇即位前紀、二年九月）。水鏡（巻上・武烈天皇）。帝王編年紀（巻六・武烈天皇）。日本紀略（前篇六・武烈天皇）。

＊その暴虐ぶりは『先代旧事本紀』（巻八・武烈天皇）『扶桑略記』（第二・武烈天皇）にも伺え、『本朝語園』（巻一・48武烈天皇造二諸悪一）にもやや詳しく見える。

63 重衡牡丹

敗れし平家の重衡（清盛四男）捕虜となる。頼朝憐れみ倡妓千寿の琴瑟にて慰めしむ。一日橘相公（広相）の朗詠句（巻下・詠史693）「燈暗数行虞氏涙」を詠じ、頼朝嘆ず。中原親義（能）言うに、平家一門に歌才ある者多く、一族を百花とすれば重衡は牡丹に比すべき存在と。

〈文献〉平家物語（巻一〇・重衡東下り）。

＊『源平盛衰記』（巻三九・重衡酒宴付千手伊王の事）には重衡を牡丹に譬えることが見えないか。『本朝語園』（巻八・39千手慰重衡）と少し重なる部分がある。『桑華蒙求』（巻中・83重衡牡丹）は本書に依り、『大東世語』（巻三・品藻15）『扶桑蒙求』（巻上・48重衡琵琶）にも見える。

64**惟盛楊梅**　平重盛の子の維盛は、後白河帝五十賀宴に青海波を舞う。その美しい様は、深山の楊梅を見るがごとしと賞さる。維盛、平氏敗れしのちに僧となり熊野に姿を現わせり。

〈文献〉源平盛衰記（巻四〇・維盛入道熊野詣付熊野大峯の事）。

＊「惟盛」は「維盛」に同じ。本書七行目「楊梅」は「桜梅」（『盛衰記』）とあるべきであろう。

65**玄寿鬚髪**　玄寿（字は東岸）は参禅を業とす。髪切らず、鬚そらず、衲衣を着ず。高座に登って説法し、羯鼓を打ち、扇を手に舞うという風顛漢なり。

〈文献〉膾餘雑録（巻二）。謡曲「東岸居士」。

66**源信技藝**　源信は融の兄である。多藝多才にして学問・書画・管絃・馬鷹などにすぐれていた。

〈文献〉三代実録（貞観十年閏十二月二十八日）。

＊源信の多才ぶりは他に『本朝儒宗伝』（巻中・大臣・源信）『二十一代集才子伝』（巻四・大臣）などにも見えている。

67**仁妻覆舟**　仁田《にった》忠常《ただつね》病みし時、その妻自分の寿命を縮めても夫を救わんと三島神祠に祈願し、それに依り夫は本復す。妻は後に御礼詣出に赴く途次、風浪の舟を覆すによって溺死す。

〈文献〉吾妻鏡（文治三年正月十八日、七月十八日）。本朝列女伝（巻四・仁田忠常婦人）。日本古今人物史（巻六・列女部・忠常妻）。

68**江萱書幣**　大江挙周病む。母の赤染衛門は住吉神の祟りと聞き、己の命を縮めても救うべく、「かはらむと祈る命は惜しからでさても別れむことぞ悲しき」の詠を、幣帛に書し奉納。夢に老翁のこの幣を取り笑むとみえて、病も癒ゆ。

〈文献〉古今著聞集（巻八・孝行恩愛第一〇・1赤染衛門大江挙周母子が恩愛の事）。十訓抄（第一〇・15住吉に於ける赤染衛門のかはらんとの歌）。『東斎随筆』（神道類・64）。古本説話集（巻上・赤染衛門事第五）。沙石集（五末・1神明ノ歌ヲ感ジテ人ヲ助給ヘル事）。本朝列女伝（巻三・儒人伝・赤染衛門）。袋草紙（上・佛神感応歌）。今昔物語集（巻二四・大江匡衡の妻赤染和歌を読みし語第五一）。

＊和歌の「祈る」を「おもふ」（『袋草紙』『今昔物語集』）とするものもある。猶、この所謂歌徳説話はよく知られて、『本朝美人鑑』（巻二）『和歌威徳物語』（上一・神感上・3歌にて神明のとがめをなだめし事）『和歌奇徳物語』『和歌徳』『本朝語園』（巻二・76赤染与㆓挙周㆒祈㆓於替㆑命）などの諸書に見える。「江萱」は大江家の萱堂（母親）の意。

69源兆吟梅　源実朝、鶴岡神祠に参詣す。梅花の盛りなるを見て、「出でていなば主なき宿となりぬとも軒端の梅よ春を忘るな」と吟ず。人不祥となし、果して公暁に弑せらる。

〈文献〉吾妻鏡（巻二四・承久元年正月二十七日）。

＊『見聞談叢』（巻一・8実朝御世の歌）にもこの歌のこと見える。

70菅祝折桂　菅原道真の加冠の夜、その母「久方の月の桂も折るばかり家の風をも吹かせてしがな」と詠じ、息子の儒業の大成に期待す。

〈文献〉拾遺集（巻八・473）。菅家伝。天神縁起類。

71二皇互譲　雄略帝に殺されし市辺押磐皇子に二子あり。億計《おけ》・弘計《こけ》《おけ》の両皇子、賤しき者に身をやつすも、清寧帝に召されて皇太子・皇子となる。二子互いに皇位を譲る。

〈文献〉日本書紀（巻一五・清寧天皇二年十一月〜三年四月、顕宗天皇即位前紀）。先代旧事本紀（巻八・神皇本紀・顕宗天皇）。扶桑略記（第二・清寧天皇）。日本紀略（前篇五・顕宗天皇）。

72六子倶誓

天武帝、六人の皇子（草壁・大津・高市《たけち》・河島・忍壁《おさかべ》・芝基《しき》）に詔し、倶《とも》に扶《たす》け合い、敵対せぬことを盟《ちか》わしむ。

〈文献〉日本書紀（巻二九・天武天皇下・八年五月六日）。
＊本文からすると「六子倶(相)、盟」とすべきであったかも知れないが、押韻の都合で同意の「誓」に変えたものか。

73庶幾詠燈

菅原庶幾《もろちか》、餞別詩の一句に「一葉舟飛不レ待レ秋」と作るも、良い対句を得ず。大江朝綱の「どうして燈を詠まないのか」という助言を得て「九枝燈尽唯期レ暁」と作れり。

〈文献〉史館茗話（27）。江談抄（第四・52九枝灯尽きてただ暁を期す）。

74高徳題木

三宅（児島）高徳、一族に対して隠岐に配流となった後醍醐帝を支持するよう訴う。微服潜行して行在所の桜の大樹に「天莫レ空二句践一、時非レ無二范蠡一」の一聯を書すに、帝その忠義を喜べり。

〈文献〉太平記（巻四・備後三郎高徳事付呉越軍事）。
＊この話柄はよく知られて、『日本古今人物史』（巻四・義士伝・児島高徳）『桑華蒙求』（巻下・151高徳献詩）『絵本故事談』（巻五）『扶桑蒙求』（巻中・42高徳献詩）などにも見える。

75稲目捨家

百済王、金銅釈迦仏・幡蓋・経論を献上す。蘇我稲目が帝の命を受け、己の家を捨てて向原寺を造り安置す。この時国中に疫病流行し、物部尾輿・中臣鎌子らは国神の忌諱に触れた故とし、仏像を棄て伽藍を焼かしむ。

〈文献〉日本書紀（巻一九・欽明天皇十三年十月）。日本紀略（前篇六・欽明天皇）。

＊『扶桑略記』（第三・欽明天皇）『帝王編年記』（巻七・欽明天皇）の記事では不足か。猶、本文八行目「物部大連尾興」は「物部大連尾輿」の誤り。

76 鷲住越屋

鷲住王《わしずみのおおきみ》は、太姫郎女《ふとひめのいらつめ》・高鶴《たかつるの》郎女を嬪とす。二嬪嘆いて曰わく、かの王は強力軽捷にして、独り八尋《やひろの》屋《や》を馳せ越え遊行して、姿を見せず何日もたつという。

〈文献〉日本書紀（巻一二・履中天皇六年二月一日）。

＊本文一行目末尾「大姫郎女」は傍訓の通り「太姫郎女」が正しい。

77 公宗設穽

西園寺公宗・恵性（北条高時の弟）謀叛を企て、北山の第に陥穽を設けて主上を謀殺せんとするも、発覚して誅せらる。

〈文献〉太平記（巻一三・北山殿謀叛事）。

＊下巻目録標題では「公宗作穽」になっているが、本文からすると本文冒頭標題の方が適切。猶、本文二、三行目「時奥」は「時興」が正しい。

78 義深匿櫃

畠山義深兄弟、足利義詮に叛し伊豆に拠《よ》る。後に降服し、兄は薙髪して名を道誓と改め都へ脱出し、義深も鎧を収める櫃《ひつ》の底に匿《かく》れて逃亡す。

〈文献〉太平記（巻三六・頓宮心替事付畠山道誓事〜巻三八・畠山兄弟修禅寺城楯籠）。

79 今川軌範

今川了俊は歌人として才名あり。長子（実は兄弟が正しいか）を仲秋という。軌範数件を作り、家訓として彼に残す。

〈文献〉今川状。難太平記。

＊今川仲秋は『尊卑分脈』に依れば了俊の兄弟であって「長子」ではない。了俊が仲秋を後嗣に決め

たのは応永初年頃かと推測される。

80護良擒戮　後醍醐帝の皇子護良、尊氏を謀殺せんとするも果たさず。尊氏、弟直義と共に護良の継母に賄賂を送り、護良を天皇に讒言せしむ。帝これを信じ鎌倉に貶謫せし時、直義遺恨あるにより禁籠し戮《ころ》す。

〈文献〉太平記（巻一二・儲王御事、第一二・兵部卿親王流刑事、巻一三・兵部卿宮薨御事）。

81正成智謀　楠正成は橘諸兄の遠胤。後醍醐帝、笠置に在りし時に、正成の武勇・智謀にすぐれたるを聞き、藤原藤房をして召さしむ。戦《いくさ》には智勇が重要という正成の言に、帝大いに喜ぶ。

〈文献〉太平記（巻三・主上御夢事付楠事）。

＊『桑華蒙求』（巻上・15正成守義）『絵本故事談』（巻五・楠正成）『扶桑蒙求』（巻下・77正成守義）にも見える。

82師直婬佚　高師直は尊氏の寵臣。その人となりは奢侈・婬佚で、好き勝手なことをした。塩冶高貞の妻が美人と聞くや頻りに恋文を送りつけ、これに応じざれば高貞を讒言す。高貞は出雲に逃亡するも、山名時氏をして殺さしむ。

〈文献〉太平記（巻二一・塩冶判官讒死事）。

＊高貞の妻に横恋慕した話は『日本古今人物史』（巻三・姦凶伝）『本朝美人鑑』（巻五・塩冶判官室）などにも見え、艶書小説集の『薄雪物語』（巻下）などとも関わりがあるだろうか。

83恒明三弁　恒明親王は亀山帝の皇子。その言に曰わく、道を行う者は道を知らず、徳を積む者は徳を知らず、智を積む者は智を知らず。この三つを弁《わきま》えてこそ人と謂うべきであると。

〈文献〉倭論語（巻二・人皇幷親王部）。

84蝦夷八佾　蘇我蝦夷《えみし》、権力を恣にし、葛城に奢侈な祖廟を建て、八佾《はちいつ》の舞（天子の舞）を行うなど、その儀礼は天子を僭称するものであった。

〈文献〉日本書紀（巻二四・皇極天皇元年十二月是歳条）。日本紀略（前篇七・皇極天皇）。

＊『桑華蒙求』（巻中・137蝦夷佾舞）は本書に依る。

85間守叫哭

田道間守《たぢまもり》は垂仁天皇の命により常世国に使いし、時じくの香菓などを持帰るも、既に天皇も亡く、その陵墓に向い叫び哭せり。

〈文献〉日本書紀（巻六・垂仁天皇九十年二月〜後紀春三月条）。帝王編年記（巻四・垂仁天皇）。日本紀略（前篇四・垂仁天皇）。

＊『桑華蒙求』（巻下・153間守覓橘）は本書に依り、『扶桑蒙求』（巻下・2間守覓橘）に受継がれる。

86山田戦慄

蘇我蝦夷の子鞍作（入鹿）私に大臣と為り威をふるう。三韓進調の日、中大兄これを討たんとす。倉山田麻呂、上表文を読むに、緊張の余り流汗戦慄す。

〈文献〉日本書紀（巻二四・皇極天皇四年六月八日）。日本紀略（前篇七・皇極天皇）。扶桑略記（第四・皇極天皇）。

87忠信義勇

佐藤忠信は藤原秀衡の族士。頼朝に追われる義経に従い吉野に隠れし時、僧徒に囲まる。忠信は義経の服を着用して義経を装い、彼を脱出せしむ。その義勇かくのごとくであった。

〈文献〉義経記（巻五・忠信吉野に止まる事、忠信吉野山の合戦の事）。

＊忠信が義経に変装して、彼を包囲網から脱出せしめたことは『日本古今人物史』（巻四・義士・佐藤継信同忠信伝）にも窺える。『絵本故事談』（巻五・継信忠信）と一部記事が重なる。

88宗憲朴実

藤原宗憲は幼時より読書につとめて詩を学び、俗事を口にせず朴実な人柄であった。弊衣にて朽室にあり、五十三歳で没す。「西原即事詩」がある。

〈文献〉未詳。

89高家刈麦　小山田高家は新田義貞の部将。禁令を犯して青麦を刈るにより訴えらる。義貞これを調査し、士卒の兵糧尽き、飢えを救う為であったと知って許し、彼に糧十石を賜う。高家ますますその恩情に感じ、後に義貞に代って死す。

〈文献〉太平記（巻一六・小山田太郎高家刈二青麦一事）。

＊『桑華蒙求』（巻上・127高家青麦）『絵本故事談』（巻五・小山田高家）は本書に依り、『扶桑蒙求』（巻中・29高家青麦）にも見える。

90押坂喫芝　押坂直、童児と雪上に遊び、菟田山で紫の菌《たけ》を発見す。高さ六寸余りで四町程に生え、採りて喫《くら》うに、以後病なく寿命も長し。その国人は芝草と知らずに菌《きのこ》と言う。

〈文献〉日本書紀（巻二四・皇極天皇三年三月）。

＊『桑華蒙求』（巻中・81押坂喫芝）は本書に依っている。

91石見偸璽　足利義教を謀殺した赤松満祐一族は財産を没収される。赤松配下の石見某（太郎左衛門）、三条実量に身を寄せ、吉野に南帝を襲い、神璽を北帝に献ずるに依って、赤松家の再興がかなうこととなった。

〈文献〉嘉吉記。赤松記。

92師泰壊碑　高師泰、洛東の枝橋郷の勝地を譲ってくれるよう菅原在登に乞う。在登は菅家父祖累代の葬地なるにより、墓所を移してから譲らんとするに、師泰返答に怒り、人夫を発し碑石を破壊し、在登を殺す。

〈文献〉太平記（巻二六・執筆兄弟奢侈事）。

93忍坂五剋　允恭帝、即位を固辞し群臣憂う。妃の忍坂大中姫、手洗の水を捧げ即位を進む。時折しも季冬のこととて、寒風烈しき中に五剋を経て鋺の水溢れて腕凍り、妃のまさに死なんとするを顧み驚きて即位す。

〈文献〉日本書紀（巻一三・允恭天皇即位前紀〜元年）。扶桑略記（第二・允恭天皇）。日本紀略（前篇五・允恭天皇）。

＊この故事そのものは他にも『水鏡』（巻上）『扶桑略記』（第二）『本朝女鑑』（巻三・仁智上）『本朝列女伝』（巻二）『桑華蒙求』（巻中・177中姫凝鋺）などの歴史書や人物故事書に広く継承されるようだ。

94 **永福四悲**

永福門院瑛子曰わく、世に悲しむべき者は四つあり。深く道に志すも貧窮の者、愚か者の財宝持ち、慈悲なき国司、名高きも位得ざる者であると。

〈文献〉倭論語（巻七・貴女部）。

＊本文冒頭のように、永福門院瑛子とするのは誤りである。永福門院は藤原実兼女の鏱子であり、瑛子はやはり実兼女ではあるが昭訓門院と号す。

95 **真（直）玉供墓**

真玉主売《ひめ》は十五歳で夫と死別。再嫁せず、三十余年夫の墓に供奉するに依り、爵二級を賜い、田租を免除さる。

〈文献〉続日本紀（宝亀三年十二月六日）。本朝列女伝（巻四・婦人伝・直玉主売）。

＊巻頭目録・本文標題などすべて「真玉」に作るのは誤りで、「直玉」が正しい。

96 **采女擲池**

平城帝に寵愛された姿容絶麗なる采女、寵を失って憂えやむことなく、猿沢の池に身を投擲す。

〈文献〉大和物語（一五〇段）。袋草紙（人丸難及大同朝事）。

＊この采女の死を傷む歌（柿本人麿）は『拾遺集』（1289）に見え、逸話は『十訓抄』（第六・3奈良の帝の采女）『拾遺抄注』『歌林良材集』他に見え、謡曲「采女」も知られている。

97 **秀（季）方坐甲**

清原武衡・家衡叛するに依り、源義家・義光攻戦す。義家は戦功評価に依り甲・乙の坐を定めることを常としたが、藤原秀方はいつも功あって乙坐に居ることはなかった。

〈文献〉奥州後三年記（巻上）
＊巻頭目録標題・本文冒頭標題、更に本文中でも「藤原秀方」とするのは「藤原季方」の誤りである。

98形名失功

蝦夷叛し朝せず。上毛野《かみつけの》形名《かたな》を将軍と為し討たしむるに、逆に敗れ包囲さる。その妻、先祖の武功を汚すを歎じ、夫に飲酒せしめて奮い立たせ、軍衆を整えて蝦夷を討たしむ。

〈文献〉日本書紀（巻二三・舒明天皇九年是歳条）。本朝列女伝（巻三・孺人伝・形名孺人）。日本紀略（前篇七・舒明天皇）。
＊巻頭目録標題は「陽勝遊空」であったが、故事内容の差替えが行われたようである。

99国樔貢魚

国樔人《くずひと》来朝して応神帝に醴酒を献ず。その人となり淳朴。山菓を採り、蝦蟇を煮、吉野川上流に住む。以後、しばしば栗・菌《たけ》・年魚《あゆ》などを献上す。

〈文献〉日本書紀（巻一〇・応神天皇十九年十月）。日本紀略（前篇四・応神天皇）。

100不尽祭虫

不尽川の辺《ほとり》の人である大生部《おおふべ》多《のおお》は、常世神なる虫を祭らしむ。人々の福を求めて財を捨て、損われたる費多し。秦河勝《はたのかわかつ》は民の惑わさるるを悪みて多を討つ。

〈文献〉日本書紀（巻二四・皇極天皇三年七月）。釈日本紀（巻二八・和歌六・皇極）。
＊『桑華蒙求』（巻上・19河勝殺覡）は本書に依り、『扶桑蒙求』（巻下・5河勝殺覡）はそれを受ける。『本朝語園』（巻二・61河勝禁レ祭レ虫）は『釈日本紀』からの引用。

101二帝南北

後醍醐帝、吉野に皇居を定む。三種神器は南朝にあり。足利尊氏は、京に光明帝を立てて北朝とす。南北各々紀元を建つ。

〈文献〉特に出典は要しないであろう（敢て挙げるなら、太平記巻一八、二一あたりか）。

＊『桑華蒙求』（巻中・187南北二帝）は本書に依る。

102 **両雄西東**

山名宗全女は細川勝元の妻である。宗全の幼子が勝元の猶子になるも、後に僧になされて、両家の関係は悪化。都の東西に割拠闘争して応仁文明の乱となる。

〈文献〉特に出典は要しないであろう（応仁記巻一あたりを挙げることも可）。

103 **義成博渉**

源義成（惟良）は順徳帝の後胤に当たり、従一位・准大臣に至る。読書して古今に通じ、博識の才ありて『河海抄』を撰し、世に物語博士という。

〈文献〉河海抄（巻一）。尊卑分脈（四辻善成と表記するのが一般）。

＊本文中に「河海抄三十七巻」とあること未詳（通常二〇巻）。

104 **顕家驍雄**（戦功）

源（北畠）顕家は親房の子。鎌倉に足利義詮《よしあきら》を攻めて遁出せしめ、また、高師直・桃井直常らと泉州安倍野に戦うも、力戦及ばず二十一歳で没す。南帝に功ありし勇夫なり。

〈文献〉太平記（巻一五・大樹摂津国豊嶋河原合戦事、巻一九・青野原軍事付嚢沙背水事）。

＊巻頭目録標題では「顕家戦功」とある。「98形名失功」とした為、「戦功」が使えなくなり急拠「驍雄」に変更したものか。源顕家は林羅山「本朝武将小伝」（『林羅山文集』巻三九）でも採挙げられ、鎌倉を攻撃して義詮を追い、安倍野の露と消えたことを記す。

105 **良香動鬼**

都良香の一聯「気霽風梳㆓新柳髪㆒、氷消波洗㆓旧苔鬚㆒」に羅城門の鬼感歎す。竹生島での偶吟「三千世界眼中尽」の対句を思案していると、島の神が「十二因縁心裏空」の句を教えたという。道真は良香に学び、階爵共に師を凌ぐに依り、良香憤りて官を捨て終わるところを知らずと。

〈文献〉本朝神社考（下之六・都良香）。史館茗話（4・5）。本朝一人一首（巻三・168）。江談抄（第四・20気霽れて風新柳の髪を梳る、33三千世界は眼の前に尽き）。十訓抄（第一〇・6都良香の三

千世界眼前尽の詩、気晴風梳二新柳髪一の詩）。東斎随筆（詩歌類五・34、35）。撰集抄（巻八・第二都良香詩事）。本朝神仙伝（24）。

＊良香の竹生島偶吟句は『朗詠』はじめ諸書は「三千世界眼前尽」とするのが一般。本書の如く「前」を「中」に作るのは『史館茗話』くらいである。猶、『元亨釈書』（巻一八・願雑三・神仙）の良香の記事も参照したと考えるが、そこでは詩句のことは採挙げられていない。また、本文三行目「歎曰持妙也」とあるが「歎曰殊（或は「特」）妙也」の誤り。猶、『本朝列仙伝』（巻二）は典拠に『三代実録』『元亨釈書』『撰集抄』『神社考』を挙げている。『絵本故事談』（巻一・都良香）は本書に依り、『本朝語園』（巻四・152良香動二鬼神一）は『江談抄』に依る。

106 **実親施囚**

平実親は文学に才名ある当代の著名人である。性は慈仁にして、常に獄囚に飲食を施せり。

〈文献〉元亨釈書（巻一七・願雑二・王臣）。本朝新修往生伝（35）。

107 **直貞猛熊**

熊谷直貞は武州の人。村に猛熊ありて民を害するにより、直貞これを弓矢で射て斬り殺す。民喜んで党族の長とし、その地を熊谷と名付く。十八歳で早逝す。

〈文献〉熊谷家譜（熊谷伝）。

＊巻頭目録標題に「真貞猛熊」と作るは誤り。『絵本故事談』（巻五・平直貞）は本書に依る。

108 **躬高弥猴**

越州刺史紀躬高は仏を奉じ、俸餘をさいて法華千部の写経に充つ。躬高夫婦して某寺を訪れ、老僧と語る。老僧の曰わく、昔二匹の弥猴《さる》来りて自分の読経を聞いていたが、写経をせんと欲して経紙をすく為に樹皮を届けるようになった。五巻迄書いた所で二猿が来なくなったと思ったら、深谷の穴中に死んでいるのを発見したと語る。すると、その二猿こそ躬高夫婦の前身であり、師の経のおかげで人身を得たと告ぐ。

〈文献〉元亨釈書（巻一七・願雑二・王臣）。法華験記（巻下・126越後国乙寺猿）。古今著聞集（巻二〇・魚虫禽獣第三〇・8紀躬高の猿法華経を礼拝の事）。今昔物語集（巻一四・越後国国寺の僧猿のために法華を写せる語第六）。乙寺縁起。

＊猶、『今昔物語集』では主人公を「紀躬高」ではなく「藤原子高」としている。

109 **信隆養鶏**

藤原信隆は女の殖子を後宮に入れんことを切望していた。白鶏千羽を養えば、その家は必ず皇后を出すと聞いて飼う。後に女は高倉帝に召さる。

〈文献〉平家物語（巻八・四の宮即位）。源平盛衰記（巻三二・四の宮御位の事）。

＊『桑華蒙求』（巻下・77信隆雞塒）は本書に依り、『扶桑蒙求』（巻下・58信隆鶏塒）はそれを受ける。

110 **木曾拝鳩**

木曾義仲の羽丹生に屯せし時、八幡祠のあるを悦び、覚明に願書をしたためさせるに、忽かに三羽の山鳩雲中より旗上に来る。神功皇后の故事を想起して拝す。

〈文献〉平家物語（巻七・木曾の願書）。源平盛衰記（巻二九・源氏軍配分の事、新八幡願書の事）。

111 **基氏切鯉**

藤原基氏は順徳・堀河朝に仕え参議に至る。家号を園といい、四条帝の時出家して円空と称した。無双の庖丁人で、自ら誓いを立て、百日間連続して鯉を切りさばいた。

〈文献〉徒然草（二三一段）。

＊『絵本故事談』（巻八・基氏）は本書に依る。

112 **実基返牛**

官人章兼《あきかね》の牛が役所に入りこみ長官の座に臥した。人々は奇事として陰陽師に占わせようとしたが、徳大寺実基の曰わく、畜獣は無知なものであり、足があればどこへでも行き登るものだ、と意に介せず、持主に牛を返した。

〈文献〉徒然草（二〇六段）。

＊『絵本故事談』（巻三・牛入二殿中一）『桑華蒙求』（巻下・167実基返牯）は本書に依り、『扶桑蒙求』（巻下・9実基返牯）にも見える。

113 暁月蟣蝨

狂詞に巧みな暁月には「蟣蝨百詠」なる作あって世に行われ、詠物の妙曲を尽くしたものである。かの人は藤原俊成の孫ともいうも未詳。

〈文献〉碧山日録（長禄三年九月一日）。

＊暁月は藤原為守（父は為家、母は阿仏尼）のこと。『桑華蒙求』（巻上・167暁月詠虱）は本書に依り、『扶桑蒙求』（巻中・67暁月百詠）にも見える。また、暁月坊のことは後の『狂歌百人一首』『一言一話』（巻三）『北窓瑣談』（後編巻四）『松屋筆記』（巻九）『寒檠璅綴』（巻三）などにも見える。

猶、「虱」は「蝨」に同じ。

114 泰衡鼠鴟

頼朝軍に包囲された藤原泰衡は、城を焼いて逃亡す。史官の書して曰わく、隠るること鼠の如く、退くこと鴟の如しと。遂に梟首さる。

〈文献〉吾妻鏡（文治五年八月二十日〜九月三日）。

115 宗繁飢餓

北条氏滅亡後、五大院宗繁は、高時の子の邦時のことを密告し、船田某に捕えしむ。この事を不義なるものとし、新田義貞は彼を誅せんとす。宗繁逃げまどい飢餓死す。

〈文献〉太平記（巻一一・五大院右衛門宗繁賺《すかす》二相模太郎一事）。

116 河辺霹靂

河辺某は安芸の山中にて船材を得たり。霹靂の木なれば雷神の怒りあるも、河辺は剣を手に雷神に抗して犯さるることなし。

〈文献〉日本書紀（巻二二・推古天皇二十六年是歳条）。

＊『日本紀略』（前篇七・推古天皇）ではやや記事が足りないか。猶、『桑華蒙求』（巻中・163河辺臣

舶）は本書に依り、『本朝語園』（巻二・62河辺臣伐二霹靂木一）も殆ど同文。

117 **実澄昨薄**

小倉実澄は風流好学の人である。斎に松牧、庵に識廬という居宅を有しており、各々桃源瑞仙・彦龍周興が記を作っている。平生の歌をまとめて昨薄残葉集という。

〈文献〉補庵京華外集（上・「小倉随縁居士像賛」）。

＊識廬庵の記は『補庵京華外集』（上）に依れば横川景三が作ったもののようで、彦龍周興作とするのは不審。

118 **宗高扇的**

那須与一宗高、屋島の合戦で船上の扇を射て的中せしめ、両軍の士卒を感ぜしむ。

〈文献〉平家物語（巻一一・扇の的）。源平盛衰記（巻四二・屋島合戦附玉虫扇を立て与一扇を射る事）。日本古今人物史（巻七・芸流伝・8）。

＊「那須与一宗高」については平家諸本間で異同が多い。例えば古活字本・高野本・流布本系葉子十行本などは「宗高」に作るが、四部合戦状本は「宗隆」（「那須系図」に同じ）である。扇の的の話そのものは『絵本故事談』（巻五・那須与市）『桑華蒙求』（巻下・55宗高射扇）『扶桑蒙求』（巻中・38宗高射扇）などにも見える。

119 **称光魔法**

称光帝は後小松帝の子である。崩御の年令二十七歳。好んで魔法を修す。また、潔斎して女色に近付かず、それ故に皇嗣無しと。

〈文献〉典拠未詳。

120 **光仁政績**

光仁帝、仁政を施し治績をあぐ。宝亀四年に穀物価格の騰貴せし時、飢民を救う。また、国庫から安価で穀稲を提供して民に農を営ましむ。

〈文献〉続日本紀（宝亀四年三月十四日、七年正月十九日）。

121
生駒(馬)白帽

沙門明達は河州高安県の東山に入り、深い谷の中に草庵を発見する。そこには黄粟色の顔に白帽・白衣を着る者がおり、聞けば生馬の仙と答う。

〈文献〉元亨釈書（巻一八・願雑三・神仙）。本朝神社考（下之五・生馬仙人）。

＊『本朝列仙伝』（巻二）も『元亨釈書』を出典とする。『絵本故事談』（巻八・生駒仙）は本書に依っていよう。また、『桑華蒙求』（巻中・199明達啖瓜）は『本朝神社考』の本文を用いている。猶、巻頭目録標題は「生馬白帽」としている。

122
広嗣赤鏡

藤原広嗣は西府に在って叛す。大野東人大将軍となり討伐す。広嗣自刎し、その霊は化して赤鏡となり、それを見る者多く死すと云う。板櫃の神というのがこれである。

〈文献〉本朝神社考（中之三・松浦）。神社考詳節（松浦〈肥前国〉）。河海抄（巻一〇・玉鬘）。源平盛衰記（巻三〇・大神宮行幸の願附広嗣謀叛並玄昉僧正の事）。

＊藤原広嗣の乱の経過は『続日本紀』（天平十二年九月三日、二十四日、十月九日、二十三日）など参照。

123
逸勢善隷

橘逸勢《はやなり》は入木の藝にすぐれ、最も隷書（今日の楷書）に巧みであった。延暦の遣唐使となり、二年の留学にして橘秀才と呼ばれる。

〈文献〉文徳実録（嘉祥三年五月十五日）。橘逸勢伝。

＊但し、右掲文献は出典と言える程ではないかも知れない。

124
俊成採詠

藤原俊成は和歌を嗜み、基俊に従い奥義を探る。職は長秋監（皇太后宮大夫）に至る。『千載集』を編し、人の行いにより採らず、詠吟により採ると言う。

〈文献〉兼載雑談。

＊『古来風体抄』に「……千載集はただ我が愚かなる心一つによろしと見ゆるをば、その人はいくらといふこともなく記しつけて侍りし程に、いみじう会釈なく、人のずけなかるべき集にて侍るなり」（巻上）「千載集はまた愚かなる心一つに撰びけるほどに、歌をのみ思ひて人を忘れにけるに侍るめり」（巻下）などとあるのにも対応する。『桑華蒙求』（巻上・141釈阿九旬）『扶桑蒙求』（巻中・68釈阿九旬）などとも関わるか。

125 **兄媛省親**

応神帝の妃兄媛は帝に侍りて難波に在り。西望して歎ず。その父母を思う情の切なるを知り、帝は省親を許し、吉備の故郷に送らしむ。

〈文献〉日本書紀（巻一〇・応神天皇二十二年三月五日、十四日）。

＊『桑華蒙求』（巻下・89兄媛定省）は本書に依る。

126 **中将辞聘**

中将姫は藤原豊成女である。姿色妙麗なれば諸豪族は聘せんとす。姫出家して尼となる。

〈文献〉当麻寺縁起。当麻寺流記。本朝神社考（中之四・当麻）。本朝女鑑（巻二・中将姫）。本朝列女伝（巻九・中将姫）。

＊他にも『中将姫縁起』『中将姫物語』『当麻寺弁曼陀羅縁起』など諸書に見える話柄。

127 **成貞倭扁**

和気成貞は奕世医術を業とする家の出身である。治薬療法に効ありて、世人は「倭《やまと》の扁鵲」と呼んだという。

〈文献〉尊卑文脈（傍書に「和扁鵲」と記す）。本朝医考（巻中）。

128 **豊長鄒孟**

菅原豊長は累代の儒家である。後光厳帝の御代に鎌倉に遊んで将軍家の師に迎えられ、その仁義道徳は東国人を薫育す。人は皆、孟軻復た生ずと称賛したという。

〈文献〉空華集（巻一二・「餞二粟田口武衛相公帰省一詩序」）。

[主要参考文献]

＊殊に多く用いた校注本等を中心に挙げる（江戸期の板本は除く）。

『源平盛衰記』（二冊）尾上八郎解説（校注国文学大系第十五、六巻。国民図書。大正15年～昭和2年）
『古今著聞集　上・下』中島悦次校注（角川文庫3198 3199。角川書店。昭和50年～53年）
『古事談　上・下』小林保治校注（古典文庫60 62。現代思潮社。一九八一年）
『古本説話集附本朝神仙伝』川口久雄校注（日本古典全書。朝日新聞社。昭和42年）
『江談抄　中外抄　富家語』後藤昭雄他校注（新日本古典文学大系32。岩波書店。一九九七年）
『今昔物語集』（四冊）佐藤謙三校注（角川文庫932～935。角川書店。昭和50年）
『史館茗話』本間洋一編（新典社。平成九年）
『紫明抄　河海抄』玉上琢弥編山本利達・石田穣二校訂（角川書店。昭和43年）
『十訓抄』永積安明校訂（岩波文庫30―120―1。岩波書店。一九八三年）
『雑々集』吉田幸一編（古典文庫288。古典文庫。昭和46年）
『続古事談注解』神戸説話研究会編（研究叢書150。和泉書院。一九九四年）
『太平記』（三冊）後藤丹治・釜田喜三郎校注（日本古典文学大系34～36。岩波書店。昭和46年）
『天文雑説』吉田幸一編（古典文庫628。古典文庫。平成11年）
『今物語　隆房集　東斎随筆』大島貴子・藤原澄子・松尾葦江・久保田淳校注（中世の文学。三弥井書店。平成八年）
『榻鴫暁筆』市古貞次校注（中世の文学。三弥井書店、平成四年）

『日本書紀』（五冊）坂本太郎・家永三郎・井上光貞・大野晋校注（岩波文庫30—120—1～5。岩波書店。一九九四～五年）
『平家物語』（三冊）水原一校注（新潮日本古典集成。新潮社。昭和62年～63年）
『本朝語園　上・下』倉島節尚解説（古典文庫445 446。古典文庫。昭和58年）
『本朝神社考　神社考詳節』林羅山撰（続日本古典全集。現代思潮社。昭和55年）
『本朝美人鑑』倉島節尚編（古典文庫466。古典文庫。昭和60年）
『本朝列仙伝』塚田晃信解説（古典文庫341。古典文庫。昭和50年）
『倭論語の研究』勝部真長著（至文堂。昭和45年）

＊　＊　＊　＊

『続日本紀』『三代実録』『日本紀略』『扶桑略記』『帝王編年記』『元亨釈書』『吾妻鏡』『尊卑分脈』『公卿補任』『水鏡』『釈日本紀』……以上などは新訂増補国史大系（吉川弘文館）に依りました。

『本朝蒙求』標題索引

＊人名と故事内容の双方から検索できるよう配慮し作成した。例えば、「入鹿姦邪」（人名）と「姦邪」（故事内容）の見出しがあることになる。猶、人名はあくまで標題としてのものであり、姓名として検索する場合は、別途に作成してある「人名索引」を利用されたい。「㊤126」とあれば、上巻の126番めの標題であることを示す。

＊配列は頭字音読み五十音順。同音は画数順とし、同字は一処に集めるよう配慮した。

【ア】

阿新喜蛾　㊦54
阿礼口授　㊦42
啞態（伏翁）　㊦21
愛温（菅相）　㊥82
愛犬（高時）　㊦53
安世水車　㊤73
安仲留唐　㊥89

【イ】

以言陵王　㊤120
伊周射帝　㊤75
夷曲（下照）　㊤43
衣通徹晃　㊤70
為基雄壮　㊥134
為憲入嚢　㊥6
為頼死内　㊥48
惟康倒載　㊥44
惟高地蔵　㊦17
惟（維）盛楊（桜）梅　㊦64
意美賜大　㊥87
葦牙（常立）　㊤1
葦船（蛭児）　㊥12
一拳（檀林）　㊤86
逸群（有章）　㊥108
逸勢善隷　㊦123
允恭定姓　㊤65
引手（手力力雄）　㊥73
胤長殺蛇　㊤40
殷声（保胤）　㊥107
婬佚（師直）　㊦82
陰徳（親元）　㊥63
隠壺（高国）　㊥94
隠墓（玉田）　㊥131

【ウ】

芸亭（宅嗣）　㊦16

【エ】

永愷玄玄　㊤88
永福四悲　㊦94
詠燈（庶幾）　㊦73
悦理（泰時）　㊤8
越屋（鷲住）　㊦76

延喜爵鷺 ㊥28
塩土投櫛 ㊥114
猿田鼻長 ㊥2
厭像(勝海) ㊤51

【オ】

応神肉高 ㊥1
押坂喫芝 ㊦90
桜町(成範) ㊦15
桜梅(惟〈維〉盛) ㊦64
乙女節舞 ㊤10
音楽(貞敏) ㊥61
温良(師輔) ㊤80

【カ】

下照夷曲 ㊤43
化蟹(島村) ㊥95
化蝶(佐国) ㊥39
化龍(豊玉) ㊥77
火国(景行) ㊤17
火進責鉤 ㊤106
火折乗鰐 ㊤3
加賀伏柴 ㊥25
花宴(嵯峨) ㊥54
花山動星 ㊥9
河勝舞曲 ㊥35
河辺霹靂 ㊦116
香蚊殉死 ㊦23
歌仙(山柿) ㊥14
裹草(彦瀲) ㊤130
蝦夷八佾 ㊦84
画工(巨勢) ㊥34
賀安天文 ㊥127
雅通提婆 ㊦50
介士(匡衡) ㊤6
悔歌(長能) ㊦56
開地(元明) ㊤90
開別本丸 ㊥68
開耶国色 ㊥124
解疑(基氏) ㊤93
壊碑(師泰) ㊦92
刈麦(高家) ㊦89
革鎧(石雄) ㊥42
格式(冬嗣) ㊥122
隔離(月読) ㊤45
学庸(頼業) ㊦19
額田献氷 ㊤124
割胎(武烈) ㊦62
月→ゲツ
姦邪(入鹿) ㊤38
桓武平安 ㊥72
菅江合符 ㊤99
菅祝折桂 ㊦70
菅相愛温 ㊥82
涵身(武衡) ㊤15
間守叫哭 ㊦85
感恩(仲太) ㊥88
感世観音 ㊦18
綰茅(蘇民) ㊤129
勧農(継体) ㊦3
還城(重盛) ㊦8
観音(感世) ㊦18
元→ゲン
含刃(兼平) ㊥75

【キ】

希世死雷 ㊦60
季仲黒帥 ㊥129
季方坐甲 ㊦97
祈雨(皇極) ㊤12
祈聖(仁山) ㊥103
奇遇(裴菅) ㊥26
紀局(式部) ㊥37
軌範(今川) ㊦79
鬼窟(頼光) ㊦35
鬼仏(長君) ㊦5
起宇(持資) ㊤111
基久恨上 ㊥136
基氏解疑 ㊤93
基氏切鯉 ㊦111

飢餓（宗繁）　㊦115
喜蛾（阿新）　㊦54
喜山銀閣　㊤113
棄官（藤房）　㊥70
貴相（光孝）　㊦1
機織（呉漢）　㊥128
蟣蝨（暁月）　㊦113
技藝（源信）　㊦66
義経拝旗　㊥76
義持辞号　㊤91
義秀勇力　㊥126
義尚聴講　㊤7
義深匿櫝　㊦78
義成博渉　㊦103
義村争先　㊥135
義盛結党　㊦57
義仲朝日　㊥120
義勇（忠信）　㊦87
菊庭（兼季）　㊦11
吉備軍制　㊥117
喫芝（押坂）　㊦90
橘媛没海　㊤89
叫哭（間守）　㊦85
躬高弥猴　㊦108
廐戸八耳　㊤26
巨勢画工　㊥34
魚書（十市）　㊤115
魚鱗（忠光）　㊥21
匡衡介士　㊤6
匡房兵術　㊥118
狭穂積稲　㊤23
狭智（知）作盾　㊥113
恐鳥（田村）　㊤39
経信多藝　㊥79
行平網像　㊦34
暁月蟣蝨　㊦113
驍雄（顕家）　㊦104
曲水（顕宗）　㊥71
玉子口眼　㊥123
玉田隠墓　㊥131
今→コン
金庫二印　㊤47
金侍（時尚）　㊥58
金村追懐　㊤55
金堂（道長）　㊤114
錦冠（鎌子）　㊥66
擒戮（護良）　㊦80
吟句（滋藤）　㊥30
吟梅（源兆）　㊦69
吟門（秋津）　㊥84
銀閣（喜山）　㊤113

【ク】

久米染心　㊦22
供墓（直玉）　㊦95
倶誓（六子）　㊦72
訓幼（楠母）　㊦48
軍制（吉備）　㊥117

【ケ】

化→カ
兄媛省親　㊦125
刑名（長岡）　㊤79
形名失功　㊦98
恵尺出記　㊦51
景行火国　㊤17
傾覆（崇徳）　㊤71
継体勧農　㊦3
瓊杵代親　㊥98
藝院（三守）　㊦9
穴舟（竹沢）　㊥23
結松（有馬）　㊤135
結党（義盛）　㊦57
月読隔離　㊤45
建雷執戈　㊦52
県守斬虬　㊦27
兼季菊庭　㊦10
兼倶乱神　㊥104
兼好徒然　㊤67

兼直誦祓 ㊥5
兼平含刃 ㊥75
兼明蒐裘 ㊤110
兼良博厚 ㊦46
献橘(諸兄) ㊥116
献氷(額田) ㊤124
賢府(実資) ㊤53
鎌子錦冠 ㊥66
鎌足奉履 ㊤28
顕家戦功 →顕家驍雄
顕家驍雄 ㊦104
顕基慕月 ㊥24
顕宗曲水 ㊥71
元元(親房) ㊤87
元正把笏 ㊥20
元帥(道臣) ㊤50
元明開地 ㊤90
元良高響 ㊦40
玄玄(永愷) ㊤88
玄寿鬚髪 ㊦65
玄象(信明) ㊦38
彦瀲褁(裹)草 ㊤130
現燈(将門) ㊤128
源順博識 ㊥43
源信技藝 ㊦66
源兆吟梅 ㊦69
源融乗輦 ㊥69

【コ】

己貴訪児 ㊥97
罟児(津漁) ㊦29
五剋(忍坂) ㊦93
呉漢機織 ㊥128
護桜(滝守) ㊤102
護良擒戮 ㊦80
口眼(玉子) ㊥123
口授(阿礼) ㊦42
公経聚石 ㊥83
公宗作穽 ㊦77
公忠達香 ㊤118
公房白相 ㊥130
弘仁乏肉 ㊥109
広嗣赤鏡 ㊦122
広有射妖 ㊦28
光孝貴相 ㊦1
光将(重家) ㊥57
光仁政績 ㊦120
光明(敦末) ㊦2
光明浴僧 ㊤126
行→ギョウ
江萱書幣 ㊦68
孝徳名年 ㊥10
厚喪(長親) ㊤64
抗衡(頼長) ㊦45
恒明三弁 ㊦83
皇極祈雨 ㊤12
皇孫道別 ㊤44
虹光(栲幡) ㊤116
栲幡虹光 ㊤116
貢魚(国櫟) ㊦99
高家刈麦 ㊦89
高響(元良) ㊦40
高国隠壺 ㊥94
高子宝器 ㊥62
高市直言 ㊦39
高時愛犬 ㊦53
高徳題木 ㊦74
康頼流歌 ㊥29
糠戸造鏡 ㊤97
互譲(二皇) ㊦71
合符(萱江) ㊤99
国色(開耶) ㊥124
国櫟貢魚 ㊦99
黒丸至孝 ㊤63
黒主田夫 ㊤5
黒帥(季仲) ㊥129
今川軌範 ㊦79
金→キン
恨上(基久) ㊥136

式部紀局 ㊥37
失功(形名) ㊦98
失表(妹子) ㊤27
十→ジュウ
日神照徹 ㊤46
日雲(霊)新嘗 ㊤9
実基返中 ㊦112
実資賢府 ㊤53
実親施囚 ㊦106
実澄昨薄 ㊦117
実方尋松 ㊤101
舎利(親通) ㊦49
捨家(稲目) ㊦75
射蚣(秀郷) ㊥40
射雉(天稚) ㊤4
射帝(伊周) ㊤75
射鉄(盾人) ㊤33
蛇→ダ
釈奠(文武) ㊥50
爵鷺(延喜) ㊥28

手書(佐国) ㊦41
手力引手 ㊥73
主葬(土師) ㊥132
守屋焼仏 ㊥111
守宝(太田) ㊤132
酒君臂鷹 ㊤122
鬚髪(玄寿) ㊦65
入→ニュウ
秀郷射蚣 ㊥40
秀方坐甲→季方坐甲
宗憲朴実 ㊦88
宗高扇的 ㊦118
宗信蔽藻 ㊤136
宗盛煖廷 ㊦14
宗繁飢餓 ㊦115
秋津吟門 ㊥84
執戈(建雷) ㊦52
聚蛙(陽成) ㊤36
聚石(公経) ㊥83

聚鳥(思兼) ㊤121
蹴娘(範清) ㊥8
繡裳(師賢) ㊤74
鷲住越屋 ㊦76
十市魚書 ㊤115
十銭(青砥) ㊥16
重家光将 ㊥57
重雅針瓜 ㊤34
重衡牡丹 ㊦63
重盛還城 ㊦8
重能詐詔 ㊦55
従軍(巴女) ㊤133
宿儺二面 ㊤25
宿祢探湯 ㊤62
出記(恵尺) ㊦51
俊基詐(佯)謬 ㊦44
俊成採詠 ㊦124
春王匿袂 ㊤52
巡行(貞時) ㊥133
巡州(時頼) ㊤112

盾人射鉄 ㊤33
殉死(香蚊) ㊦23
殉亡(山辺) ㊤60
淳茂神妙 ㊥125
初詩(大友) ㊥59
書幣(江萱) ㊦68
庶幾詠燈 ㊦73
諸兄献橘 ㊥116
書廂(道風) ㊥4
助種蛇逃 ㊦7
小角騰空 ㊥105
小松燈籠 ㊥36
小町美艶 ㊤69
小督正言 ㊥86
正→セイ
生→セイ
肖柏三愛 ㊥46
昭子弟兄 ㊦6
将門現燈 ㊤128
称光魔法 ㊦119

称徳再帝（位）　㊤85
笑焼（良秀）　㊦32
勝海厭像　㊤51
焼仏（守屋）　㊥111
昭宣拝孔　㊥81
照徹（日神）　㊤46
誦祓（兼直）　㊥5
賞桜（履中）　㊥115
乗鰐（火折）　㊤3
乗輦（源融）　㊥69
常則団雪　㊥3
常磐中臣　㊥51
常立葦牙　㊤1
蒸羽（辰爾）　㊤16
譲位（菟道）　㊤92
弑君（馬子）　㊥112
辰爾蒸羽　㊤16
信義牧馬　㊦37
信明玄象　㊦38
信隆養雞　㊦109

津漁罟児　㊦29
振巾（佐用）　㊥100
振根木刀　㊥41
射妖（広有）　㊦28
真玉供墓
→直玉供墓
真根代死　㊦31
真鳥太子　㊤49
真貞猛能
→直貞猛熊
神傑（穂日）　㊤42
進雄跋雲　㊥106
新嘗（日霎）　㊤9
親元陰徳　㊥63
親通舎利　㊦49
親房元元　㊤87
人穴（忠常）　㊥119
仁妻覆舟　㊦67
仁山祈聖　㊥103
仁徳望煙　㊤82

神功討韓　㊤19
神璽（良基）　㊤32
神武畝傍　㊤18
神妙（淳茂）　㊥125
尋松（実方）　㊤101

【ス】

水車（安世）　㊤73
唾泣（磐長）　㊤107
推古通唐　㊤20
穂日神傑　㊤42
崇峻斬猪　㊤35
崇徳傾覆　㊤71
鄒孟（豊長）　㊦128

【セ】

正行療疵　㊥74
正言（小督）　㊥86
正成智謀　㊦81
生日（讃岐）　㊥55
生馬（駒）白帽　㊦121
西→サイ
成貞倭扁　㊦127
成範桜町　㊦15
成務置長　㊤66
政顕二恥　㊥45
政子尼将　㊦11
政績（光仁）　㊦120
政頼鷹養　㊦36
青砥十銭　㊥16
斉名弾箏　㊤98
省親（兄媛）　㊦125
清経入水　㊤30
清彦袍刀　㊥11
清行封事　㊥64
清紫才女　㊥13
清盛得鱸　㊥96
清寧白髪　㊥18
清和覧畊　㊦4
盛遠斬婦　㊥7

清明浴瀑 ㊤123
聖謚（大丘） ㊤54
石凝冶工 ㊤41
石見偸璽 ㊦91
石雄革鎧 ㊥42
赤眼（道鏡） ㊥17
赤鏡（広嗣） ㊦122
赤符（男依） ㊥92
釈→シャク
責鉤（火進） ㊤106
褁（裹）草（彦瀲） ㊤130
積穀（宣化） ㊤11
積稲（狭穂） ㊤23
切鯉（基氏） ㊦111
折桂（菅祝） ㊦70
設穽（公宗） ㊦77
節舞（乙女） ㊤10
絶嗣（有仁） ㊤56
千当（三成） ㊤58
占雲（天武） ㊤81

占卜（児屋） ㊥49
宣化積穀 ㊤11
染心（久米） ㊦22
扇的（宗高） ㊦118
戦功（顕家） ㊦104
戦慄（山田） ㊦86
羨擒（資朝） ㊦24
僭皇（良懐） ㊤76
善隷（逸勢） ㊦123
膳臣殺虎 ㊤14
蟬丸琵琴 ㊦20

【ソ】

鼠鶃（泰衡） ㊦114
蔬膳（貞観） ㊥67
蘇民綰茅 ㊤129
争先（義村） ㊥135
宗→シュウ
相撲（野見） ㊤21
草薙（武尊） ㊤2

造鏡（糠戸） ㊤97
造剣（天国） ㊤131
浴瀑（晴明） ㊤123
粟田麟徳 ㊤109
尊氏宝剣 ㊤31
尊治濫賞 ㊤72

【タ】

多藝（経信） ㊥79
蛇逃（助種） ㊦7
太子（真鳥） ㊤49
太田守宝 ㊤132
待宵（侍従） ㊦26
泰衡鼠鶃 ㊦114
泰時悦理 ㊤8
戴笠（在衡） ㊤127
大悪（雄略） ㊤37
大丘聖謚 ㊤54
大友初詩 ㊥59
代死（真根） ㊥31

代親（瓊杵） ㊥98
提→テイ
題木（高徳） ㊦74
醍醐薬署 ㊥53
宅嗣芸亭 ㊦16
択侍（明子） ㊥31
達経（輪子） ㊥99
達香（公忠） ㊤118
奪妃（築〈筑〉賊） ㊦47
奪粮（猪甘） ㊤24
探湯（宿祢） ㊤62
淡海律令 ㊥121
嘆絵（内侍） ㊤62
団雪（常則） ㊥3
男依赤符 ㊥92
断橋（頼政） ㊤29
弾箏（斉名） ㊤98
煖廷（宗盛） ㊦14
檀林一拳 ㊤86

【チ】

地蔵(惟高) ㊦17
智謀(正成) ㊦81
置長(成務) ㊤66
置目示骨 ㊤77
竹沢穴舟 ㊥23
築(筑)賊奪妃 ㊦47
中将辞聘 ㊦126
中臣(常磐) ㊥51
仲綱木下 ㊦13
仲子止禱 ㊤134
仲太感恩 ㊥88
忠光魚鱗 ㊥21
忠常人穴 ㊥119
忠信義勇 ㊦87
忠平三吏 ㊤96
偸璽(石見) ㊦91
猪甘奪粮 ㊤24
長君鬼仏 ㊦5
長岡刑名 ㊤79
長寿(浜主) ㊤119
長親(厚喪) ㊤64
長能悔(没)歌 ㊦56
長明方丈 ㊤68
重→ジュウ
鳥部動竹 ㊤117
朝日(義仲) ㊥120
朝長投冑 ㊦33
聴講(義尚) ㊤7
直幹得意 ㊥60
直玉供墓 ㊦95
直言(高市) ㊦39
直心(豊鍬) ㊥85
直貞猛熊 ㊦107

【ツ】

追遠(金村) ㊤55
通医(時雨) ㊤83
通憲埋土 ㊥93
通唐(推古) ㊤20

【テ】

弟兄(昭子) ㊦6
定姓(允恭) ㊤65
貞観蔬膳 ㊥67
貞子無妬 ㊥32
貞時巡行 ㊥133
貞敏音楽 ㊥61
提婆(雅通) ㊦50
擲池(采女) ㊦96
徹晃(衣通) ㊤70
天国造剣 ㊤131
天稚射雉 ㊤4
天長軟筋 ㊥110
天文(賀安) ㊥127
天武占雲 ㊤81
田村恐鳥 ㊤39
田夫(黒主) ㊤5
鈿女俳優 ㊤108

【ト】

吐飯(保食) ㊤105
徒然(兼好) ㊤67
菟裘(兼明) ㊤110
菟道譲位 ㊤92
土師主葬 ㊥132
冬嗣格式 ㊥122
投櫛(塩土) ㊥114
投冑(朝長) ㊦33
倒載(惟康) ㊥44
島村化蟹 ㊥95
討韓(神功) ㊤19
棟梁(武内) ㊤22
稲目捨家 ㊦75
燈籠(小松) ㊥36
藤房棄官 ㊥70
騰空(小角) ㊥105
同情(白野) ㊤100
動鬼(良香) ㊦105
動星(花山) ㊥9

動竹（鳥部）　㊤117
童形（坂額）　㊦12
道家稟禅　㊤84
道鏡赤眼　㊥17
道広立成　㊦43
道臣元帥　㊤50
道長金堂　㊤114
道別（皇孫）　㊤44
道風書廂　㊥4
匿櫝（義深）　㊦78
匿被（春王）　㊤52
得意（直幹）　㊥60
得亀（浦嶋）　㊥78
得鱸（清盛）　㊥96
敦光文篋　㊥91
敦末光明　㊦2

【ナ】
内丸紫服　㊥65
内侍嘆絵　㊤61

南北（二帝）　㊦101
軟筋（天長）　㊥110
楠母訓幼　㊦48

【ニ】
二→ジ
尼将（政子）　㊦11
肉高（応神）　㊤1
日→ジッ
入鹿姦邪　㊤38
入水（清経）　㊤30
入嚢（為憲）　㊥6
仁→ジン
忍坂五剋　㊦93

【ノ】
濃民腰瓢　㊦30

【ハ】
巴女従軍　㊤133

把笏（元正）　㊥20
琶琴（蟬丸）　㊦20
馬骨（山背）　㊥22
馬子弑君　㊥112
拝旗（義経）　㊥76
拝鳩（木曾）　㊦110
拝孔（昭宣）　㊥81
俳優（鈿女）　㊤108
裴菅奇遇　㊥26
売輪抱屍　㊤59
白河北面　㊥52
白帽（生馬）　㊦121
白相（公房）　㊥130
白髪（清寧）　㊥18
白野同情　㊤100
博雅三曲　㊥15
博厚（兼良）　㊦46
博識（源順）　㊥43
博渉（義成）　㊦103
八佾（蝦夷）　㊦84

八耳（廐戸）　㊤26
跋雲（進雄）　㊥106
范藤自合　㊥25
範清蹴娘　㊥8
坂額童形　㊦12
磐長唾泣　㊤107

【ヒ】
臂鷹（酒君）　㊤122
弥猴（躬高）　㊦108
眉輪刺皇　㊦61
美艶（小町）　㊤69
美材墨妙　㊥33
鼻長（猿田）　㊥2
百川不睡　㊤94
浜主長寿　㊤119

【フ】
不尽祭虫　㊦100
不睡（百川）　㊤94

武衡涵身　㊤15
武尊草薙　㊤2
武内棟梁　㊤22
武烈割胎　㊦62
舞曲（河勝）　㊥35
封事（清行）　㊥64
伏翁啞態　㊦21
伏柴（加賀）　㊦25
覆舟（仁妻）　㊦67
分財（北条）　㊦58
文篋（敦光）　㊥91
文時老詩　㊥80
文武釈奠　㊥50

【ヘ】
平安（桓武）　㊥72
兵術（匡房）　㊥118
蔽藻（宗信）　㊤136
霹靂（河辺）　㊦116
返牛（実基）　㊦112

【ホ】
保胤殷声　㊥107
保食吐飯　㊤105
浦（蒲）見慢天　㊦59
浦嶋得亀　㊥78
畝傍（神武）　㊤18
輔佐（頼之）　㊥101
牡丹（重衡）　㊦63
慕月（顕基）　㊥24
方丈（長明）　㊤68
抱屍（売輪）　㊤59
宝器（高子）　㊥62
宝剣（尊氏）　㊤31
奉履（鎌足）　㊤28
袍刀（清彦）　㊥11
訪児（己貴）　㊥97
報讎（祐成）　㊥47
豊玉化龍　㊥77
豊鍬直心　㊥85
豊長鄒孟　㊦128
乏肉（弘仁）　㊥109
房平二戦　㊤57
望煙（仁徳）　㊤82
北条分財　㊦58
北面（白河）　㊥52
木下（仲綱）　㊦13
木丸（開別）　㊥68
木曽拝鳩　㊦110
木刀（振根）　㊥41
朴実（宗憲）　㊦88
牧馬（信義）　㊦37
墨妙（美材）　㊥33
没歌（長能）　㊦56
没海（橘媛）　㊤89

【マ】
魔法（称光）　㊦119
妹子失表　㊤27
埋土（通憲）　㊥93
慢天（浦〈蒲〉見）　㊦59

【ミ】
名・明──→メイ

【ム】
無妬（貞子）　㊥32

【メ】
名年（孝徳）　㊥10
明子択侍　㊥31
鳴簗（茂光）　㊤103

【モ】
茂光鳴簗　㊤103
猛熊（直貞）　㊦107
網像（行平）　㊦34
問鵠（誉津）　㊥27

【ヤ】
冶工（石凝）　㊤41
野見相撲　㊤21

『本朝蒙求』人名索引

＊頭字の訓読み（天皇名や中国人名など一部は音読）の五十音順で原則排列。同音は画数順、同一漢字は同じ位置にまとめた。「㊥127」は「中巻127番」を意味する。猶、神名も人名扱いで収載している。

【あ】

あ

安　安倍倉橋麻呂　㊥127
安倍仲麻呂　㊥89
安倍晴明　㊤34 123 ㊥9 127
安倍船守　㊥87
安倍益材　㊤123 ㊥127

吾　吾勝勝速日天忍穂耳尊　㊥97
（→天忍穂耳命）

阿　阿新　㊦54
（→藤原国光、くまわか〈阿新〉）
阿曾　㊥17 90
（→習宜阿曾麻呂）
阿直岐　㊤92
阿知使主　㊥129
阿登麻　㊥7
阿閉国見　㊤116

あお

青　青砥藤綱　㊥16

あか

赤　赤染衛門　㊦68
赤染時望　㊦68
赤松則祐　㊤52
赤松政則　㊦91
赤松満祐　㊦91
赤松義雄　㊦91

あき

章　章兼（→中原章兼）　㊦112

顕　顕仁親王（→崇徳帝）　㊤71

あく

悪　悪路王　㊤39

あさ

浅　浅原為頼　㊥48
浅利義遠　㊦12

朝　朝日将軍（→木曾義仲）　㊥120
朝夷名義秀　㊥126 135

あし

足
足利貞氏 ㊤31
足利尊氏 ㊤31 93 95 113 ㊥101 103 ㊦55 80 82 101
足利直義 ㊦55 80
足利基氏 ㊤93
足利義詮 ㊤52 93 95 ㊥101 ㊦78 79 104
足利義勝 ㊤113
足利義教 ㊤113 ㊦91
足利義尚 ㊤7 113
足利義政（義成） ㊤7 113 ㊦102
足利義満 ㊤52 91 ㊥101
足利義持 ㊤91
蘆
蘆髪浦（蒲）見別王 ㊦59

あじ
味
味耜高彦根神 ㊤43

あすか
飛鳥
飛鳥部常則 ㊥3

あつ
敦
敦実親王 ㊥13 79

あと
跡
跡見赤檮 ㊥112

あな
穴
穴織 ㊥128
穴穂天皇 ㊤59
穴穂辺皇子 ㊥112
穴穂部間人（→聖徳太子） ㊤26

あま・あめ
天
天糠戸 ㊤97
天鈿女命 ㊤108 ㊥2 73
天忍穂耳命 ㊤42 ㊥49 97
天国玉 ㊤4
天熊人 ㊤105
天児屋根命 ㊤97 121 ㊥49 51
天足彦押国人命 ㊤69 100
天津彦彦火瓊瓊杵尊 ㊥98
（→瓊瓊杵尊）
天照大神（大日孁女貴・日神・天照神璽） ㊤9 41 42 45 46 97 105 121 132 ㊥2 38 73 97 106 ㊦52
天日槍 ㊥11
天穂日命 ㊤42 ㊥82
天稚彦 ㊤4 43

あま
尼
尼将軍（→北条政子） ㊦11
海
海犬養勝麻呂 ㊤38

あみ
網
網引金村 ㊤55

あら
荒
荒河戸畔 ㊥85

あり
有
有仁親王 ㊤56
有間皇子 ㊤135
有井某 ㊦47

あわ
粟
粟田真人 ㊤109

あん
安
安閑帝 ㊤11
安康帝 ㊤37 59 ㊦23 60

安徳帝　㊤30

【い】

い
五　五百野姫　㊥38
生　生駒仙　㊦121
伊　伊賀采女宅子　㊥59
伊賀皇子(→大友皇子)　㊥59
伊企儺　㊥100
(→調吉士《つきのきし》伊企儺)
伊弉諾尊　㊤45 46 ㊥12 106
伊弉冉尊　㊤46 ㊥12 106
伊勢阿部堅経　㊥22
伊東祐親　㊥47
壱　壱伎真根子　㊦31
猪　猪甘老人　㊤24
いい
飯　飯豊皇女　㊦71
いお
廬　廬城部枳莒喩　㊤116
廬城部武彦　㊤116
いかつ
雷　雷大臣命(中臣烏賊津連)　㊥51
いく
生　生馬(駒)仙　㊦121
いくは
的　的戸田宿祢　㊤33
いさ
去来　去来穂別天皇　㊥71
(→履中天皇)
いし・いそ
石　石凝姥　㊤41
石田為久　㊥75
石上宅嗣　㊦16
いずみ
泉　泉小次郎親平　㊥126 ㊦57
和泉　和泉式部　㊤78
いずも
出雲　出雲飯入根　㊥41
出雲振根　㊥41
いち
一　一条兼良　㊦46
一条経嗣　㊦46
一条教房　㊦46
一条冬良　㊦46
一条帝　㊤98 101 114 120 ㊥13 127 ㊦68
一条長成(→藤原長成)　㊥76
市　市允茂光　㊤103
市辺押磐皇子　㊤59 ㊥71 ㊦71
いな
稲　稲日太郎姫　㊤2
いぬ
犬　犬上御田鍬　㊤20
いの
井　井上内親王(皇后)　㊤94
いま
今　今井四郎兼平　㊥75 120
今川貞世(→今川了俊)　㊦79
今川仲秋　㊦79

今川了俊 ㊦79
今出河兼季 ㊦10
今出川公顕 ㊦47
(→藤原公顕)

いわ

石 石見某(石見太郎左衛門) ㊦91
磐 磐長姫 ㊤107 ㊥124
磐之姫 ㊥115
磐余彦(→神武帝) ㊤18

いん

允 允恭帝 ㊤65 70 ㊥71 131 ㊦93

【う】

う

宇 宇治宮成 ㊦18
宇多天皇 ㊥13 34 69 79 82 125
有 有智子内親王 ㊥56
菟 菟道貝鮹皇女 ㊥22
(→貝鮹皇女)
菟道稚郎子(菟道太子) ㊤92
菟田諸石 ㊥22

うえ

上 上杉顕定 ㊤111
上杉定正 ㊤111
上杉重能 ㊦55

うがや

鸕鷀草葺不合尊 ㊤18 130

うけもち

保食神 ㊤45 105

うし

牛 牛若(→源義経) ㊥76

うね

采 采女 ㊦96

うま

甘 甘美内宿祢 ㊤61 ㊦31

うまや

厩 厩戸皇子(→聖徳太子) ㊤26 117

うら

卜 卜部兼顕 ㊤67
卜部兼貞 ㊥5
卜部兼茂 ㊥5
卜部兼倶 ㊤7 ㊥104
卜部兼直 ㊥5
卜部兼延 ㊥104
卜部兼好 ㊤67
浦 浦嶋子(→水江浦嶋子) ㊥78
浦見別王 ㊦59
(→蘆髪浦見別王、蒲見別王)

【え】

え

兄 兄媛(応神妃) ㊦125
兄媛(呉の工女) ㊥128

えい

永 永泰院(→細川頼之) ㊥101
永福門院(→藤原瑛子) ㊦94

えん

円 円位(→西行) ㊥8

円空　㊦111
円爾（弁円）　㊤84 ㊦65
円融帝　㊤99 110 120 127 ㊥60 79 107 127 ㊦41
延　延喜帝（→醍醐帝）　㊥15 28
役　役小角　㊥105
塩　塩冶高貞　㊥70
塩冶高貞妻　㊦82
遠　遠藤持遠　㊥7
遠藤盛遠（→文覚）　㊥7

【お】

お
小　小倉実澄（→源実澄）　㊦117
小倉宮皇子　㊤110
（→兼明親王）
小槻雅久　㊤7
小野妹子　㊤27
小野石雄　㊥42
小野清和（清如）　㊤36
小野葛絃　㊤100 ㊥4
小野小町　㊤69
小野篁　㊤100 ㊥37
小野道風　㊥4 60 ㊦41
小野岑守　㊥4
小野美材　㊥33
小野良実　㊤69
小山田高家　㊦89
小墾田采女　㊥131
弘　弘計天皇（→顕宗天皇）　㊥71
尾　尾張吾襲　㊥131
尾張浜主　㊤119
男　男大迹（→継体帝）　㊦3
緒　緒方維（惟）義　㊤30
隠　隠岐広有　㊦28
億　億計皇子　㊦71
おう
王　王維　㊥89
王辰爾　㊤16
王父雉（文矩）　㊦1
応　応神帝　㊤19 22 61 92 124 ㊥1 72 128 ㊦31 99 125
横　横川景三　㊤111
おうみ
淡　淡海公（→藤原不比等）　㊥61
おお
大　大海宿祢　㊥85
大炊王　㊤85
大碓皇子　㊤2
大内義隆　㊥32
大江朝綱　㊤99 ㊥60 ㊦73
大江音人　㊤6
大江維時　㊤6 ㊥60 118
大江重光　㊤6
大江佐国　㊥39
大江挙周　㊦68
大江千古　㊤6
大江親通　㊦49
大江匡衡　㊤6 ㊦68
大江匡房　㊤120 ㊥118

大江雅致　㊤78
大江以言　㊤120
大鹿島命　㊤132
大草香皇子　㊤37　㊦23　61
大鷦鷯（→仁徳帝）　㊤82　92
大田道灌　㊤111
大田道真　㊤111
大田持資　㊤111
大田皇女　㊥59
大田命　㊤132
大足彦（→景行帝）　㊤17
大津皇子　㊤60　㊥59　㊦72
大迹誉田天皇　㊦3
（→継体天皇）
大友皇子　㊤10　81　115　㊥59　92
大伴弟麻呂　㊤39
大伴潔足　㊦120
大伴黒主　㊤5
大伴狭手彦　㊥100
大伴日臣命　㊤5
大伴嬪小手子　㊤35
大己貴神（大国主神）　㊥97
大野東人　㊦122
大葉子（調吉士伊企儺妻）　㊥100
大日孁女貴　㊤9
（→天照大神）
大彦命　㊤54
大生部多　㊦100
大物主神　㊥113
大山祇神　㊤107　㊥124
大倭姫命　㊤132
大幡神　㊤132

おき

気　気長足姫尊　㊥1
（→神功皇后）
気長宿祢王　㊤19

おさ

他　他戸親王　㊤94
長　長君（→藤原晴良妻）　㊦5

おさ・おし

忍　忍壁皇子　㊦72
忍坂大中姫命　㊤70　㊦93
押　押磐皇子　㊤59　㊥71　㊦71
（→市辺押磐皇子）
押坂直　㊦90
押坂部史毛屎　㊤51

おじ

舅　舅子（→調吉士《つきのきし》舅子）　㊦100

おと

弟　弟媛（工女）　㊥128

おもい

思　思兼神　㊤41　121　㊥73　97

おん

御　御田八郎師重　㊤133
温　温庭筠　㊥82

【か】

か

加　加賀（待賢門院加賀）　㊦25
花　花山帝　㊤75　120　123　㊥9　128

賀
賀茂具曠　㊤123
賀茂光栄　㊥127
賀茂基久　㊥136
賀茂保憲　㊤123　㊥127
賀陽良藤　㊤13

かい
貝
貝鮹(皇女)　㊥22
開
開化天皇　㊤19

かがみ
鏡
鏡王　㊤115

かき
柿
柿本人麻呂　㊥14

かく
覚
覚恵(→一条兼良)　㊦46
覚明　㊦43　110

かげ
影
影姫　㊤22

かさ
笠
笠県守　㊦27

かじ
梶
梶原景時　㊥21

かしわで
膳
膳臣大丘　㊤54
膳臣巴提使(便)　㊤14

かず
量
量仁親王(→光厳帝)　㊥136

かすが
春日
春日皇子　㊤117
春日部三関　㊥117

かずさ
上総
上総五郎兵衛　㊥21
(→藤原忠光)

かつ
克
克明親王　㊥15

かつら
葛
葛城王(→橘諸兄)　㊥116
葛城韓媛　㊥18
葛城襲津彦　㊥131
葛城連網田　㊤38

かね
金
金子某(山城判官)　㊥135
金田時光　㊤104
兼
兼明親王　㊤110
懐
懐良親王　㊤76

かま
蒲
蒲見別王　㊦59
(→蘆髪蒲見別王)
鎌
鎌倉景政　㊦97

かみ
上
上毛野君形名　㊦98
上毛野八綱田　㊤23
神
神野親王　㊤126　㊥54
(→嵯峨天皇)

かめ
亀
亀山帝　㊤62　㊦83

かも
鴨
鴨長明　㊤68

から
韓
韓帒　㊤59

かる

軽　軽皇子（珂瑠王）　㊤38　㊥50

かわ

河　河島皇子　㊦72

河津祐泰　㊥47

河辺臣瓊缶　㊥100

河辺臣某　㊦116

かん

桓　桓武帝（山部親王）　㊤39　94　128　㊥65　72　㊦107　123

菅　菅丞相→菅原道真

感　感世　㊦18

【き】

き

木　木曾義仲　㊤133　㊥75　120　㊦43　110

吉　吉備真備　㊥87　117　127

希　希世霊彦（→村菴霊彦）　㊤111

鬼　鬼一（→法眼鬼一）　㊥76

喜　喜山（→足利義政）　㊤113

義　義堂周信　㊦128

きく

菊　菊池武政　㊤76

きた

北　北畠親房　㊦104

きの

紀　紀今守　㊦4

紀男麻呂　㊥100

紀古佐美　㊥72

紀斉名　㊤98　120

紀貫之　㊤5

紀躬高　㊦108

紀光清　㊦26

紀淑望　㊥14

きよ

清　清原顕長（→清原頼業）　㊦19

清原家衡　㊤15　㊦97

清原滋藤　㊥30

清原助種　㊦7

清原祐隆　㊦19

清原武則　㊤15

清原武衡　㊤15　㊦97

清原教隆　㊤8

清原深養父　㊥13

清原元輔　㊥13

清原泰光　㊥13

清原頼業　㊦19

きょう

京　京極為兼　㊦24

ぎょう

行　行基　㊦21

暁　暁月　㊦113

きん

欽　欽明帝　㊤14　20　35　㊥35　51　100　㊦75

【く】

く

九　九条頼嗣　㊤112

久　久我内府某（→源通基）　㊥133

久米仙人　㊦22

久礼志 ㊥128
久礼波 ㊥128
工 工藤祐隆 ㊥47
公 公暁 ㊦69
弘 弘計(→顕宗天皇) ㊥71

くう
空 空海 ㊤69

くえ
蹶 蹶速(→当麻蹶速) ㊤21

くさ
草 草壁王(皇子) ㊤90 ㊥50 ㊦72
草壁連醜経 ㊥10

くず
葛 葛原皇子 ㊤128

くすの
楠 楠木氏 ㊦74
楠木正勝 ㊤95
楠木正季 ㊦46
楠木正成 ㊥74 ㊦81
楠木正儀 ㊤52
楠木正行 ㊥74 ㊦46

くだら
百済 百済王 ㊦75
百済福信 ㊥68

くに
国 国樔人(吉野川上流の住民) ㊦99
国常立命 ㊤1

くま
阿 阿新(→藤原国光) ㊦54
熊 熊谷直貞(→平直貞) ㊦107
熊谷直実(→平直実) ㊦107

くり
栗 栗隈王 ㊥116

くるま
車 車持皇子 ㊥121

くれは
呉 呉織(工女) ㊥128

くろ
黒 黒田大連 ㊥51
(→中臣黒田大連)

くろうど
蔵人 蔵人道広 ㊦43
(→覚明・信救)

【け】

げ
解 解脱上人 ㊥93

けい
恵 恵性 ㊦77
景 景行帝 ㊤2 17 22 66
継 継体帝 ㊤11 ㊥72 ㊦3

けん
顕 顕宗帝 ㊤24 77 ㊥71 ㊦71

げん
元 元稹 ㊤98
元正帝 ㊥20 89 121 127 ㊦30
元明帝 ㊤90 ㊥20 72 121
玄 玄寿 ㊦65
玄宗 ㊥89

彦　彦龍禅師　㊦117
厳　厳久　㊥9

【こ】

こ
小　小一条→藤原忠平
小碓皇子　㊤2
小督局　㊥86
小侍従（待宵侍従）　㊦26
小島三郎（→三宅高徳）　㊦74
小松大臣　㊦64
小松天皇（→光孝帝）　㊦1
久　久我内府某（→源通基）　㊥133
弘　弘徽殿妃（太政大臣為光女）　㊥9
弘計（→顕宗天皇）　㊥71
弘仁帝（→嵯峨帝）　㊥109　㊦123
巨　巨勢金岡　㊥34
巨勢公忠　㊥60
巨勢相覧　㊥34
巨勢徳太臣　㊤58　㊥22
巨旦　㊤129
児　児島高徳（→三宅高徳）　㊦74
虎　虎関師錬　㊥25

ご
五　五大院宗繁　㊦115
五郎丸（小舎人童）　㊥47
呉　呉王　㊥128
後　後一条帝　㊥14　24　㊦56
後宇多帝　㊤67　㊥133　136
後円融帝　㊤95　134
後柏原帝　㊥46　94　104
後亀山帝　㊤64
後小松帝　㊤91　㊦103　119
後光厳帝　㊤31　52　76　95　㊦79　128
後嵯峨帝　㊥83　99
後三条帝　㊥52
後昭光院関白→鷹司房平
後白河帝　㊤56　71　㊥76　93　120
後醍醐帝　㊤72　87　㊥70　136　㊦10　24　28　44　47　54　74　80　81　101　104
後土御門帝　㊤113　㊦46
後鳥羽帝　㊤30　㊥21　52　120　㊦19　124
後奈良帝　㊥94
後花園帝　㊤113　㊥70　㊦46
後伏見帝　㊥136　㊦94　101
後堀河帝　㊥83　㊦111
後村上帝　㊤64　87　㊦101

こう
句　句践　㊦74

こう
弘　弘仁帝（→嵯峨帝）　㊥109　㊦123
光　光孝帝　㊤118　㊥6　81　㊦1
光厳帝（量仁親王）　㊥136
光仁帝　㊤63　94　㊥72　117　127　㊦16　95　119
光明皇后　㊤85　126
光明帝　㊦101
江　江式部（→和泉式部）　㊤78

江西(竜派)　㊥46
孝
孝謙帝(→称徳帝)　㊤85　㊥17 90 116 117 121 127
孝元帝　㊤54 98
孝昭帝　㊤69 100
孝徳帝　㊤135　㊥10 66 72
孝霊帝　㊥127
河
河津祐泰　㊥47
皇
皇極帝　㊤12 28 38　㊥10 22　㊦51 84 86 90 100
高
高師泰　㊦82 92
高師直　㊦55 82 92 104
高内侍　㊥62
高野天皇　㊥90
(→孝謙帝・称徳帝)
高野夫人(新笠)　㊤94　㊥72
こく
黒
黒師(→藤原季仲)　㊥129
こと
事
事代主神　㊥97
この
木
木花開耶姫　㊤106 107　㊥124
近
近衛帝　㊤71　㊦45 106
これ
惟
惟康大王　㊥44
惟高(→玉祖惟高)　㊦17

【さ】

さ
佐
佐伯部売輪(仲子)　㊤59
佐伯連子麻呂　㊤38　㊦86
佐佐木盛綱　㊦12
佐佐木六角高頼　㊤7
佐藤忠信　㊦87
佐藤継信　㊦87
佐藤範(憲)清　㊥8
佐藤康清　㊥8
佐用姫　㊥100
狭
狭穂彦王　㊤23
狭穂姫　㊤23　㊥27
嵯
嵯峨帝(弘仁帝)　㊤39 100 126　㊥42 43 54 56 61 65 69 109 122　㊦66 123
さい
西
西園寺公経　㊥83
西園寺公宗　㊦77
西園寺実氏　㊥83
西行　㊥8
斉
斉明帝　㊤135　㊥68 72
さか
坂
坂上苅田麻呂　㊤39
坂上瀧守　㊤102
坂上田村麻呂　㊤39
坂額(→板《ばん》(坂)額)　㊦12
酒
酒人内親王　㊤94
酒君　㊤122
さかい
境
境部薬　㊥92
さき
前
前中書王→兼《かね》明親王

さくら
桜　桜町中納言（→藤原成範）　㊦15
さだ
貞　貞純親王（桃園親王）　㊥119
　　貞仁親王（→白河帝）　㊥52
さぬき
讃岐　讃岐（→二条院讃岐）　㊥55
さね
実　実仁親王（→称光帝）　㊦119
さる
猿　猿田彦神　㊤132　㊥2
　　猿丸大夫　㊤5
　　猿女君　㊤108
さん
三　三条吉次信高　㊥76
　　三条実量　㊦91
　　三条帝　㊦35　56

【し】

し
四　四条帝　㊤84　㊦111
施　施基（芝基・志貴）王子　㊤94　㊦72　120
じ
持　持統帝　㊤60　90　㊥14　19　72　㊦39
慈　慈光　㊤123
　　慈照院　㊤113
しお
塩　塩土翁　㊤3　㊥114
しげ
重　重仁親王　㊤71
　　重雅（→丹波重雅か）　㊤34
した
下　下照姫　㊤4　43
しま
島　島村某　㊥95
しも
下　下野敦末　㊦2
　　下道真備（→吉備真備）　㊥117　127
しゅう
宗　宗弼授翁（→藤原藤房）　㊥70
周　周武王　㊥96
しゅく
粛　粛宗（唐）　㊥89
しゅん
俊　俊寛　㊥29
じゅん
淳　淳和帝　㊤73　㊥61　110　122
順　順徳帝　㊤68　㊥52　83　126　㊦11　57　103　111
しょ
諸　諸葛（孔明）　㊥117
じょ
徐　徐嶷（凝）　㊥89
しょう
舒　舒明帝　㊤10　12　28　㊥68　㊦98

肖 肖柏 ㊥46
性 性空 ㊥88
昭 昭宣公→藤原基経
称 称光帝 ㊦119
称徳帝 ㊤55 85 94 ㊥87 90
聖 聖徳太子(厩戸皇子・上宮皇子) ㊤26 27 58 117 ㊥22 112
聖武帝 ㊤85 126 ㊥14 89 116 117 ㊦122
蕭 蕭庵周統 ㊤111

じょう
上 上宮皇子 ㊤58 ㊥112
(→聖徳太子)
上東皇后 ㊤78 ㊥13
(→藤原彰子)
貞 貞観帝(→清和帝) ㊥67
城 城資盛 ㊦12
浄 浄蔵 ㊤128
常 常菴龍崇 ㊥46
常徳院 ㊤7

しら
白 白髪宰相(→藤原公房) ㊥130
白髪天皇(→清寧帝) ㊥18
白壁王(→光仁帝) ㊤94 ㊦120

しん
信 信救 ㊦43
信西 ㊥93 ㊦15 45
(→藤原通憲)
真 真雅宗睿 ㊥67
秦 秦始皇帝 ㊥35

じん
神 神功皇后 ㊤19 22 ㊥72 ㊦110
神息 ㊤131
神武帝 ㊤18 50 ㊥72 85

【す】

す
朱 朱雀帝 ㊤127 ㊥40
素 素戔嗚尊(進雄尊) ㊤9 41 42 97 129 ㊥106
崇 崇賢皇后(→藤原仲子) ㊤134
崇峻帝 ㊤35 117 ㊥112
崇神帝 ㊥85
崇徳帝 ㊤71 ㊥8 41 ㊦45 124
習 習宜阿曾麻呂 ㊥17 90
須 須賀某 ㊦55

すい
垂 垂仁帝 ㊤17 21 23 83 132 ㊥11 27 132 ㊦85
推 推古帝 ㊤20 26 27 ㊥35 ㊦29 116

ずい
隋 隋煬帝→煬《よう》帝

すが
菅 菅原淳茂 ㊥26 125
菅原在登 ㊥92
菅原是善 ㊤48 ㊥82
菅原高視 ㊤99
菅原豊長 ㊦128
菅原文時 ㊤6 99 ㊥60 80 108
菅原雅規 ㊤99

菅原道真(菅丞相) ㊥26 34 82 125 ㊦46 70 105
菅原庶幾 ㊦73

すく

宿 宿儺 ㊤25

すけ

輔 輔仁大王(親王) ㊤56

すずし

鐸石 鐸石別命 ㊥90

【せ】

せい

成 成務帝 ㊤22 65
性 性空 ㊥88
清 清少納言(清女) ㊥13
清慎公→藤原実頼
清寧帝 ㊥18 ㊦71
清和帝 ㊤36 ㊥31 67 119 ㊦4 66 117

せみ

蟬 蟬丸(蟬麻呂) ㊥15 ㊦20

せん

千 千寿(源頼家子) ㊥126 ㊦57 63
宣 宣化帝 ㊤11 ㊥72 100

【そ】

そ

衣 衣通(郎)女 ㊤70
曾 曾我祐成 ㊥47
曾我祐信 ㊥47
曾我時宗 ㊥47
蘇 蘇我赤兄 ㊤81 135 ㊥66
蘇我稲目 ㊤35 ㊥112 ㊦75
蘇我入鹿 ㊤28 38 58 ㊥22 ㊦86
蘇我馬子 ㊤35 51 117 ㊥111 112
蘇我蝦夷 ㊤38 ㊦51 84 86
蘇我鞍作(→蘇我入鹿) ㊦86
蘇我倉山田麻呂 ㊦86
蘇賀(我)果安 ㊤81
蘇賀(我)安麻呂 ㊤81
蘇民 ㊤129

そう

宗 宗鑒(→北条高時) ㊦53
宗祇 ㊥46
相 相馬小次郎(→平将門) ㊤128

そく

則 則天武后 ㊤109

そめ

染 染殿后 ㊥31 ㊦4
(→藤原明子)

そん

村 村菴霊彦(→希世霊彦) ㊤111
孫 孫子 ㊥117
尊 尊雲(→護良親王) ㊦80

【た】

た

手 手力雄神 ㊤121 ㊥73
田 田道間守 ㊦85
田目連 ㊥22

多
多治比県守　㊥89 127
多治比池守　㊤126
多田満仲　㊦35

たい
当
当麻蹶速　㊤21
待
待賢門院　㊦25
待賢門院加賀　㊦25

だい
大
大医重雅（→丹波重雅）㊤34
大弐三位　㊥13
醍
醍醐帝　㊤80 110 127 ㊥4 15 28 53 64 82 125 ㊦60

たいら
平
平朝時　㊤8
平清経　㊤30
平清盛　㊤29 71 136 ㊥29 36 76 93 96 ㊦8 43 63
平国香　㊤128 ㊥40
平維盛　㊦64
平貞顕　㊤47
平貞時（→北条貞時）㊥133
平貞盛　㊤128 ㊥40
平実親　㊦106
平重時　㊤8
平重衡　㊦63
平重盛　㊤30 ㊥36 ㊦8 64
平高時　㊤74 ㊥70 ㊦53
（→北条高時）
平忠光　㊥21
平忠盛　㊥96
平時房　㊤8
平時宗（→北条時宗）㊥133
平時頼　㊤112 ㊥133
（→北条時頼）
平知盛　㊤29 136 ㊥76
平直方　㊦107
平直貞（熊谷直貞）㊦107
平直実（熊谷直実）㊦107
平将門　㊤128 ㊥40
平政子　㊦11 69
（→北条政子）
平希世　㊦60
平宗盛　㊥76 ㊦13 64
平泰時（→北条泰時）㊤8
平泰頼　㊤69 ㊥29
平良門　㊤128
平良将　㊤128
平義時（→北条義時）㊦58

たか
高
高倉帝　㊤29 103 ㊥5 52 76 ㊦19 109
高坂王　㊤81
高階経敏　㊥93
高階成忠　㊥62
高鶴郎姫　㊦76
高埜（野）夫人（新笠）㊤94 ㊥72
高埜（野）乙継　㊤94
高丸　㊤39
高見王　㊤128
高皇産霊尊

高棟王　㊤4 42 44 121 ㊥49 113
高望王　㊤128

尊
尊成親王(→後鳥羽帝)　㊥52
尊治親王(→後醍醐帝)　㊤72 ㊥136
尊良王　㊦47

鷹
鷹司三君　㊤75
鷹司殿(→源雅信)　㊥13
鷹司(藤原)房平　㊤57
鷹司四君　㊤75

たく
栲
栲幡千千姫　㊤42
栲幡姫(皇女)　㊤116

たけ
竹
竹沢某(良衡)　㊥23
竹田皇子　㊤51 117

武
武内宿祢　㊤22 61 ㊥131 ㊦26 31
武日照命　㊥41
武振熊　㊤25
武諸隅　㊥41

健
健雷神(武甕槌神)　㊥97 ㊦52

たじま
但馬
但馬清彦　㊥11

たちばな
橘
橘嘉智子　㊤86
橘清友　㊤86
橘忠太(→性空)　㊥88
橘直幹　㊥60
橘永愷　㊤88
橘逸勢　㊦123
橘姫(媛)　㊤89 116
橘広相(橘相公)　㊤48 ㊦63
橘道貞　㊤78
橘元愷　㊤88
橘諸兄　㊥116 ㊦81
橘行平　㊦34
橘好古　㊦34
橘善根　㊥88

たて
盾
盾人宿祢　㊤33
楯
楯親忠　㊥120

たま
玉
玉祖惟高　㊦17
玉田宿祢　㊥131
玉造小町　㊤69
玉依姫　㊤18 130 ㊥77

ため
為
為仁親王(→土御門帝)　㊥52

たん
丹
丹波重雅　㊤34

だん
檀
檀林皇后(→橘嘉智子)　㊤86

【ち】

ち
茅
茅渟王　㊤12
智
智尊　㊥92

ちか
躬
躬仁親王(→称光帝)　㊦119

ちゅう
中 中将姫(藤原豊成女) ㊦126
仲 仲哀帝 ㊤19 22 ㊥1 51 72 ㊦59
忠 忠太(藤原時朝の家士) ㊥88
(→橘忠太・性空)
忠仁公→藤原良房
ちょう
長 長慶院 ㊦101
奝 奝然 ㊥60
張 張良 ㊥118
朝 朝衡(→安倍仲麻呂) ㊥89
趙 趙宣子 ㊦32

【つ】

つ
都 都加使主 ㊥128
つき
調 調吉士伊企儺 ㊥100
調吉士舅子 ㊥100
つく
月 月読命(尊) ㊤45 105
つち
土 土御門帝 ㊤40 ㊥52 ㊦11 124
つな
綱 綱(綱が正)引金村 ㊤55
つね
恒 恒明親王 ㊦83
恒貞親王(亭子皇子) ㊥110

【て】

てい
亭 亭子皇子(→恒貞親王) ㊥110
貞 貞観帝(→清和帝) ㊥67
貞信公→藤原忠平
てん
天 天隠竜沢(→黙雲龍沢) ㊤111
天国 ㊤131
天智帝(開別帝・開別皇子) ㊤10 28 38 81 90 115 ㊥19 59 66 68 72 ㊦120
天長皇帝(→淳和帝) ㊥109
天福帝→四条帝
天武帝 ㊤10 60 81 115 ㊥50 59 72 92 ㊦42 72 86

【と】

と
戸 戸隠明神(→手力雄命) ㊥73
戸部政春 ㊥94
杜 杜荀鶴 ㊥30
鳥 鳥羽帝 ㊤56 71 ㊥8 52 91 118 ㊦25
とう
十 十市皇女 ㊤115
東 東岸(居士)(→玄寿) ㊦65
東常縁 ㊥46
桃 桃源和尚 ㊦117
藤 藤式部(→紫式部) ㊥13
どう
道 道崇(→北条時氏) ㊤112

とき
時　時康親王（→光孝帝）　㊦1
ときわ
常　常磐大連　㊥51
常盤　㊥76
とく
徳　徳大寺公孝　㊦112
（→藤原公孝）
徳大寺実定　㊦26
（→藤原実定）
徳大寺実基　㊦112
（→藤原実基）
とこ
常　常世神　㊦100
とっ
捕　捕鳥部万　㊤117
とねり
舎人　舎人親王（大王）　㊥13　㊦19　42
とも
巴　巴女（巴御前）　㊤133
伴　伴助兼　㊦47
具　具平親王　㊤87　98　㊥46　107
とよ
豊　豊国法師　㊤51
豊鋤（耜）入姫命　㊤132　㊥85
豊玉姫　㊤130　㊥77
豊仁親王（→光明帝）　㊦101
豊御食炊屋姫　㊦116
（→推古帝）

【な】

な
那　那須資高　㊦118
那須与一（宗高）　㊦118
なお
直　直玉主売　㊦95
躬　躬仁親王（→称光帝）　㊦119
なか
中　中蒂姫　㊦60
中臣烏賊津連→雷大臣命
中臣意美麻呂　㊥87　104
中臣勝海　㊤51　㊥111
中臣金連　㊤81
中臣鎌足　㊤28　38　67　㊥66　87　88　121　㊦9　75
中臣黒田大連　㊥51
中臣常磐大連　㊥51
中臣御食子連　㊤28
中大兄皇子　㊤28　38　㊦86
（→天智帝）
中原章兼　㊦112
中原親義（能）（斎院次官）　㊦63
中村　㊦91
なが
長　長崎思元　㊥134
長崎為基　㊥134
長浜某　㊦89
なにわ
難波　難波吉師日香蚊　㊦23
難波皇子　㊤117　㊥116

なり
体　体仁親王（→近衛帝）　㊤71

【に】

に
二　二位（禅）尼　㊦11
（→北条政子）
二条院讃岐　㊥55
二条帝　㊥58 93 ㊦33
二条良基　㊤31 32
瓊　瓊瓊杵尊　㊤3 42 44 107 ㊥2 49 98 124
につ
仁　仁田忠常　㊥47 119 ㊦67
新　新田義興　㊥23
新田義貞　㊥23 ㊦55 89 115
新田義助　㊦55
にゅう
入　入覚（→花山帝）　㊥9
にん
仁　仁賢帝　㊦61
仁寿帝（→文徳天皇）　㊥67
仁山居士（→足利尊氏）　㊥103
仁徳帝　㊤22 25 33 37 65 82 92 122 124 ㊥1 72 115 ㊦23 27 36 60
仁明帝（深草帝）　㊤69 86 119 ㊥54 102 ㊦1 9 20

【ぬ】

ぬか
額　額田姫（王）　㊤115
額田大中彦皇子　㊤124

【ね】

ね
根　根井行近　㊥120

【の】

の
野　野（埜）見宿祢　㊤21 ㊥132
のう
能　能因　㊤88

【は】

は
土　土師開成　㊥117
土師娑婆連　㊤58 ㊥22
土師千島　㊥92
土（師）部壱伯人　㊥132
波　波多野忠綱　㊥135
はい
裴　裴璆　㊥26
裴頲　㊥26 82
はえ
萸　萸媛　㊥71
はく
白　白楽天（居易）　㊤99 100 ㊥13 33 82
はたけ

畠
畠山国清 ㊦78
畠山道誓 ㊥23 ㊦78
はたの
秦
秦河勝 ㊥35 ㊦100
秦友足 ㊥92
秦武文 ㊦47
はつ
泊
泊瀬部天皇（皇子） ㊤35 117
はる
春
春王（→足利義満） ㊤52
はん
反
反正帝 ㊤65 ㊥72 131 ㊦93
范
范文正公（范仲淹） ㊥25
范蠡 ㊦74
ばん
板
板額 ㊦12

【ひ】

ひ
日
日香蚊 ㊦23
（→難波《なにわ》吉師日香蚊）
日野資朝 ㊦24 54
日野俊光 ㊦24
日野俊基 ㊦44
日神（→天照大神） ㊤96
樋
樋口兼光 ㊥75 120
び
敏
敏達帝 ㊤16 ㊥22 111 112 116
ひえ
稗
稗田阿礼 ㊦42
稗田親王 ㊤94
ひがし
東
東山殿（→足利義政） ㊤113
ひかる
光
光少将（→藤原重家） ㊥57
ひこ
彦
彦狭知神 ㊥113
彦波瀲武鸕鷀草葺不合尊 ㊤120
（→鸕鷀草葺不合尊）
彦人皇子 ㊤51
彦太忍信命 ㊤98
彦火火出見尊 ㊤3 106 130 ㊥77 114
（→火火出見尊）
ひと
一
一言主神 ㊥106
ひら
開
開別帝（皇子） ㊥19 68
（→天智天皇）
ひる
蛭
蛭児 ㊥12
ひろ
寛
寛成親王（→長慶帝） ㊦101
熙
熙成親王 ㊦101

【ふ】

ふ
無
無準範禅師 ㊤84
経
経津主神 ㊥97
鯽
鯽魚磯別王 ㊦76

ぶ
武 武烈天皇 ㊤49 ㊦61
無 無準範禅師 ㊤84
ふか
深 深草帝(→仁明帝) ㊦20
ふし
伏 伏柴加賀 ㊦25
伏見翁 ㊦21
伏見帝 ㊦21
ふじわら
藤原
あき 藤原顕輔 ㊦124
藤原顕広 ㊦124
藤原顕光 ㊥57
藤原明子 ㊥31 ㊦4
藤原彰子 ㊤78 ㊥13
(→上東皇后)
藤原瑛子 ㊦94
あつ 藤原敦敏 ㊦41
藤原敦光 ㊥91
藤原敦基 ㊥91
あり 藤原在衡 ㊤127
藤原有章 ㊥108
藤原有光 ㊥91
う 藤原魚名 ㊥40 ㊦122
藤原内麻呂 ㊥65 122
藤原宇合 ㊥91
え 藤原瑛子 ㊦94
お 藤原小黒麻呂 ㊥72
藤原多子 ㊦26
か 藤原懐子 ㊥9
藤原堅子 ㊥13
藤原葛野麿(賀能) ㊦123
藤原兼家 ㊤114
藤原兼季 ㊦10
藤原兼綱 ㊤134
藤原兼通 ㊤110 ㊥57
藤原兼良(→一条兼良) ㊦46
藤原鎌足→中臣鎌足
き 藤原廉子 ㊦80
藤原公顕 ㊦47
藤原公季 ㊤80 ㊥83
藤原公孝 ㊦112
(→徳大寺公孝)
藤原公経→西園寺公経
藤原公任 ㊥79 ㊦56
藤原公房 ㊥130
藤原公宗 ㊦77
(→西園寺公宗)
く 藤原薬子 ㊤125
藤原国光 ㊦54
け 藤原堅子 ㊥13
こ 藤原伊周 ㊤75 ㊥62
さ 藤原定時 ㊤101
藤原貞子 ㊥32
藤原貞敏 ㊥61
藤原実量(→三条実量) ㊦91
藤原実方 ㊤101
藤原実兼 ㊥93 ㊦10
藤原実定 ㊦26

藤原実資　㊤53
藤原実衡　㊦77
藤原実宗　㊥83
藤原実基　㊦112
藤原実頼　㊤53 96 ㊥129 ㊦6 41
し　藤原沢子　㊦1
藤原成範　㊦15
藤原茂子　㊥52
藤原重家　㊥57
藤原彰子　㊤78 ㊥13
（→上東皇后）
藤原殖子　㊥52 ㊦107
す　藤原季方　㊦97
藤原季仲　㊥129
藤原季房　㊥32 70
藤原佐理　㊦41
藤原純友　㊤128
た　藤原多子　㊦26
藤原高子　㊤36
藤原高藤　㊥70

藤原隆家　㊤75
藤原沢子　㊦1
ただ　藤原三守　㊦94
藤原忠実　㊦45
藤原忠平（貞信公・小一条公）　㊤80 96 ㊦6
藤原忠文　㊥30
藤原忠通　㊦45
藤原斉敏　㊤53
藤原直作（→藤原真作）　㊦9
たね　藤原殖子　㊥52 ㊦109
たま　藤原玉子（藤原道綱母・倫寧女）　㊥123
ため　藤原為兼（→京極為兼）　㊦24
藤原為時　㊥13
藤原為信　㊥13
藤原為光（恒徳公）　㊥130
ちか　藤原親輔　㊦109
つぐ　藤原継信　㊦87
つね　藤原常嗣　㊥61

藤原経季　㊥129
藤原経嗣（→一条経嗣）　㊦46
藤原経任　㊥130
てい　藤原貞子　㊥32
とき　藤原時朝　㊥88
藤原時尚（信頼の誤か）　㊥58
藤原時平　㊥82 88 ㊦41
とし　藤原俊忠　㊦124
藤原俊成　㊦113、124
藤原俊憲　㊦15
藤原敏行　㊤48
とも　藤原倫寧　㊥123 ㊦56
とよ　藤原豊成　㊦126
なお　藤原直作（→藤原真作）　㊦9
なか　藤原仲子　㊤134
藤原仲成　㊤125
なが　藤原長親　㊤64
藤原長成　㊥76
藤原長能　㊦56
藤原長良　㊤36 ㊥81

のぶ　藤原信清　㊦109
藤原信定　㊦109
藤原信実　㊤62
藤原信輔　㊦109
藤原信隆　㊦109
藤原信頼　㊥58 76 93
藤原宣孝　㊥13
藤原宣房　㊥70
のり　藤原教房(→一条教房)　㊦46
は　藤原浜成　㊤94 ㊥61
藤原晴良　㊦5
ひ　藤原彦継　㊥61
藤原秀方(季方が正)　㊦97
藤原秀郷　㊤128 ㊥8 40
藤原秀衡　㊥76 ㊦87
藤原広嗣　㊦122
ふ　藤原不比等(淡海公)　㊤126 ㊥61 121
藤原総継　㊦1
藤原房平(鷹司房平)　㊤57
藤原藤房　㊥70 ㊦81
藤原冬嗣　㊥13 65 102 122 ㊦56
藤原冬良(→一条冬良)　㊦46
ま　藤原真作　㊦9
藤原真楯　㊥65
藤原真夏　㊦24
藤原政顕　㊥45
みち　藤原通憲(信西)　㊥93 ㊦15 45
藤原道家　㊤84
藤原道兼　㊥9
藤原道隆　㊤75 ㊥58 62 ㊦107
藤原道縄(綱)　㊥123
藤原道長　㊤34 114 ㊥14
藤原道平　㊦28
みや　藤原宮子　㊥121
む　藤原武智麻呂　㊥93
藤原宗信　㊤136
藤原宗憲　㊦88
藤原村雄　㊥40
めい　藤原明子　㊥31 ㊦4
も　藤原茂子　㊥52
藤原基家　㊦111
藤原基氏　㊦111
藤原基輔　㊦94
藤原基経(堀川相国・昭宣公)　㊤36 96 ㊥81
藤原基俊　㊦124
藤原基範　㊦15
藤原百川　㊤94
藤原師賢　㊤74
藤原師輔　㊤80 96
藤原師通　㊥52
やく　藤原薬子　㊤125
やす　藤原泰衡　㊦114
ゆき　藤原行成　㊦41
よし　藤原良継　㊤94
藤原良経　㊤84
藤原良房(忠仁公)　㊥31 87 102 ㊦4
藤原良相　㊥25 102 ㊦66

藤原良基 ㊤31 32
（→二条良基）
より　藤原頼長 ㊤71 ㊦45
れん　藤原廉子 ㊦80
ふと
太　太玉命 ㊤121
太姫郎姫 ㊦76
ふな
船　船史恵尺 ㊦51
船史王辰爾（→王辰爾） ㊤16
ぶん
文　文宣王（孔子） ㊤54 ㊥50

【へ】

へい
平　平城天皇 ㊤125 131 ㊥54 65 ㊦96
平群真鳥 ㊤49
べい
米　米光 ㊦36
べん
弁　弁内侍 ㊤62

【ほ】

ほ
火　火折尊 ㊤3
火進尊 ㊤106
火闌降 ㊤3
火火出見尊（→彦火火出見尊） ㊤3 106 130 ㊥77 114
穂　穂積氏忍山宿祢 ㊤89
ぼ
菩　菩提 ㊦21
ほう
北　北条顕時 ㊤47
北条朝時 ㊦58
北条邦時 ㊦115
北条貞顕 ㊤47
北条貞時 ㊥16 133 ㊦53
北条実時 ㊤47
北条実泰 ㊤47
北条重時 ㊦58
北条高時 ㊤74 ㊥70 ㊦53 54 74 77 115
北条時氏 ㊤112
北条時奥（興）（→恵性） ㊦77
北条時政 ㊦11
北条時宗 ㊤112 ㊥44 133
北条時頼 ㊤112 ㊥133
北条政子 ㊦11 69
北条泰時 ㊤8 ㊥126 ㊦58
北条義時 ㊤8 47 ㊥126 135 ㊦58
北条義政 ㊥44
包　包佶 ㊥89
法　法眼鬼一 ㊥76
芳　芳蘭洲 ㊤52
ほそ
細　細川顕氏 ㊥74
細川氏春 ㊤95
細川勝元 ㊦102
細川清氏 ㊤52

細川澄元　㊥94
細川高国　㊥94 95
細川晴元　㊥94
細川頼之　㊥101

ほり

堀　堀河帝　㊤16 ㊥52 63 118 129 ㊦97 127

ほん

本　本間氏　㊦54

誉　誉田天皇　㊤82 ㊥1 ㊦3
（→仁徳帝）
誉津別命　㊤23 ㊥27

【ま】

ま

真　真（直が正）玉主売　㊦95
真根子（→壱伎真根子）　㊦31

間　間島　㊦91

まさ

正　正哉吾勝勝速日天忍穂耳尊
（→天忍穂耳命）　㊦97

政　政頼　㊦36

雅　雅仁親王（→後白河帝）　㊤71

まつ

待　待宵侍従　㊦26

松　松浦五郎　㊦47

まよ

眉　眉輪王　㊤37 ㊦61

まん

万　万寿帝（→後一条帝）　㊥14

【み】

み

三　三浦為次　㊦97
三浦義村　㊥135
三成（→奴三成）　㊤58 ㊥22
三穂津姫　㊥113
三宅（児島）高徳　㊦74
三好長基（元長）　㊥94
三善清行　㊤69 ㊥64
三輪高市麻呂　㊦39
三輪文屋君　㊥22

美　美奴王　㊥116

躬　躬仁親王（→称光帝）　㊦119

みず

水　水江浦嶋子　㊥78

瑞　瑞歯別天皇（→反正帝）　㊥131

みち

道　道臣命　㊤50
道広　㊦43
（→蔵人道広・覚明・信救）

みな

南　南淵先生　㊤28

みや

宮　宮子媛（→藤原宮子）　㊥121

みなもと

源　源昭子　㊦6
あ
源顕家　㊦104

源顕基 ㊥24
源有仁 ㊦25
源至 ㊥43

か

源兼明（→兼明親王） ㊤110
源公忠 ㊤118
源国紀（化） ㊤118
源挙 ㊥43
源惟良（→源義成） ㊦103

さ

源定 ㊥43
源実澄（→小倉実澄） ㊦117
源実朝 ㊥126 135 ㊦11 57 69
源重信 ㊥79
源順 ㊥43

た

源尊氏（→足利尊氏） ㊥103
源高明 ㊥24
源忠幹 ㊥6
源為朝 ㊤71
源為憲 ㊥6
源為義 ㊥120
源親房 ㊤87
源親元 ㊥63
源経信 ㊥79
源融 ㊥69 ㊦66
源俊賢 ㊥24
源朝長 ㊦33

な

源仲綱 ㊦8 13
源仲政 ㊤29
源信明 ㊦38
源信義 ㊦38
源範頼 ㊥76 120

ひ

源英明 ㊥79
源博雅 ㊥15 ㊦37

ま

源信 ㊦66
源正親 ㊦117
源雅信 ㊥13 79
源雅通 ㊦50

み

源道方 ㊥79
源通基（久我内府某） ㊥133
源満仲（→多田満仲） ㊦35
源光恒（是恒） ㊥6

も

源基氏→足利基氏 ㊤87
源師重 ㊤87
源衆望 ㊥6

ゆ

源行家 ㊤29

よし

源義家 ㊤15 ㊥118 ㊦97
源義賢 ㊥120
源義経 ㊥75 76 120 ㊦87 118
源義朝 ㊤71 ㊥58 76 93 ㊦33
源義仲→木曾義仲
源義成（→四辻善成） ㊦103
源義尚（→足利義尚） ㊤7
源義政（→足利義政） ㊤7
源義光 ㊥48 ㊦97
源義満→足利義満
源義持（→足利義持） ㊤91

より

源頼家 ㊤40 ㊥119 126 ㊦11 12 57 69
源頼綱 ㊦13
源頼朝 ㊤29 ㊥21 47 76 120 ㊦11 63 69 87 114

源頼政　㊤29 36 ㊥55 ㊦13
源頼光　㊤29 ㊦35
りん
源倫子　㊥13
わ
源渡　㊥9
みやこ
都　都言道　㊦105
都良香　㊦105

【む】

む
武　武塔神(→素盞《すさのを》嗚尊)　㊤129
無　無準範禅師　㊤86
むな・むね
宗　宗岡秋津　㊥84
宗繁(→五大院宗繁)　㊦115
宗尊親王　㊥44 99
むら
村　村上帝　㊤96 99 102 110 127 ㊥3 4 43 46 54
村国男依　㊥42
むらさき
紫　紫式部　㊥13 37

【め】

めい
明　明達　㊦121

【も】

もく
黙　黙雲龍沢　㊤111
もち
以　以仁皇子(茂仁王)　㊤29 136 ㊦13 14 43
茂　茂(用)光
→市允茂光(和邇部用光)
もと
元　元良親王　㊦40
もの
物　物部麁鹿火　㊤11
物部尾輿　㊥111 ㊦76
物部守屋　㊤51 117 ㊥111
もも
桃　桃井直常　㊦104
もり
守　守成親王(→順徳帝)　㊥52
護　護良親王　㊦80
もん
文　文覚(遠藤盛遠)　㊥7
文徳帝　㊥67 ㊦4
文武帝　㊤90 109 131 ㊥14 20 50 87 105 121

【や】

や
矢　矢田部黒麻呂　㊤63
矢田部某　㊤20
屋　屋主忍男武雄心命　㊤22
やす
康　康子内親王　㊤80
やっこ

奴　奴三成　㊤58 ㊥22

やま
山　山背大兄王　㊤58 ㊥22
山名氏清　㊤95
山名宗全　㊦102
山名時氏　㊤95 ㊥74 ㊦82
山名持豊（→山名宗全）　㊦102
山名義理　㊤95
山辺赤人　㊥14
山辺皇女　㊤60
山部親王（→桓武帝）　㊤94

やまと
大和　大和五百足　㊤79
大和常生　㊤118
大和長岡　㊤79
日本　日本武尊　㊤2 89
東漢　東漢直駒　㊤35
倭　倭漢直　㊥128
倭姫命　㊤2 132 ㊥38

【ゆ】

ゆ
弓　弓削道鏡　㊥17 90

ゆう
結　結城某　㊦78
雄　雄略天皇　㊤37 59 116 ㊥18 72 78 ㊦60 71

【よ】

よ
四　四辻善成（→源惟良）　㊦103
依　依網屯倉阿弭古　㊤122

よう
用　用明帝　㊤26 35 51 ㊥112
陽　陽成帝　㊤36 ㊥81 ㊦40
煬　煬帝　㊤27

よし
良　良懐親王（懐良親王が正）　㊤76
良秀　㊦32
良岑宗貞　㊦20
良峯（岑）安世　㊤73
義　義良親王（→後村上帝）　㊦101
慶　慶滋保胤　㊤6 98 120 ㊥107

よろず
万　万幡豊秋津姫命　㊥97

【ら】

【り】

り
李　李白　㊥89
履　履中帝（去来穂別天皇）　㊤65 ㊥71 72 115 ㊦71 76

りょう
良　良懐親王　（→懐良親王が正）　㊤76

りん
輪　輪（掄）子女王（宗尊親王女）　㊥99

【る】

【れ】

れい
冷
冷泉為兼　㊦24
（→京極為兼・藤原為兼）
冷泉天皇　㊤127 ㊥9 107 ㊦40

【ろ】

ろく
鹿
鹿苑院（→足利義満）　㊤91

【わ】

わ
王
王仁　㊤92
和
和気章親　㊦127
和気清麻呂　㊤83 ㊥17 90
和気貞興　㊤83
和気成貞　㊦127
和気時雨　㊤83
和気広虫　㊥90
和田胤長　㊤40 ㊥126 ㊦57
和田常盛　㊥135
和田朝盛　㊥126
和田正武　㊤95
和田義重　㊥126 135 ㊦57
和田義直　㊥126 135 ㊦57
和田義盛　㊥126 135 ㊦57
和邇部用光　㊤103
（→市允茂光）
わか
幼
幼武天皇（→雄略帝）　㊤59
稚
稚犬養連網田　㊤38
稚足皇女　㊤116
稚彦命　㊥127
わし
鷲
鷲住（王）　㊦76
わた
海
海神　㊥77
海神豊玉彦　㊥114
渡
渡辺競　㊦14

あとがき

もう十年以上も前のことになる。かねてから愛読していた『史館茗話』を改めて調べてみようと思い立った。その本は嘗て熱心に奨められて読み、個人的な意味でその当時急逝された恩師との生前の思い出につながる一書でもあったから強い思い入れがあったのである。従って、それから三年余りして刊行（新典社、平成九年十一月）する機会に恵まれた時には、言うに言えない感慨を覚えたものであった……。ともあれ、その成稿過程で思いをめぐらしたことと言えば次のようなことだった。『茗話』の一話一話の出典は多く『江談抄』や中世の説話集に負うている、それをまとめる程度ではさしたる新鮮味はないのではないか。問題はむしろ『茗話』の後世への影響をどう取込んで記述できるかで、その味の付け方次第では、口喧しい学究士にも「聊か採るところあり」くらいには評価してもらえるのではあるまいか……。それからは、思いつきで雑書を引張り出しては比べるという日々がしばらく続いた。その成果が不十分ながら漸く発表できたのは平成八年九月末（和漢比較文学会第十五回大会「史館茗話考―その説話の典拠と本書の影響をめぐって―」於金沢学院大学）のことであったが、実はその過程でめぐり合った『茗話』を受容する一書が、他ならぬ『本朝蒙求』だったのである。

こうして、『茗話』以後の関心は『本朝蒙求』に移り、暇を見つけては読み楽しんでいた。読み進むうちに次第に、この類の教養書の持つ意味も決して軽いものではないのではないか、多くの方々に手軽に読み親しんでもらえないものだろうか、などと思うようになり、例に依って一話一話の典拠捜しと少しばかりの影響調査につとめるようになった。そして、漸くここに刊行の運びとなったわけだが、それに際して、細やかな成果として簡略な案内と利用者の便宜を考えて索引を付させて戴いた。読者の方々が各々の立場で御利用になられ、何らかの新たな発見につなげて下さることを期待してやまない。まだ、本書の研究（とその利用）も始まったばかりである。

本書は二〇〇五年度同志社女子大学研究助成（出版補助）に依り出版が叶った。銘記しここに衷心より御礼申し上げる次第である。

平成十七年晩秋

相楽茅舎にて

本間洋一

■編著者紹介

本間　洋一（ほんま　よういち）

一九五二年、新潟県生。一九七五年、早稲田大学教育学部卒業。一九八一年、中央大学大学院文学研究科博士後期課程中退。博士（文学）。現在、同志社女子大学教授。

〈専攻〉日本漢文学・和漢比較文学

*『本朝蒙求』に続く『桑華蒙求』も現在とりまとめているところで、近い将来に続刊を予定している。

〈主要編著書〉

『本朝無題詩全注釈』注釈篇三冊（平成四〜六年、新典社）

『類題古詩本文と索引』（平成七年、新典社）

『文鳳抄』歌論歌学集成別巻二（平成十三年、三弥井書店）

『王朝漢文学表現論考』（平成十四年、和泉書院）

研究叢書 341

本朝蒙求の基礎的研究

二〇〇六年二月一五日初版第一刷発行

（検印省略）

編著者　本間洋一

発行者　廣橋研三

印刷所　亜細亜印刷

製本所　渋谷文泉閣

発行所　有限会社　和泉書院

大阪市天王寺区上汐五－三－八

〒五四三－〇〇〇二

電話　〇六－六七七一－一四六七

振替　〇〇九七〇－八－一五〇四三

ISBN4-7576-0346-0　C3395

研究叢書

331	上方能楽史の研究	宮本圭造 著	一五七五〇円
332	八雲御抄 伝伏見院筆本	片桐洋一 監修 八雲御抄研究会 編	九九七五円
333	新撰万葉集注釈 巻上(一)	新撰万葉集研究会 編	九四五〇円
334	長嘯室本 落窪物語	伴利昭 立命館大学 落窪物語研究会 編	一六八〇〇円
335	古今和歌集の遠景	徳原茂実 著	八九二五円
336	枕草子及び平安作品研究	榊原邦彦 著	一五七五〇円
337	口承文芸の表現研究 昔話と田植歌	田中瑩一 著	一二六〇〇円
338	形容詞・形容動詞の語彙論的研究	村田菜穂子 著	一三六五〇円
339	関西方言の広がりとコミュニケーションの行方	陣内正敬 友定賢治 編	九四五〇円
340	日本語の題目文	丹羽哲也 著	一〇五〇〇円

(価格は5%税込)